汽车市场营销

主　编　马海英
副主编　魏丹丹　郭丽娟
　　　　　侯晓晓
主　审　张　鹏

北京理工大学出版社
BEIJING INSTITUTE OF TECHNOLOGY PRESS

内容简介

"汽车市场营销"是一门建立在经济学、行为学和现代管理理论基础上的应用学科，其研究对象是以满足消费者需求为中心的企业市场营销活动过程及其规律。本书结构合理、层次分明，注重内容的现实性、超前性，强调知识的系统性、针对性，以加强汽车行业从业人员的理论素养、提高汽车营销人员的实践能力为目标，全面系统地阐述了汽车市场营销概述、汽车市场营销环境分析、汽车市场购买行为分析、汽车市场调研与预测、汽车目标市场营销、汽车产品营销策略、汽车产品定价策略、汽车分销渠道与物流策略、汽车促销策略、信息化营销模式和汽车服务与顾客满意战略。

本书可作为高等院校汽车营销专业、管理学专业的教材，也可供汽车及相关行业管理人员、营销人员阅读使用。

版权专有　侵权必究

图书在版编目（CIP）数据

汽车市场营销/马海英主编．—北京：北京理工大学出版社，2018.8（2021.12重印）
ISBN 978–7–5682–6199–9

Ⅰ.①汽…　Ⅱ.①马…　Ⅲ.①汽车–市场营销学　Ⅳ.①F766

中国版本图书馆 CIP 数据核字（2018）第 191998 号

出版发行 / 北京理工大学出版社有限责任公司
社　　址 / 北京市海淀区中关村南大街5号
邮　　编 / 100081
电　　话 /（010）68914775（总编室）
　　　　　（010）82562903（教材售后服务热线）
　　　　　（010）68944723（其他图书服务热线）
网　　址 / http：//www.bitpress.com.cn
经　　销 / 全国各地新华书店
印　　刷 / 三河市天利华印刷装订有限公司
开　　本 / 787 毫米 × 1092 毫米　1/16
印　　张 / 12.5　　　　　　　　　　　　　　　责任编辑 / 多海鹏
字　　数 / 295 千字　　　　　　　　　　　　　文案编辑 / 郭贵娟
版　　次 / 2018 年 8 月第 1 版　2021 年 12 月第 3 次印刷　责任校对 / 周瑞红
定　　价 / 39.00 元　　　　　　　　　　　　　责任印制 / 李志强

图书出现印装质量问题，请拨打售后服务热线，本社负责调换

前言

近年来，随着我国汽车市场的快速发展，汽车支柱产业的地位逐步确立，汽车工业在整个国民经济中的地位越来越重要。汽车销售人员的培养对汽车行业的发展有着举足轻重的作用。汽车销售人员不仅要具备全面的专业理论知识，还要具备良好的职业素质和一定的实践技能。

营销学融合了多种学科知识：经济学提供了在使用稀缺资源中寻找最佳结果的基本概念和方法；管理学提供了一个框架，以确认管理者所面临的问题，并提供如何满意地解决这些问题的指导原则和方法；行为学向经营者提供了解释消费者和企业购买行为的基本概念和方法；数学则表达了在经济、管理和社会心理等各种重要变量之间的精确语言。所以在学习营销学知识前需要有相关的预备知识。

本书主要包括了汽车市场营销概述、汽车市场营销环境分析、汽车市场购买行为分析、汽车市场调研与预测、汽车目标市场营销、汽车产品营销策略、汽车产品定价策略、汽车分销渠道与物流策略、汽车促销策略、信息化营销模式和汽车服务与顾客满意战略。本书注重培养学生的实践能力和创新能力，立足市场营销基础理论，强调先进理论要与中国实际情况结合起来，防止"水土不服"的情况；体系新颖、结构合理、层次分明，在编写中突出了汽车市场营销的实证性、应用性研究。特别说明，凡是本书提到的市场营销方面的内容及方法同样适用于汽车市场营销。

本书由黄河交通学院的马海英担任主编，魏丹丹、郭丽娟、侯晓晓担任副主编，其具体分工是：第一章、第四章、第五章由黄河交通学院魏丹丹编写，第八章、第九章由黄河交通学院马海英编写，第二章、第三章、第十一章由黄河交通学院郭丽娟编写；第六章、第七章、第十章由黄河交通学院侯晓晓编写；马海英负责总体框架的设计、各章初稿的修订和全书的总纂与定稿。

本书在编写过程中，参考、吸收、采用了国内外众多学者的研究成果，在此谨向原作者表示深深的谢意。由于编者水平有限，加上时间紧迫，疏漏之处在所难免，希望使用本教材的师生及其他读者提出宝贵意见，以便不断修改和完善。

编　者

目 录

第一章 汽车市场营销概述 (1)

第一节 市场营销概述 (1)
一、市场的概念 (1)
二、市场营销的概念 (3)

第二节 汽车市场营销及观念的演变 (6)
一、汽车市场营销 (6)
二、汽车市场营销观念的演变 (7)

第三节 汽车市场营销竞争策略 (10)
一、市场竞争分析 (10)
二、市场竞争策略 (12)

第二章 汽车市场营销环境分析 (17)

第一节 汽车市场营销环境概述 (17)
一、市场营销环境的含义 (17)
二、市场营销环境分析的意义 (19)
三、市场营销环境的分类 (19)
四、正确处理汽车企业与营销环境的关系 (20)

第二节 汽车市场营销的微观环境 (21)
一、企业的内部环境 (21)
二、生产供应者 (21)
三、营销中介 (22)
四、消费者（顾客） (24)
五、竞争者 (24)
六、有关公众 (24)

第三节　汽车市场营销宏观环境 …………………………………（25）
　　一、人口环境 ……………………………………………………（25）
　　二、自然环境 ……………………………………………………（26）
　　三、科技环境 ……………………………………………………（28）
　　四、经济环境 ……………………………………………………（32）
　　五、政策和法律环境 ……………………………………………（35）
　　六、社会文化 ……………………………………………………（38）
第四节　汽车市场营销环境分析与营销对策 …………………（39）
　　一、营销环境的分析方法 ………………………………………（39）
　　二、营销环境变化的应对措施 …………………………………（39）

第三章　汽车市场购买行为分析 ……………………………（41）

第一节　汽车消费者购买行为 …………………………………（41）
　　一、汽车产品的消费者类型 ……………………………………（41）
　　二、汽车消费者购买行为要素 …………………………………（41）
第二节　汽车个体消费者购买行为分析 ………………………（43）
　　一、汽车个体消费市场的基本特点 ……………………………（43）
　　二、汽车个体消费者购买决策过程 ……………………………（43）
　　三、汽车个体消费者购买行为类型 ……………………………（44）
　　四、影响汽车个体消费者购买行为的因素 ……………………（48）
第三节　汽车企业组织市场的购买行为分析 …………………（50）
　　一、汽车集团组织购买行为的含义 ……………………………（50）
　　二、汽车集团组织购买行为类型 ………………………………（50）
　　三、汽车集团组织购买行为的影响因素 ………………………（50）

第四章　汽车市场调研与预测 ………………………………（52）

第一节　汽车市场营销信息系统 ………………………………（52）
　　一、市场营销信息系统的概念 …………………………………（52）
　　二、市场营销信息系统的构成 …………………………………（52）
　　三、建立市场营销信息系统的必要性 …………………………（54）
第二节　汽车市场调研 …………………………………………（54）
　　一、概述 …………………………………………………………（54）
　　二、汽车市场调研的步骤 ………………………………………（57）
　　三、汽车市场调研的方法 ………………………………………（59）
第三节　汽车市场预测 …………………………………………（61）
　　一、概述 …………………………………………………………（61）
　　二、汽车市场预测的内容 ………………………………………（62）

三、汽车市场预测的步骤 …………………………………………（63）

第五章 汽车目标市场营销 …………………………………………（65）

第一节 汽车市场细分 ………………………………………………（65）
一、汽车市场细分的概念 …………………………………………（65）
二、汽车市场细分的作用 …………………………………………（66）
三、汽车市场细分的原则 …………………………………………（67）
四、汽车市场细分的依据 …………………………………………（68）

第二节 汽车目标市场策略 …………………………………………（70）
一、汽车目标市场的选择 …………………………………………（70）
二、目标市场的营销策略 …………………………………………（71）
三、选择汽车目标市场时应考虑的因素 …………………………（72）

第三节 汽车市场定位 ………………………………………………（72）
一、汽车市场定位的概念 …………………………………………（73）
二、汽车市场定位的方式 …………………………………………（73）
三、汽车市场定位的战略 …………………………………………（74）

第六章 汽车产品营销策略 …………………………………………（78）

第一节 汽车产品与产品组合策略 …………………………………（78）
一、产品与汽车产品 ………………………………………………（78）
二、汽车产品组合策略 ……………………………………………（80）

第二节 汽车产品生命周期与营销策略 ……………………………（83）
一、汽车产品生命周期概念 ………………………………………（83）
二、汽车产品生命周期各阶段营销策略 …………………………（84）

第三节 汽车新产品开发策略 ………………………………………（87）
一、新产品的概念 …………………………………………………（87）
二、汽车新产品的开发方式 ………………………………………（87）
三、新产品的开发过程 ……………………………………………（88）
四、新产品的改进 …………………………………………………（90）
五、汽车产品的商品化 ……………………………………………（91）

第四节 汽车产品品牌战略 …………………………………………（92）
一、汽车品牌的概念 ………………………………………………（92）
二、汽车品牌策略 …………………………………………………（92）

第七章 汽车产品定价策略 …………………………………………（97）

第一节 汽车定价目标及程序 ………………………………………（97）
一、定价目标 ………………………………………………………（97）
二、汽车产品的定价程序 …………………………………………（99）

  第二节 汽车定价的基本方法 …………………………………………… (100)
    一、成本导向定价法 …………………………………………………… (100)
    二、需求导向定价法 …………………………………………………… (102)
    三、竞争导向定价法 …………………………………………………… (103)
  第三节 汽车产品定价策略 ………………………………………………… (104)
    一、产品生命周期定价策略 …………………………………………… (104)
    二、心理定价策略 ……………………………………………………… (106)
    三、产品组合定价策略 ………………………………………………… (107)
    四、折扣定价策略 ……………………………………………………… (108)
    五、价格调整策略 ……………………………………………………… (109)

第八章 汽车分销渠道与物流策略 …………………………………………… (111)

  第一节 汽车分销渠道 ……………………………………………………… (111)
    一、分销渠道的内涵 …………………………………………………… (111)
    二、分销渠道的结构与分类 …………………………………………… (112)
    三、汽车产品中间商的类型与特征 …………………………………… (114)
    四、分销渠道的功能 …………………………………………………… (115)
  第二节 分销渠道的设计与管理 …………………………………………… (116)
    一、汽车企业分销渠道的设计 ………………………………………… (116)
    二、汽车企业分销渠道的规划布局与组织管理 ……………………… (118)
    三、分销渠道的改进 …………………………………………………… (120)
    四、渠道冲突管理 ……………………………………………………… (122)
  第三节 国内外汽车分销渠道的发展和演变 …………………………… (123)
    一、汽车分销与汽车流通的联系与区别 ……………………………… (123)
    二、国内外汽车分销渠道的特点及发展演变 ………………………… (124)
  第四节 汽车的销售物流策略 …………………………………………… (127)
    一、物流概述 …………………………………………………………… (127)
    二、商品车的物流组织与管理 ………………………………………… (129)
    三、汽车逆向物流 ……………………………………………………… (132)
  第五节 汽车零配件的分销与物流 ………………………………………… (133)
    一、整车厂商销售服务体系中的配件分销 …………………………… (133)
    二、零售市场的汽车配件分销 ………………………………………… (135)
    三、零配件物流管理现代化 …………………………………………… (137)

第九章 汽车促销策略 …………………………………………………………… (139)

  第一节 促销策略概述 ……………………………………………………… (139)
    一、促销策略的概念及作用 …………………………………………… (139)

二、汽车产品的基本促销方式 ………………………………………… (140)
　　三、促销组合决策 ……………………………………………………… (141)
　第二节　人员推销 ………………………………………………………… (141)
　　一、人员推销的概念及特点 …………………………………………… (141)
　　二、人员推销的功能及步骤 …………………………………………… (142)
　　三、人员推销的基本方法和技巧 ……………………………………… (143)
　　四、人员推销的管理决策 ……………………………………………… (144)
　第三节　广　告 …………………………………………………………… (147)
　　一、广告的概念与作用 ………………………………………………… (147)
　　二、广告策略 …………………………………………………………… (148)
　第四节　营业推广 ………………………………………………………… (153)
　　一、营业推广的概念及特点 …………………………………………… (153)
　　二、对最终用户营业推广的主要形式 ………………………………… (154)
　　三、对中间商的营业推广方式 ………………………………………… (157)
　第五节　公共关系 ………………………………………………………… (158)
　　一、公共关系的概念及职能 …………………………………………… (158)
　　二、汽车企业公共关系活动的对象 …………………………………… (159)
　　三、企业公共关系活动的主要方法 …………………………………… (160)

第十章　信息化营销模式 …………………………………………………… (161)
　第一节　汽车信息化营销相关概念 ……………………………………… (161)
　　一、信息与信息化 ……………………………………………………… (161)
　　二、汽车企业营销信息化 ……………………………………………… (163)
　第二节　汽车网络营销 …………………………………………………… (164)
　　一、网络营销概述 ……………………………………………………… (164)
　　二、网络营销与传统营销的比较 ……………………………………… (165)
　　三、网络营销的方式 …………………………………………………… (166)
　　四、网络营销的基本模式 ……………………………………………… (167)
　　五、国内汽车网络营销的发展现状 …………………………………… (168)
　第三节　汽车关系营销 …………………………………………………… (170)
　　一、关系营销产生的原因 ……………………………………………… (170)
　　二、关系营销的内涵 …………………………………………………… (170)
　　三、关系营销与传统营销的区别 ……………………………………… (171)
　　四、汽车关系营销的实施 ……………………………………………… (172)
　第四节　汽车体验式营销 ………………………………………………… (174)
　　一、汽车体验式营销产生背景 ………………………………………… (174)

二、汽车体验式营销的含义及特点 ……………………………………… (175)
三、体验式营销的类型及媒介 …………………………………………… (175)
四、体验式营销的策略 …………………………………………………… (177)
五、体验式营销的实施步骤 ……………………………………………… (178)

第十一章 汽车服务与顾客满意战略 ………………………………… (179)
第一节 顾客满意战略概述 …………………………………………… (179)
一、顾客满意战略的内涵 ………………………………………………… (179)
二、顾客满意的形成机制 ………………………………………………… (180)
三、顾客满意战略的内容 ………………………………………………… (183)
第二节 顾客满意战略实施 …………………………………………… (183)
一、实施顾客满意战略的意义 …………………………………………… (183)
二、顾客满意战略的导入与实施 ………………………………………… (185)

参考文献 …………………………………………………………………… (188)

第一章

汽车市场营销概述

第一节 市场营销概述

一、市场的概念

在现代社会经济条件下,几乎所有的经济现象、经济活动都与市场有关,几乎所有经济方面的学科也都不同程度地涉及市场。

1. 市场的含义

市场是商品经济的产物,哪里有商品生产和交换,哪里就会有市场。因此,市场才成为人们使用最频繁的术语之一。但市场的概念又是随着商品经济的发展和使用场合的不同而变化的。以下的归纳与总结大体上能代表人们对市场概念的理解和运用。

1)市场是商品交换的场所

早期,在商品经济尚不发达的时候,市场的概念总是与时间概念和空间概念相联系,人们总是在某个时间集中到某个地方完成商品的交换,因而市场被看作是商品交换的场所,即所谓"日中为市,至天下之民,聚天下之货,交易而退,各得其所"。至今,人们仍习惯地将市场看作是商品交换的场所,如集市、商场、纺织品批发市场等。这是一个"时空市场"的概念。

2)市场是商品交换关系的总和

经济学家从揭示经济实质的角度提出市场概念。他们认为市场是一个商品经济范畴,是体现供给与需求之间矛盾的统一体。金融信贷和通信的发展使商品交换打破了空间和时间上的限制,商品交换不一定需要固定的场所,有时一个电话就可以完成。在交换过程中,卖方想高价卖,而买方想低价买,这种矛盾在市场上又必须统一,因为只有统一了,卖方和买方各自的销售和采购愿望才能实现。所以市场不仅是具体的商品交换场所,而且是买卖双方实现商品交换关系的总和,是体现供给与需求之间矛盾的统一体,这是现代市场的概念。

3) 市场是某种商品所有现实的和潜在的购买者的需求总和

市场营销学是站在卖方的角度来理解和运用"市场"这一概念的,因此市场通常仅指买方,即专指需求,而不包括卖方(即供给一方)。在市场营销学的范畴里,"市场"往往等同于"需求"。市场包含三个主要因素:有某种需要的人、为满足这种需要的购买能力和购买欲望。其用公式来表示就是

$$市场 = 人口 + 购买力 + 购买欲望$$

(1) 人口。

人口是构成市场的最基本要素。人口的多少决定着市场的规模和容量的大小,人口的构成及其变化则影响着市场需求的构成和变化。因此,人口是市场三要素中最基本的要素。

(2) 购买力。

购买力是指消费者支付货币以购买商品或服务的能力,是构成现实市场的物质基础。在一定时期内,消费者的可支配收入水平决定了购买力水平的高低。购买力是市场三要素中最物质的要素。

(3) 购买欲望。

购买欲望是指消费者购买商品或服务的动机、愿望和要求,是由消费者心理需求和生理需求引发的。产生购买欲望是消费者将潜在购买力转化为现实购买力的必要条件。

市场的这三个要素是相互制约、缺一不可的,它们共同构成企业的微观市场,而市场营销学研究的正是这种微观市场的消费需求。

2. 市场的作用

市场在实现社会再生产、反映国民经济发展状况以及开展市场竞争等多方面发挥着重要的作用。

1) 市场是进行商品生产的必要条件

企业的生产经营活动离不开市场。首先企业必须从市场采购生产所必需的各种原材料、能源等物资,同时,企业又必须通过市场进行产品销售,取得利润以维持企业的再生产。企业生产不断扩大,需要市场不断扩大。一个企业只有生产出社会需要的产品,不断提高产品对市场的适应能力,才会有生命力。

2) 市场是联系生产和消费的纽带

任何产品的生产,最终都是为了消费。因此,市场就必然将生产和消费紧密地联系起来,即市场是实现社会再生产的桥梁和纽带。人们的各种需要,只有通过市场才能得到满足,而生产企业也只有通过市场,才能满足人们的需求。如果没有市场这个中间环节,企业生产的产品就无法进入消费领域,消费者的需求也就得不到满足。市场作为衔接产、供、销的场所,灵敏地反映着消费者的需求。企业只有通过市场了解这种需求,才能真正做到按需生产,既充分又合理地满足社会的需要。

3) 市场是企业进行竞争的场所

市场的存在必然会导致企业之间的竞争。市场是经济竞争的场所,优胜劣汰。市场竞争既是一种压力,也是一种动力,它促使企业改善经营管理,不断提高产品质量,增加品种,

降低产品成本,学会按经济规律办事,改善服务态度,从而使人们的需求能得到更好的满足,企业的经济效益也相应得到更大的提高。

4) 市场是调节供求的一种手段

产品要经过市场销售后才能进入消费领域,因此,社会再生产过程中必须保持的产需比例关系会在市场上灵敏地反映出来。通过市场状况的提示,国家可以采用行政手段、法律手段和经济手段调节产需之间的比例关系,从而促进国民经济的健康发展。而对需求面广、需求量大、与人民生活密切相关的商品,国家实行市场调节,即根据市场来调节产销之间的比例关系。市场对商品供求关系的这种调节作用,是十分重要的,也是保证市场经济不断健康发展、日益兴旺的重要方面。

二、市场营销的概念

市场营销是一个与市场紧密相关的概念,并且随着市场概念的不断深化而发展。对于汽车企业来讲,要搞好汽车市场营销,首先要学习市场营销的相关概念。

1. 市场营销的定义

国内外学者对市场营销的定义有很多种,并且随着营销理论与实践的不断深入,市场营销的概念在不同时期有不同的主流表达。有的着重把市场营销看作是对社会现象的认知,强调市场营销是向社会创造与传递生活标准;有的则把市场营销视为一种为消费者服务的理论,认为市场营销就是针对消费者的需求提供令人满意的商品和服务;还有一类定义则认为通过一定的销售渠道把生产企业与市场联系起来的过程就是市场营销。

在现代市场经济条件下,市场营销活动几乎渗透了第一产业、第二产业、第三产业的各个领域和部门。因此,市场营销可以理解为以满足人们的各种需要和欲望为目的,变潜在交换为现实交换的各种经营活动过程。这个定义使市场营销适用于一切市场领域,这个概念也可称为广义市场营销概念。从微观和企业的角度看,人们对市场营销有各种不同的理解。最早,人们把营销等同于销售或推销、行销,认为市场营销就是把产品和货物出售给消费者。很显然,对市场营销的这种理解过于狭窄,也没有从整体上对市场营销做出科学的解释,因为销售仅仅是指营销中的一个环节,它局限于流通领域,而不是营销活动中的全部,正如菲利普·科特勒所说:"销售不是市场营销的最重要部分,销售是市场营销'冰山的尖端'"。

编者认为,市场营销一般是指企业的微观营销活动,本书采用最有代表性的美国著名营销学家菲利普·科特勒对市场营销的定义:"市场营销是个人和群体通过创造并同他人交换产品和价值以满足需求和欲望的一种社会和管理过程。"这个活动过程包括了市场调查与预测、市场细分与市场定位、产品的设计与开发、产品定价、渠道选择与促销、产品的物流与商流、提供全过程服务等一系列围绕市场运行的业务经营活动与管理活动。市场营销的实质是调整微观经济主体与市场、消费者、竞争者、社会和其他经营者关系的过程。

可以从以下几个方面理解市场营销的含义。

1) 市场营销分为宏观和微观两个层次

宏观市场营销反映的是社会的经济活动,其目的是满足社会需要、实现社会目标。微观市场营销是企业的经济活动过程,它是根据目标消费者的要求,生产适销对路的产品,从生产者流转到目标消费者,其目的在于满足目标消费者的需求,实现企业的目标。

2）市场营销是一个系统的管理过程

市场营销与推销、销售的含义不同。市场营销包括市场研究、产品开发、定价、促销、服务等一系列营销活动。而推销、销售仅是企业营销活动的一个环节或部分，是市场营销的职能之一，不是最重要的职能。

3）市场营销是一种满足人们需求的行为

消费者的各种需求是企业营销工作的出发点。因此，企业必须对市场进行调研，了解市场，研究并掌握消费者的需求和欲望，从而确定市场需求量的大小。

4）市场营销活动的核心是交换

市场营销活动的范围不仅限于商品交换的流通过程，而且还包括产前和产后的活动。

产品的市场营销活动往往比产品的流通过程要长。现代社会的交易范围很广泛，已突破了时间和空间的壁垒，形成了普遍联系的市场体系。

2. 市场营销的核心概念

要真正理解市场营销的概念，必须要搞清楚市场营销所涉及的一些核心概念。市场营销的核心概念主要包括：

1）需要、欲望和需求

这一组中的三个概念既密切相关又有明显的区别，它们是市场营销定义和市场营销学所要研究的最基础的概念，也是市场营销活动的前提和根据。

（1）需要。

需要和欲望是市场营销活动的起点。需要是指没有得到某些基本满足的感受状态，是人类与生俱来的，如人们为了生存对食品、衣服、住房、安全等的需要。

（2）欲望。

欲望是指想得到上述基本需要的具体的满足品的愿望，是个人受不同文化及社会环境影响表现出来的对基本需求的特定追求。市场营销者无法创造需要，但可以影响欲望，如开发及销售特定的产品或服务来满足欲望。

（3）需求。

需求是指人们有能力购买并愿意购买某个具体产品的欲望。需求实际上也就是对某特定产品及服务的市场需求。市场营销者总是通过各种营销手段来影响需求，并根据对需求的预测结果决定是否进入某一产品（服务）市场。

2）交换、交易

（1）交换。

交换是指从他人（处）取得所需之物，并以某种东西作为回报的行为。人们对满足需求或欲望之物的取得，可以通过各种方式，如自产自用、强取豪夺、乞讨和交换等。其中，只有交换方式存在市场营销。交换的发生，必须具备五个条件：至少有交换双方；每一方都有对方需要的有价值的东西；每一方都有沟通和运送货品的能力；每一方都可以自由地接受或拒绝；每一方都认为与对方交易是合适或称心的。

（2）交易。

交易是交换过程的基本组成单位，是交换双方之间的价值交换。交换是一种过程，在这个过程中，如果双方达成一项协议，就称发生了交易。交易通常有两种方式：一是货币交易；二是非货币交易，包括以物易物、以服务易服务等。一项交易通常要涉及几个方面：至少两件有价值的物品；双方同意的交易条件、时间、地点；有法律制度来维护和迫使交易双方执行承诺。

3）产品、价值、满意

产品是能够满足人的需求和欲望的任何东西。产品的价值不在于拥有它，而在于它给人带来的欲望的满足。产品实际上只是获得服务的载体。这种载体可以是物，也可以是"服务"，如人员、地点、活动、组织和观念。

（1）产品。

产品是指用来满足消费者需求和欲望的物体。产品包括有形产品与无形产品（服务）。有形产品是为消费者提供服务的载体。无形产品（或服务）是通过其他载体，如人员、地点、活动、组织和观念等来提供的。

（2）价值。

价值是指消费者因拥有和使用某种产品而获得的效用与为取得该产品所付出的成本之差。消费者如何选择所需要的产品，主要是根据他们对各种产品和服务所提供的效用的理解来决定的。例如，某人为解决每天上下班的交通需要，会对可能满足这种需要的产品（如自行车、公交车、出租车等）和他的需要（如速度、安全、方便、舒适、经济等）进行综合评价，以决定哪一种产品能提供最大的满足。假如他主要对速度和舒适感兴趣，也许会考虑购买汽车。但是，汽车购买与使用的费用要比自行车高许多。若购买汽车，那么他必须放弃用其有限收入可购置的许多其他产品（服务）。因此，他将全面衡量产品的费用和效用，选择购买能使花费带来最大效用的产品。消费者并非能经常准确和客观地判断产品价值，他们是根据自己所理解的价值来行事的。

（3）满意。

消费者满意于否取决于消费者所理解的一件产品的价值与其期望值进行的比较。如果产品的价值低于消费者的期望值，则消费者便会感到不满意；如果产品的价值符合消费者的期望值，则消费者便会感到满意；如果产品的价值超过消费者的期望值，则消费者便会非常满意。聪明的企业为了取悦消费者，往往先对能提供的价值做出承诺，然后再提供多于其承诺的价值。

汽车营销企业（4S店）越来越重视它们的消费者满意度（Customer Satisfaction，CS），因为这是它们维系和拓展市场，获取更高利润的有效途径。有些汽车4S店已经把销售CS标准实施纳入考核机制，包括入店印象、销售人员的服务情况、试乘试驾服务、交车情况及交易过程等。

4）市场营销者和潜在消费者以及相互市场营销

（1）市场营销者和潜在消费者。

市场营销者是指希望从别人那里取得资源并愿意以某种有价之物作为交换的人。市场营销者可以是卖方，也可以是买方。在市场营销的交换双方中，如果一方比另一方更主动、更积极地寻求交换，则前者称为市场营销者，后者称为潜在消费者。

假如有几个人同时想买正在市场上出售的某种稀缺产品，每个准备购买的人都尽力使自己被卖方选中，那么这些人就是在进行市场营销活动。

（2）相互市场营销。

如果买卖双方都在积极寻求交换，那么就把双方都称为市场营销者，并把这种情况称为相互市场营销。

第二节　汽车市场营销及观念的演变

一、汽车市场营销

1. 汽车市场营销的含义

汽车市场营销就是汽车企业为了更好、更大限度地满足市场需求，以达到企业经营目标而开展的一系列活动。

随着汽车市场的发展，现代汽车营销研究的关注点由以产品、消费者为核心，逐步过渡为以竞争行为为核心。其基本任务有两个：一是寻找市场需求；二是实施一系列更好地满足市场需求的营销活动。

汽车营销研究的内容是在汽车市场的竞争环境中，企业等组织通过市场调查识别和分析消费者的需求，确定其所能提供最佳服务的目标群体，选择适当的计划方案、产品、服务方式以满足其目标群体的需求，取得竞争优势的市场营销全过程。

2. 汽车市场营销的功能

汽车市场营销作为汽车企业的一项重要活动，有以下四项基本功能。

1）发现和了解消费者的需求

现代市场营销观念强调市场营销应以消费者为中心，企业只有通过满足消费者的需求，才可能实现企业的目标。因此，发现和了解消费者的需求是市场营销的首要功能。

2）指导企业决策

企业决策正确与否是企业成败的关键，企业要谋得生存和发展，很重要的就是做好营销决策。企业通过市场营销活动，分析外部环境的动向，了解消费者的需求和欲望，了解竞争者的现状和发展趋势，并结合自身的资源条件来指导企业在产品、定价、分销、促销和服务等方面做出相应的、科学的决策。

3）开拓市场

企业市场营销活动的另一个功能就是通过对消费者的现在需求和潜在需求的调查、了解与分析，充分把握和捕捉市场机会，积极开发产品，建立更多的分销渠道以及采用更多的促销形式，开拓市场，增加销售量。

4）满足消费者的需求

满足消费者的需求是企业市场营销的出发点和中心，也是市场营销的基本功能。企业通过市场营销活动，从消费者的需求出发，并根据不同目标市场的消费者，采取不同的市场营销策略，合理地组织企业的人力、财力、物力等资源，为消费者提供适销对路的产品，做好售后服务，让消费者满意。

二、汽车市场营销观念的演变

所谓市场营销观念，也叫市场营销哲学，是企业领导人对于市场的根本态度和看法，是企业一切经营活动的出发点。具体来讲，汽车市场营销观念是指汽车企业在开展市场营销活动的过程中，在处理企业、消费者需求和社会利益三者之间关系时所持的根本态度、思想和观念。它是企业拓展市场、实现经营和销售目标的根本指导思想，即如何处理企业、消费者和社会三者利益之间的比例关系，以什么为中心来开展企业的生产经营活动。营销观念的正确与否，对企业的兴衰具有决定性作用。

不同的汽车营销观念是随着不同阶段汽车市场的需求而产生的，汽车市场营销观念的演变可归纳为企业导向、消费者导向、社会导向三种类型。

1. 企业导向的营销观念

企业导向的营销观念，即以企业利益为根本取向和最高目标来处理营销问题的观念。其主要包括以下几个观念。

1）生产观念

生产观念是一种最古老的营销管理观念。生产观念认为，消费者总是喜爱价格低廉并可以随处买到的产品，企业应当集中精力提高生产效率和扩大分销范围，增加产量，降低成本。以生产观念指导营销管理活动的企业称为生产导向企业，其典型表现是"生产什么就卖什么"。

生产观念在西方盛行于 19 世纪末 20 世纪初。当时资本主义国家处于工业化初期，市场需求旺盛，企业只要提高产量、降低成本，便可获得丰厚的利润。因此，企业的中心问题是扩大生产物美价廉的产品，而不必过多关注市场需求差异。在这种情况下，生产观念为众多企业接受。除了物资短缺、产品供不应求的情况之外，还有一种情况也会导致企业奉行生产观念。这就是某种具有良好市场前景的产品，生产成本很高，必须通过提高生产率和降低成本来扩大市场。

例如，20 世纪初期，美国福特汽车公司大力发展黑色 T 形车生产，总裁亨利·福特说："不管消费者需要什么样的汽车，我们只有一种黑色的 T 形车。"这充分体现了一切从企业生产出发的生产观念。亨利·福特通过引进先进生产线，提高生产效率，降低成本，使大部分消费者能够买得起他的汽车，以此提高福特汽车的市场占有率。

生产观念是一种重生产、轻市场的观念，在物资短缺的年代或许能"创造辉煌"，但随着生产的发展、供求关系的变化，这种观念必然会使企业陷入困境。

2）产品观念

产品观念认为消费者喜欢高质量、多功能和具有某些特色的产品。因此，企业管理的中心是致力于生产优质产品，并不断精益求精。

持产品观念的企业假设消费者欣赏精心制作的产品，相信他们能鉴别产品的质量和功能，并愿意出较高价格购买质量上乘的产品。这些企业的经理人员常迷恋自己的产品，而不太关注市场是否欢迎，在设计产品时只依赖工程技术人员而极少让消费者介入。

产品观念和生产观念几乎在同一时期流行。与生产观念一样，产品观念也是典型的"以产定销"观念。由于过分重视产品而忽视消费者需求，这两种观念最终将导致"营销近视症"。如铁路行业以为消费者需要火车而非运输,忽略了航空、公共汽车、卡车以及管道运输的日益增长的竞争。企业只致力于大量生产或精工制造、改进产品,而忽视市场需要的最终结果使其产品被市场冷落,从而落入困境甚至破产。

这种营销观念现在仍有一些企业在施行,它们尽力把产品做得尽善尽美,但消费者的需求在不断变化,企业并不会得到相对满意的回报。

3) 推销观念

推销观念也叫销售观念,其认为消费者通常有一种购买惰性或抗衡心理,若顺其自然,消费者就不会大量购买本企业的产品,因而企业必须积极推销和大力促销。持有推销观念的企业被称为推销导向企业,其表现往往是"企业卖什么,就让人们买什么"。

推销观念盛行于20世纪三四十年代。这一时期,由于科技进步及科学管理和大规模生产的推广,商品产量迅速增加,社会生产已经由商品不足进入商品过剩,卖主之间的市场竞争日益激烈。特别是1929年爆发的经济危机,前后历时五年,堆积如山的货物卖不出去,许多企业纷纷倒闭,市场极度萧条。这种现实使许多企业家认识到,企业不能只集中力量发展生产,即使有物美价廉的产品,也必须保证这些产品能被人购买,只有这样企业才能生存和发展。

在推销观念的指导下,企业相信产品是"卖出去的",而不是"被买去的"。它们致力于产品的推广和广告活动,以求说服甚至强制消费者购买。它们通过大批推销专家来做大量广告宣传,夸大产品的"好处",对消费者进行无孔不入的促销信息"轰炸",迫使人们不得不购买。

例如,美国的雪佛莱和奥兹莫比尔汽车厂曾因为积压了一批"托罗纳多"牌轿车,未能及时脱手,导致资金不能回笼,工厂面临要倒闭的局面。该厂的总裁对本厂经营和生产进行了反思,总结出自己企业经营失败的原因是推销方式不灵活,于是设计了一种大胆的推销方式"买一送一":即买一辆"托罗纳多"牌轿车,就可以免费获得一辆"南方"牌轿车。这一举动给工厂带来了源源不断的生意,不但使"托罗纳多"牌轿车提高了知名度,增加了市场占有率,同时也推出了一个新牌子——"南方"牌。

与前两种观念一样,推销观念也是建立在以企业为中心,以产定销的基础上的,而不是满足消费者真正需求的基础上。

2. 消费者导向的营销观念

以消费者为中心的观念,又称市场营销观念。这种观念认为,企业的一切计划与策略应以消费者为中心,准确判断目标市场的需要与欲望,从而比竞争者更有效地满足目标市场的需求。

市场营销观念形成于20世纪50年代。第二次世界大战后,随着第三次科学技术革命的兴起,西方各国的企业更加重视研究和开发,产品技术不断创新,新产品竞相上市。大量军工企业转向民用品生产,使社会产品供应量迅速增加,许多产品供过于求,市场竞争进一步激化。同时,西方各国政府相继推行高福利、高工资、高消费政策,社会经济环境发生了快速变化。消费者有较多的可支配收入和闲暇时间,对生活质量的要求提高,消费需要变得更加多样化,购买选择更为精明,要求也更为苛刻。这种形势要求企业改变以往单纯的以卖家为中心的思维方式,转向认真研究消费需求,正确选择为之服务的目标市场,并根据目标消费者需求及变动来不断调整自己的营销策略。也就是说,企业要从以企业为中心转变到以消费者为中心。

市场营销观念取代传统观念,是企业经营思想上的一次深刻变革。与传统观念相比,根本区别有四点:

(1) 起点不同。传统观念是在产品生产出来之后才开始经营活动;市场营销观念则是以市场为出发点来组织生产经营活动。

(2) 中心不同。传统观念是以卖方为中心,以产定销;市场营销观念则是以市场需要为中心,以销定产。

(3) 手段不同。传统观念主要采用促销手段;市场营销观念则主张采用整体营销(营销组合)手段。

(4) 终点不同。传统观念以将产品售出获取利润为终点;市场营销观念则将利润看作是消费者需求得到满足后愿意付给企业的回报,产品售出后,要继续跟踪消费者,不断改进产品,以便企业在后续的生产经营活动中能够更好地满足消费者需求,因此市场营销的整体活动永远没有终点。

市场营销观念有四个主要支柱,即目标市场、整体营销、消费者满意和盈利率。与推销观念从厂商出发,以现有产品为中心,通过大量推销和促销手段来获取利润不同,市场营销观念是从选定的市场出发,通过整体营销活动,实现消费者满意,从而提高盈利率。

树立并全面贯彻市场营销观念,建立真正面向市场的企业,是企业在现代市场条件下成功经营的关键。世界上许多优秀的汽车企业都是奉行市场营销观念的。例如,日本本田汽车公司要在美国推出一种新型汽车——"雅阁"牌汽车。在设计新车前,公司派出工程技术人员专程到洛杉矶地区考察高速公路的情况,实地丈量路长、路宽,采集高速公路的柏油,拍摄进出口道路的设计。回到日本后,他们专门修了一条9千米长的高速公路,就连路标和告示牌都与美国公路上的一模一样。在设计行李厢时,设计人员意见有分歧,他们就到停车场看了一个下午,看人们如何放取行李。这样一来,意见马上统一起来。结果本田公司的"雅阁"牌汽车一到美国就备受欢迎,被称为是全世界都能接受的好车。

3. 社会导向的营销观念

从20世纪70年代起,环境破坏、资源短缺、人口爆炸、通货膨胀和忽视社会服务等问题日益严重,要求企业顾及消费者整体与长远利益(即社会利益)的呼声越来越高。在西方市场营销学界提出了一系列新的观念,如人性观念、理智消费观念、生态准则观念等。其共同点是认为,企业生产经营不仅要考虑消费者需要,而且要考虑消费者、利益相关者和整个社会的长远利益。这类观念可统称为社会营销观念。

社会营销观念认为,企业的任务在于确定目标市场的需要、欲望和利益,比竞争者更有效地使消费者满意,同时维护与增进消费者的社会福利。

社会营销观念是对市场营销观念的补充与修正。市场营销观念的中心是满足消费者的需求与愿望,进而实现企业的利润目标,但往往会在满足个人需求时与社会公众的利益发生矛盾,企业的营销努力可能不自觉地造成社会的损失。市场营销观念虽也强调消费者利益,不过它认为谋求消费者的利益必须符合企业的利润目标,当二者发生冲突时,应将企业的利润放在第一位。因为利润才是资本主义企业生产的根本目的。社会市场营销观念的基本观点是：企业要将使消费者满意以及实现消费者和社会公众的长期福利作为根本目的与责任。理想的市场营销决策应同时考虑到消费者的需求与愿望、消费者和社会的长远利益、企业的营销效益。

对于市场营销观念的四个重点（目标市场、整体营销、消费者满意和盈利率），社会营销观念都作了修正。一是以消费者为中心，采取积极的措施，如供给消费者更多、更快、更准确的信息，改进广告与包装，增进产品的安全感和减少环境污染，增进并保护消费者的利益。二是整体营销活动，即视企业为一个整体，全部资源统一运用，更有效地满足消费者的需要。三是求得消费者的真正满意，即视利润为消费者满意的一种报酬，视企业的利润为消费者满意的副产品，而不是把利润摆在首位。上述修正同时要求企业改变决策程序。在市场营销观念的指导下，决策程序一般先决定利润目标，然后寻求可行的方法来达到利润目标；社会市场营销观念则要求，决策程序应先考虑消费者与社会的利益，寻求有效地满足与增进消费者利益的方法，然后再考虑利润目标，根据能否达到预期的投资报酬率来判断是否值得投资。这种决策程序的改变并未否定利润目标及其价值，只是置消费者利益于目标之上。

第三节　汽车市场营销竞争策略

经过一个多世纪的发展，汽车行业已成为一个成熟的产业，由于汽车产业对其前向和后向的企业都有着重大的带动作用和影响，所以任何一个要实现工业化的国家，都十分重视本国汽车工业的发展。这将必然导致汽车生产过剩，从而加剧汽车行业的竞争。

一、市场竞争分析

竞争是现代经济社会的基本特征之一。正确的市场竞争策略是企业成功地实现其营销目标的关键。而要制定正确的市场竞争策略，就必须对整个行业的竞争状况进行分析，明确企业的竞争地位。

与企业相关的环境范围很广，但企业最关心且对企业影响最大的是本企业所在行业的竞争格局及竞争程度。竞争策略的权威迈克尔波特认为："一个行业中的竞争，远不止在原有竞争对手中进行，而是存在着五种基本的竞争力量，它们是行业内现有企业之间的竞争、潜在新进入者的威胁、替代品的威胁、购买者讨价还价的能力和供应商讨价还价的能力"。

1. 行业内现有企业之间的竞争

当一些企业生产的产品功能相类似时，这些企业归为一个行业。它们之间的竞争是司空见惯的。现有企业之间采用的竞争手段主要有价格战、广告战、产品介绍、增加客户服务项目等。行业内现有企业之间竞争的激烈程度会受到以下因素的影响：

（1）行业的集中程度。集中程度越高，意味着垄断程度越高，结构越好，同行业竞争作用力就弱。反过来，集中程度低，且同行业主要企业规模相当，行业内竞争作用力就大。

（2）行业产品的差异程度。行业内各企业产品同质化可以互为替代，盈利模式（销售方式、生产方式、科研水平、采购方式、物流管理等）同质化。若行业内各企业一味模仿，只有规模经济是唯一取胜之道，则这样的结构就很差。相反，行业内各企业根据自己的竞争优势，差异化的定位市场，错位竞争，则竞争也就相对缓和。

（3）行业的规模状况。当行业内的成员、生产数量比较稳定时，竞争相对缓和。但若行业内某些成员为增强竞争能力而大批量增加生产数量，就容易引起激烈的市场竞争。

（4）行业增长速度。当行业处于缓慢增长时，有限的发展空间势必会导致企业将力量放在争夺现有市场的占有率上，从而导致行业内现有竞争的白热化。

（5）行业的产品向其他行业的渗透力。随着本行业的技术不断创新，本行业的产品功能不断扩大，用途越来越广，此竞争会相对缓和。

2. 新进入者的威胁

这里不仅指将要进入的新企业，也包括现有行业内企业的扩张。从行业利润的角度来看，最好的情况是进入壁垒较高而退出壁垒低。在这种情况下，新进入者将受到抵制，而经营不成功的企业会离开本行业。反之，进入壁垒低而退出壁垒高是最不利的情况，在这种情况下，当某行业的吸引力较大时，众多企业纷纷进入该行业；当该行业不景气时，过剩的生产能力仍然留在该行业内，企业之间竞争激烈，相当多的企业会因竞争不利而陷入困境。

影响进入壁垒高低的因素主要有以下几个方面：

（1）垄断。其主要有自然垄断（如矿山、地理位置），政府垄断（准入制度、特许经营）和知识产权垄断（专利、专有技术）。

（2）差异化。企业通过研发、质量管理、广告等把自己的产品与其他企业同样功能的产品区别开来，获得品牌或商誉。

（3）规模经济效益。规模越大单个产品成本越低，行业内已有企业做到成本领先，新进入企业很难与之竞争。

（4）资金要求。若进入某一行业需要大量的资金支持，则该行业进入壁垒高，新进入者要在持有大量资金、冒很大风险的情况下才敢进入。

（5）转换成本。当企业的产品为用户所习惯，改用其他企业的产品会发生难以承受的成本时，该行业的进入壁垒就会比较高。

（6）销售渠道的控制。企业通过投资、参股、控股以及关系控制下游企业的供应，或者一条龙产业链，或者一揽子解决方案等把持销售渠道，会使得新进入者很难销售自己的产品。

3. 替代品的威胁

替代品是指具有与该行业当前产品相同或类似功能的产品。互为替代品的交叉价格弹性系数大于零，且该系数越大替代威胁越大。其中一种产品价格上升，会引起另一种产品需求增加。广义地看，所有公司都参与生产替代品的行业竞争。替代品设置了公司可谋取利润的上限，限制了一个行业的潜在收益。

以下几种情况下，企业会面临相当大的、来自替代产品的竞争压力。

（1）替代品盈利很高。替代品利润高意味着降价空间大，替代威胁就大。

（2）替代品技术更新周期短。也就是说，替代品技术更新越快，功能会越强大，替代威胁就越大。

（3）替代品性价比占优。此时，会产生排挤原产业产品的趋势，从而导致原产业重新洗牌。

4. 购买者讨价还价的能力

购买者可能要求降低价格、要求提高质量或提供更多的服务，其结果是使行业的竞争者们互相竞争，导致行业利润下降。在下列情况下，购买者具有较强的讨价还价能力。

（1）购买是大批量的、集中的。这是相对于卖方而言的，也就是说买方行业的集中程度大于卖方行业的集中程度，买方容易形成默契，订立价格同盟。

（2）需求量大的购买者。这会使买方对价格很敏感，因为关系到买方的利润水平甚至亏损。

（3）标准化产品的购买者。这意味着买方挑选余地大，可以货比三家。

（4）转换成本低的购买者。买方购买不同公司的产品，所付出的学习成本、使用成本等很小，就会增强其议价能力。

（5）买方具备后向整合的威胁。就是买方有能力自己生产本来需要购买的产品。

（6）购买的产品对买方无重大影响。因为买方认为购买的产品对自己不重要，就不愿花大价钱购买。

（7）买方掌握充分的信息。若买方对购买的产品的原材料成本、生产成本、技术成本、物流成本、销售成本甚至售后服务成本都了如指掌，则其议价能力就较强。

（8）买方可以选择替代品，特别是当替代威胁比较大时，买方力量更大。

5. 供应商讨价还价的能力

供应商往往会通过提高价格、降低产品质量和服务水平、停止供货等手段对企业施加压力。

供应商具有较强的讨价还价能力的情况有：

（1）供应商由少数几家公司主导，此时供应商能够在价格、服务、质量等方面对购买商施加相当大的影响。

（2）企业非供应商的重要客户，也就是说买方的购买量占供方的销售比例较低，此时供应商在交易中处于有利位置。

（3）当供应商的工业用品对企业的产品质量影响较大时，供应商的地位会得到提高。

（4）供应商的产品有特殊性能，或无替代产品，它往往会利用这一局部性垄断的优势对购买者施加压力。

（5）转换供货单位的费用大或转换困难，购货单位讨价还价的地位自然就低。

（6）供应商实现前向一体化或形成了可信的前向一体化威胁，就会使购买者处于不利地位。

二、市场竞争策略

企业在对市场竞争状况进行了分析之后，就需要根据自身的具体情况，制定竞争策略。实践证明，没有哪一种策略会适合所有的企业，不同的竞争优势会有不同的竞争策略，企业必须认清自己在行业中的真实位置，并以此为基础，制定有效的竞争策略。

1. 市场领导者的竞争策略

一般来说，市场领导者是指在相关产品的市场上市场占有率最高的企业。它在价格调整、新产品开发、配销覆盖和促销力量方面处于主导地位。它是市场竞争的导向者,也是竞争者挑战、效仿或回避的对象。市场领导者的地位是在竞争中自然形成的,但不是固定不变的,时刻会面临竞争者无情的挑战。因此,市场领导者必须保持高度的警惕并采取适当的策略,否则就很有可能在激烈的市场竞争中丧失领导地位。

通常,市场领导者可采取的竞争策略有:

1) 扩大市场需求量

处于市场主导地位的企业,其营销策略首先是扩大总市场,即增加总体产品需求数量。通常可以运用三条途径。

(1) 发现新的用户。通过发现新用户来扩大市场需求量,其产品必须具有能够吸引新的使用者,增加购买者数量的竞争潜力。企业可以从三个方面寻找到新的使用者:市场渗透、市场开发和地理扩展。

(2) 开辟产品的新用途。开辟产品的新用途可以扩大市场需求量。市场领导者往往最有能力根据市场需求动态,为自己的产品寻找和开辟新的用途。

(3) 增加用户的使用量。通过说服产品使用者增加使用量也是扩大市场需求量的有效途径。说服产品的使用者增加使用量的办法有许多,但最常用的是:促使消费者在更多的场合使用该产品、增加使用产品的频率、增加每次消费的使用量。

2) 保持现有市场份额

领导者企业必须防备竞争对手的进攻和挑战,保护企业现有的市场阵地。最佳的策略方案是不断创新,以壮大自己的实力,并抓住竞争对手的弱点主动出击。当市场领导者不准备或不具备条件组织或发起进攻时,至少也应使用防御力量,坚守重要的市场阵地。防御策略的目标是使市场领导者在某些事关企业领导地位的重大机会或威胁中采取最佳的策略决策。常用的防御策略有以下几种。

(1) 阵地防御。市场领导者在其现有的市场周围建造一些牢固的防卫工事,以各种有效策略、战术防止竞争对手侵入自己的市场阵地。这是一种静态的、被动的防御,阵地防御是最基本的防御形式。

(2) 侧翼防御。市场领导者要准确判断挑战者对其的侧翼进攻,建立一些作为防御的辅助性基地,改变营销策略战术,用以保卫自己较弱的侧翼,防止竞争对手乘虚而入。

(3) 先发制人防御。在竞争对手尚未动作之前,先主动攻击,并挫败竞争对手,在竞争中掌握主动地位。具体做法是:当某一竞争者的市场占有率达到对本企业可能形成威胁的某一危险高度时,就主动出击,对它发动攻击,必要时还需采取连续不断的正面攻击。

(4) 反攻防御。面对竞争对手发动的降价或促销攻势,主动反攻入侵者的主要市场阵地。可实行正面回击策略,也可以向进攻者实行"侧翼包抄"或"钳形攻势",以切断进攻者的后路。

(5) 运动防御。市场领导者把自己的势力范围扩展到新的领域中去,而这些新扩展的领域可能成为未来防御和进攻的中心。

(6) 收缩防御。市场领导者逐步放弃某些对企业不重要的、疲软的市场,把力量集中用于主要的、能获取较高收益的市场。

3）提高市场占有率

市场领导者实施这一策略的目的是设法通过提高企业的市场占有率来增加收益、保持自身成长和市场主导地位。在汽车市场上，由于市场的容量极大，市场占有率每提高一个百分点，就意味着销售额可以增加几百万乃至几千万，因此，市场领导者应当努力扩大自己的市场占有率。

2. 市场挑战者的竞争策略

市场挑战者是指那些相当于市场领先者来说在行业中处于第二、第三和以后位次的企业。如果处于次要地位的企业向市场领先者进行挑战，则首先必须确定自己的策略目标和挑战对象，然后选择适当的进攻策略。

1）确定策略目标和挑战对象

大多数市场挑战者的策略目标是提高市场占有率，进而达到提高投资收益率和利润率的目标。挑战者在明确策略目标时，必须确定谁是主要挑战对象（即竞争对手）。一般说来，挑战者可以选择下列几种类型的攻击目标。

（1）攻击市场领导者。这是一种既有风险又具潜在价值的策略。一旦成功，挑战者企业的市场地位将会发生根本性的改变，因此颇具吸引力。企业采用这一策略时，应十分谨慎，周密策划，以提高成功的可能性。

（2）攻击与自身实力相当的企业。抓住有利时机，向那些势均力敌的企业发动进攻，把竞争对手的顾客吸引过来，夺取它们的市场份额，壮大自己的市场。这种策略风险小，若几番出师大捷（或胜多败少），则可以对市场领先者造成威胁，甚至有可能改变企业的市场地位。

（3）攻击实力较弱的企业。当某些中、小企业出现经营困难时，可以通过兼并、收购等方式，夺取这些企业的市场份额，以壮大自身的实力和扩大市场占有率。

2）选择进攻策略

（1）正面进攻。市场挑战者集中"优势兵力"向竞争对手的主要市场阵地正面发动进攻，即进攻竞争对手的强项而不是它的弱点。采用此策略需要进攻者在提供的产品、广告、价格等主要方面大大超过竞争对手，才有可能成功，否则采取这种进攻策略必定失败。为了确保正面进攻的成功，进攻者需要有超过竞争对手的实力优势。

（2）侧翼进攻。市场挑战者集中优势力量攻击竞争对手的弱点。此策略进攻者可采取"声东击西"的做法，佯攻正面，实际攻击侧面或背面，使竞争对手措手不及。具体可采取两种策略：一是地理性侧翼进攻，即在某一地理范围内针对竞争者力量薄弱的地区市场发动进攻；二是细分性侧翼进攻，即寻找还未被领先者企业覆盖的商品和服务的细分市场迅速填补空缺。

（3）围堵进攻。市场挑战者开展全方位、大规模的进攻策略。市场挑战者必须拥有优于竞争对手的资源，能向市场提供比竞争对手更多的质量更优、价格更廉的产品，并确信围堵计划的完成能够成功时，可采用围堵进攻策略。

（4）迂回进攻。市场挑战者完全避开竞争对手现有的市场阵地而迂回进攻。具体做法有三种：一是实行产品多元化经营，发展某些与现有产品具有不同关联度的产品；二是实行市场多元化经营，把现有产品打入新市场；三是发展新技术产品、取代技术落后的产品。

(5) 游击进攻。游击进攻即以小型的、间断性的进攻干扰对方，使竞争对手的士气衰落，不断削弱其力量。向竞争对手市场的某些角落发动游击式的促销或价格攻势，逐渐削弱对手的实力。游击进攻策略的特点是不能依仗个别战役的结果决出战局的最终胜负。

3. 市场追随者的竞争策略

市场追随者是指安于次要地位、不热衷于挑战的企业。在大多数情况下，企业更愿意采用市场跟随策略。市场跟随者的主要特征是安于次要地位，在"和平共处"的状态下求得尽可能多的收益。

在市场竞争中，居于次位的企业紧紧追随市场领导者，有时会比向市场领导者发动挑战获得更多的收益。但是，市场追随者并不是单纯被动地跟随领导者，它必须找到一条不致引起竞争性报复的发展道路。以下有三种可供选择的跟随策略。

1）紧密跟随

追随者在尽可能多的细分市场和营销组合领域中模仿领先者。追随者往往几乎以一个市场挑战者的面貌出现，但是如果它并不是激进地妨碍领衔者，那么直接冲突一般不会发生。有些追随者甚至可能被说成是寄生者，它们在刺激市场方面很少动作，只希望靠市场领先者的投资生活。

2）距离跟随

追随者与领先者保持某些距离，但又在主要市场和产品创新、一般价格水平和分销上追随领先者。市场领先者十分欢迎这种追随者，因为领先者发现追随者们对它的市场计划很少干预，而且乐意让它们占有一些市场份额，以便使自己免遭独占市场的指责。

3）选择跟随

这类企业在有些方面紧跟领导者，但有时又走自己的路。这类企业可能具有完全的创新性，但它又避免直接的竞争，并在有明显好处时追随领导者的许多策略。这类公司常能成长为未来的挑战者。

4. 市场补缺者的竞争策略

在市场经济发展中，人们非常关注成功的企业，往往忽略每个行业中存在的小企业，然而正是这些不起眼的星星之火，在大企业的夹缝中求得生存和发展后，呈燎原之势。这些小企业就是所谓的市场补缺者。

市场补缺者可采取的竞争策略有以下两种。

1）实施专业化的市场营销

其主要包括以下几个方面：

(1) 专门致力于为某类最终用户服务的最终用户专业化。

(2) 专门致力于分销渠道中的某些层面的垂直层面专业化。

(3) 专门为那些被大企业忽略的小客户服务的消费者规模专业化。

(4) 只对一个或几个主要客户服务的特定消费者专业化。

(5) 专为国内外某一地区或地点服务的地理区域专业化。

(6) 只生产一大类产品的某一种产品的产品线专业化。

(7) 专门按客户订单生产预订产品的客户订单专业化。

（8）专门生产经营某种质量和价格的产品的质量和价格专业化。

（9）专门提供某一种或几种其他企业没有的服务项目的服务项目专业化。

（10）专门服务于某一类分销渠道的分销渠道专业化。

2）创造补缺市场、扩大补缺市场、保护补缺市场

企业不断开发适合特殊消费者的产品，这样就开辟了无数的补缺市场。在开辟出这样的特殊市场后，可针对产品生命周期阶段的特点扩大产品组合，以扩大市场占有率，达到扩大补缺市场的目的。此外，如果有新的竞争者参与，则应保住其在该市场的领先地位，保护补缺市场。作为补缺者选择市场补缺基点时，多重补缺基点比单一补缺基点更能增加保险系数，分散风险。因此，企业通常选择多个补缺基点，以确保企业的生存和发展。

总之，只要善于经营，随时关注市场上被大企业忽略的细小部分，通过专业化经营，精心服务于消费者，作为市场补缺者的小企业也有机会获利。

第二章

汽车市场营销环境分析

第一节 汽车市场营销环境概述

  任何企业的市场营销活动，都不可能孤立地进行，必然受到企业内外相互联系、相互制约的各种因素的影响。这些因素就是企业市场营销的环境，因此，企业必须重视对市场营销环境的研究。按对企业营销活动的影响方式、影响程度和影响范围不同，市场营销环境可以区分为微观环境和宏观环境。营销管理者的任务就是要不断评估环境因素变化产生的营销机会和不利威胁，安排适当的营销策略，使之与不断变化的营销环境相适应，努力创造或改变顾客的需求，取得良好的营销业绩。

一、市场营销环境的含义

  任何企业都存在于一定的环境中，这种环境实质上是一种社会的"生态环境"。在分析营销环境时，要明确环境是客观存在的，它不以主体的意志为转移。企业和企业管理人员必须认识环境、适应环境，进而利用环境、改造环境，放大环境给经济活动或者营销活动带来的有利影响，缩小其带来的不利影响。那么，什么是市场营销环境呢？美国著名的市场学家菲利普·科特勒所下的定义为："企业的营销环境是由企业营销管理职能外部的因素和力量组成的。这些因素和力量影响营销管理者成功地保持和发展同其目标市场消费者交换的能力。"也就是说，市场营销环境是指在营销活动之外，能够影响营销部门发展并保持与目标消费者良好关系的能力的各种力量和因素体系。或者说，市场营销环境就是指影响企业与其目标市场进行有效交易能力的所有行为者和力量。因此，对环境的研究是企业营销活动的最基本课题。

  市场营销环境是一个多因素、多层次而且不断变化的综合体。概括地说，企业市场营销环境具有以下特点。

1. 客观性

客观性是市场营销环境的首要特征。构成营销环境的因素是多方面的，它的存在并不以营销者的意志为转移，并且每一个因素又都随着社会经济的发展而不断变化。这就要求企业不断调整营销策略，以顺应环境因素和条件的变化。如果企业主观臆断某些环境因素及其发展趋势，就会造成盲目决策，使企业在市场竞争中遭受失败。

2. 差异性

市场营销环境的差异性不仅表现在不同企业受不同环境的影响，而且同样一种环境因素的变化对不同企业的影响也不相同。由于市场环境因素对企业作用的差异性，所以企业为应付环境的变化而采取的营销策略各有其特点。

3. 关联性

市场营销各个环境不是孤立的，而是相互联系、相互渗透、相互作用的。环境本身是一个体系，不管是国家的政策法规、宏观经济走向，还是地区经济发展水平、自然条件、文化风俗，都会综合在一起对市场营销活动发生作用。这种作用带来的营销活动产生的结果一般无法详细区分某一环境因素的影响所占的比例，只能大致区分出主要因素和次要因素。

4. 复杂性

企业面临的市场环境的复杂性表现为各个环境因素之间经常存在着矛盾关系。例如，随着我国居民生活水平的不断提高，汽车消费已经成为一个新的消费热点，近几年汽车产业的发展也非常迅速，国外品牌纷纷在内地建厂生产，国内汽车生产厂家也不断开发出新产品，抢占市场。但是客观存在的道路设施落后、石油价格不断上涨以及给环保带来的诸多问题，使企业不得不做进一步权衡，在对现存资源有效利用的前提下去开发新产品。有时，企业向社会提供产品或劳务还必须在各项法律法规要求与消费者需求之间做出选择，既要利用现有的物质、技术条件去创造和满足社会需求，又要使企业的行为与政策、法律及管理部门的要求相符合。

5. 动态性

市场营销环境是在不断变化的，主要表现为两个方面：一是由于关联性影响，一种环境因素的变化会导致另一种环境因素随之变化；二是每个环境内部的子因素发生变化也会导致环境因素变化。尽管根据其变化程度的不同，可以分为较稳定的环境、缓慢变化的环境和急剧变化的环境，但变化是绝对的。例如，消费者的消费需求在变、宏观产业结构在调整等。从总体上看，变化的速度呈现不断加快的趋势。每一个企业都与周围环境的各种力量保持着一种微妙的平衡关系。一旦环境发生变化，平衡被打破，企业必须积极地反应和适应这种变化，否则就会被市场淘汰。

6. 不可控性

相对于企业内部管理机能（如企业对自身的人力、财力、物力等资源的分配使用），营销环境是企业外部的影响力量，企业不能控制它，只能适应它。对于市场营销环境中的绝大多数单个因素，企业也不能控制，顶多能在基本适应上施加一些影响。例如，无论是直接环境中的消费者需求特点，还是间接环境中的人口数量，都不可能由企业决定。但是企业通过本身能动性的发挥，如调整营销策略、进行资源整合、引导消费热点等，可以对某些环境因素施加影响，以使环境出现自身希望看到的局面。

二、市场营销环境分析的意义

1. 市场营销环境分析是市场营销活动的出发点

企业营销活动所需的各种资源（如资金、信息、人才等）都是由环境提供的。要了解企业生产经营的产品或服务需要哪些资源、需要多少资源、从哪里获取资源，必须分析研究营销环境因素，以获取最优的营销资源来满足企业经营的需要，实现营销目标。只有深入细致地对企业市场营销环境进行调查研究和分析，才能准确、及时地把握消费者需要，才能认清本企业所处环境中的优势和劣势，扬长避短。

2. 市场营销环境分析有利于抓住市场机遇，规避风险

企业要善于细致地分析市场营销环境，善于抓住机会，及时预见环境威胁，将威胁减小到最低程度，甚至化解威胁，使企业在竞争中求生存、在变化中谋稳定、在经营中创效益，充分把握未来。例如，农村对汽车市场的购买欲望和购买力增强，奇瑞推出多款适合农村道路的车型；面对世界石油资源紧缺的现状，很多汽车企业都在积极研发新能源汽车。

三、市场营销环境的分类

按照不同的分类标准，可以将市场营销环境进行不同的分类。

1. 内部环境和外部环境

1）内部环境

内部环境是指对企业的营销活动乃至整个企业的应变能力、竞争能力发生影响的企业可以控制的各种内部因素，如企业的生产、采购、研发、财务等制度和管理层级模式。

2）外部环境

外部环境是指对企业的营销活动发生影响的、企业难以控制和改变的各种外部因素，如目标顾客、商业法规、同行业竞争者等。

2. 直接环境和间接环境

1）直接环境

直接环境是指与企业的营销活动有着直接联系并对其产生直接影响的各种企业内外部环境因素。

2）间接环境

间接环境是指对直接环境发生影响并进而影响企业营销活动的某些企业外部环境因素。

3. 微观环境和宏观环境

1）微观环境

微观环境主要由企业的资源供应者、营销中间人、消费者、竞争者、社会公众、企业内部环境等方面的基本因素构成，它实际上就是对企业的营销活动发生影响的直接环境。

2）宏观环境

宏观环境主要由人口环境、经济环境、政治环境、自然环境、科学技术环境、社会文化环境等方面的基本因素构成，它实际上就是对企业的营销活动构成影响的间接环境。但是，并不能排除宏观环境中的某些因素会对企业的营销活动产生直接的影响。

4. 国内环境和国际环境

对企业的营销活动发生影响的因素，不仅有国内环境因素，而且有国际环境因素。随着经济全球化的趋势日益明显，单个国家的经济发展不可能离开全球贸易网络和金融体系。一个国家的开放程度越高，其国民经济与国际经济联系的程度就越紧密。企业进入国际市场的范围越广、程度越深，国际环境因素对企业营销的影响就越大。中国加入WTO之后，国际环境因素成为越来越多的企业在管理营销活动时考虑的一个重要方面，越来越受到企业的重视。

四、正确处理汽车企业与营销环境的关系

汽车企业生存在复杂多变的环境之中，各种环境因素对企业的经营管理活动虽然都有一定的影响，但它们不是同时、均等地发生作用。在不同时期、不同条件下环境因素对企业经营管理活动的影响是有区别的，有时甚至会有较大的差异。因此，在研究营销环境时，要根据不同的情况进行不同的分析。只有区别对待，才能更有效地利用环境因素。

1. 认识环境

1）灵敏度要高

在了解主要环境（如经济环境、政治环境）的同时，对其他环境的任何微小影响也不应遗漏，而且要注意分析其发展趋势，提高识别能力。

2）建立可靠的信息沟通渠道

信息是企业认识和研究环境的基础，建立必要的环境信息网络和信息库，多方面收集、储备有关的环境资料，只有及时、全面、准确地掌握信息及其变化，才能对环境做出恰当的分析和判断。

3）善于运用调查资料

了解和认识环境主要靠企业自身的努力。由于企业的具体情况不同，对环境进行分析研究时所需要的资料也不同，故调查研究的对象及使用的方法也会有较大的差异。

2. 适应环境

汽车企业的一切经营活动只有同客观环境相适应，才能达到预期的目的。汽车企业应树立随环境变化而随时应变的思想观念，不断提高企业的素质，提高对环境的认识能力和应变能力，适应新环境。在新的形势下，要不断认识新环境，研究新问题，制定新政策，及时、积极、主动、有效地采取新措施，改变汽车企业的经营方法。

3. 控制环境

（1）掌握环境发展变化的规律并采取相应措施，给予影响。

（2）对于可控环境，应制定出具体的控制目标和标准，并采取科学的方法和设施加以监控。对于已发现的运行偏差要及时研究，应采取相应措施予以纠正，以确保控制目标的

实现。

（3）做好信息反馈工作，对存在的问题应及时加以解决。

（4）对环境的控制不仅要依靠汽车企业内部广大职工的共同努力，而且要广泛运用社会力量，甚至人类共同研究的成果。

4. 利用环境

环境是影响汽车企业经营活动的主要因素。汽车企业在掌握了认识环境、适应环境和控制环境的基本技能之后，还要积极主动地去利用环境，使环境能够为企业的经营活动产生更好的影响，发挥更大的作用。

5. 改造环境

环境是客观存在的，有些环境因素是人们无法抗拒的，只能通过提高预测能力加以预防，以使损失降低到最低限度，如水灾、地震等自然灾害。但是，这并不意味着所有的环境都不能改造，相反，许多环境条件是可以通过人们的努力加以改造的，使之有利于企业生存和发展。

第二节　汽车市场营销的微观环境

微观环境是指与企业关系密切、能够直接影响企业服务消费者能力的各种因素，包括企业自身、供应商、销售渠道、消费者、竞争对手和公众等。这些因素构成企业的价值传递系统，而这个系统的运行效率，在很大程度上决定着企业对微观环境在一定程度上也具有可控性，企业可以结合自身的营销目标，对部分微观环境因素进行必要的调整和控制。

一、企业的内部环境

企业的内部环境是指企业的类型、组织模式、组织机构、研发能力及企业文化等因素。其中企业组织机构，即企业职能分配、部门设置及各部门之间的关系，是企业内部环境最重要的因素。

一般而言，企业内部基本的组织机构包括高层管理部门、财务部门、产品研发与技术部门、采购部门、生产部门、营销部门等。这些部门之间的分工是否科学、协作是否和谐、精神是否振奋、目标是否一致、配合是否默契，都会影响营销的决策和营销方案的实施。营销部门必须与其他部门密切合作、相互支持，方可有效地开展市场营销活动。例如，营销计划必须征得高层同意方可实施；营销资金需要财务部门筹措、调度和管理；营销需要技术部门开发适销对路和生产部门生产质量上乘的产品，需要会计部门核算销售收入与营销费用等。从营销角度看，企业内部的所有部门都必须"想消费者所想"，并在工作行动中协调一致，共同提供上乘的消费者价值和消费者满意。

企业内部环境是企业提高市场营销的工作效率和效果的基础。因此，企业管理者应强化企业内部管理，为市场营销创造良好的营销内部环境。

二、生产供应者

生产供应者是指向企业提供生产经营所需资源（如设备、能源、原材料、配套件、半成品等）的组织或个人。供应商的供应能力包括供应成本（供应价格）、供应的产品或服务的质量、供应的及时性（交货期及交货的节拍）等，这些能力短期将影响企业的生产和销售数额，长期将影响消费者的满意度。所以企业应不断地处理好同生产供应者之间的关系，本着合作共赢的原则，打造富有竞争力的产品共赢链条，为企业的市场营销营造有利的"小气候"。

对汽车企业的市场营销而言，企业的零部件（配套协作件）供应者尤为重要。汽车企业不仅要选择和规划好自己的零部件供应者，而且还应从维护本企业市场营销的长远利益出发，配合国家有关部门对汽车零部件工业和相关工业发展的政策，促其发展。我国的不少汽车企业对其生产供应商采取"货比三家"的政策，既与供应商保持大体稳定的配套协作关系，又让供应商之间形成适度的竞争，从而使本企业的汽车产品达到质量和成本的相对统一。事实证明，这是一种对汽车企业的生产经营活动具有较好效果的措施。

但值得关注的是，加入WTO以后，随着我国汽车整车市场竞争的加剧，整车厂商往往习惯于降价促销，并迫使协作、配套的零部件供应商降低供应价格。在这个降价过程中，整车厂商往往很少考虑供应商的价格空间及其承受能力，结果导致供应商抱怨很多，出现过度节省材料、牺牲产品质量或者亏损经营等现象。正确的做法应该是，按照"双赢"的原则和以共同发展为目标导向，整车厂商与供应商共同协商，共同确定降价的幅度和目标，并通过科技进步和提高管理水平及员工素质等方法，增强供应商的综合竞争能力。现代企业管理理论特别强调供应链管理，整车厂商应认真规划好自己的供应链体系，将供应商视为战略伙伴，不要为了自己的短期利益而过分牺牲供应商的利益，应让整个供应链提高市场竞争力和市场应变力。

三、营销中介

营销中介是指协助汽车企业从事市场营销的组织或个人。营销中介对汽车企业市场营销的影响很大，如影响到汽车企业的产品市场覆盖、营销效率、经营风险、资金融通等。因而汽车企业应重视营销中介的作用。营销中介的种类包括中间商、物流商、营销服务机构和汽车金融服务机构等。

1. 中间商

中间商也称销售渠道公司，是指能帮助汽车企业寻找顾客并最终把产品售卖出去的商业组织或个人。一般商品的中间商主要有批发商、零售商等，汽车产品的中间商包括代理商、特许经销商等。

2. 物流商

物流商是指专门帮助汽车企业运送原材料、协作配套件和运储产成品（如商品车）的商业组织和个人，其主要业务包括运输、储存、包装、商检等作业。目前，我国汽车行业越来越广泛地采取"谁销售，谁负责物流"的运行模式，即销售者负责自己所售商品的物流或招募物流服务商完成物流工作。

3. 营销服务机构

营销服务机构是指专门向汽车企业提供营销相关服务业务的商业组织和个人，主要包括市场调查公司、广告公司、信息传媒机构、营销咨询机构等。由于这些公司在服务资质、服务能力、服务质量及服务价格等方面差异较大，汽车企业在选择营销服务机构时，应认真考察比较，择优利用。

4. 汽车金融服务机构

汽车金融服务机构是指为促进汽车企业的产品（含服务）营销，专门提供金融服务的机构，包括商业银行、信贷联盟、信托公司、汽车金融服务公司、保险公司和汽车企业集团财务公司等。它们能够为交易提供金融支持或对货物买卖中的风险进行保险。

1）商业银行

在我国，商业银行是汽车消费贷款的主要供应商，也是唯一可以吸收公众存款的汽车金融机构。多年来，受我国经济体制和金融自由化发展程度的影响，商业银行无论是风险管理还是产品创新，同发达国家相比都还存在一定差距。我国商业银行尽管垄断着近80%的资金资源，并占据绝对主要的汽车消费信贷市场的份额，但是目前提供的汽车金融产品非常有限，基本只有分期贷款这种产品，而且这种产品的同质性很强。

2）信贷联盟

信贷联盟最早起源于19世纪40年代的美国。它是由会员发起，旨在提高会员经济和社会地位，并以公平合理的利率为会员提供金融服务的一种非营利性信用合作组织。资金来源除了会员存款和储蓄外，还可以向银行、其他信贷联盟筹借。

3）信托公司

信托公司有两种不同的职能：一是财产信托，即作为受托人代人管理财产和安排集资；二是作为真正的金融中介机构，吸收存款并发放贷款。近年来，信托公司的资产组合越来越趋于分散化，它与商业银行的差别越来越小，为增强自身竞争力，它们开始大量持有或设立其他专业化附属机构，如专门的汽车金融服务机构。

4）汽车金融公司

国外的汽车金融公司是办理汽车金融业务的企业，通常隶属于汽车销售母公司，向母公司及其下属经销商提供贷款服务，并为经销商向消费者提供多种选择的贷款或租赁服务提供金融支持。设立汽车金融公司是推动母公司汽车销售的一种手段。由于它们与汽车制造商、经销商关系密切，具有成熟的运作经验和风险控制体系，因而能为消费者、经销商和生产商提供专业化、全方位的金融服务。在国外，汽车金融公司的发展已经非常成熟。

汽车金融公司的发展在中国才刚刚起步。按照《汽车金融公司管理办法》的定义，汽车金融公司是指经中国银行监督管理委员会依据有关法律、行政法规和办法批准设立，为中国境内汽车购买者及销售者提供贷款的非银行金融企业法人。我国汽车金融公司的资金来源主要有股东投资、接受境内股东单位三个月以上期限的存款和向金融机构借款。其主要业务范围：提供购车贷款业务；办理汽车经销商采购车辆贷款和营运设备贷款（包括展示厅建设贷款和零配件贷款以及维修设备贷款等）；转让和出售汽车贷款应收款业务；为贷款汽车提供担保；与购车融资活动相关的代理业务；经中国银行业监督管理委员会批准的其他信贷业务。

5）汽车企业集团财务公司

按照《企业集团财务公司管理办法》的规定，企业集团财务公司是以加强企业集团资金集中管理和提高企业集团资金使用效率为目的,为企业集团成员单位提供财务管理服务的非银行金融机构。它的资金来源主要有股东投入、成员单位的存款和同业拆借。其从事的业务主要有:对成员单位办理财务和融资顾问、信贷签证及相关的咨询、代理业务;协助成员单位实现交易款项收付;经批准的保险代理业务;对成员单位提供担保;办理成员单位之间的委托贷款和委托投资;对成员单位办理票据承兑与贴兑;办理成员单位之间的内部转账和相应的结算、清算;对成员单位办理贷款和融资租赁等。目前,我国已有七家汽车企业集团设立了财务公司。在汽车消费信贷领域,由于资金来源有限,经营管理缺乏经验等原因,其在汽车金融领域的专业化优势还有待发挥。

四、消费者(顾客)

一般来说,消费者市场可分为五类,即消费者市场、企业市场、经销商市场、政府市场和国际市场。消费者市场由个人和家庭组成,他们仅为自身消费购买商品和服务。企业市场购买商品和服务是为了深加工或在生产过程中使用。经销商市场购买产品和服务是为了转卖,以获取利润。政府市场由政府机构组成,购买产品和服务用以服务公众,或作为救济物资发放。最后是国际市场,其由其他国家的消费者组成。以上每个市场都有各自的特点,营销人员需要认真研究,有针对性地开展营销工作。

五、竞争者

任何企业的市场营销活动都要受到竞争者的挑战,这是市场营销的又一重要微观环境。现代市场营销理论认为,竞争者有各种不同的类型,企业应针对不同类型的竞争者分别采取不同的竞争策略。

从汽车消费需求的角度划分,企业的竞争者包括欲望竞争者、平行竞争者、产品形式竞争者和品牌竞争者。欲望竞争者是指提供不同的产品以满足不同需要的竞争者。平行竞争者是指能够提供不同产品满足同一种需求的竞争者。例如,摩托车和小轿车的生产经营者之间,就互相成为平行竞争者。产品形式竞争者是指产品功能相似,但提供不同级别、款式、性能的竞争者,如提供不同产品档次的汽车企业就是产品形式的竞争者。品牌竞争者是指产品基本类同,但品牌不同的竞争者,如"凯美瑞"与"雅阁"的产品档次一致,相互之间就成为品牌竞争者。

在汽车行业的竞争中,卖方密度、产品差异、市场进入难度是三个特别需要重视的方面。卖方密度是指同一区域市场中同一级别(或品牌)汽车经销商的数目。该数目的多少,直接影响某一级别(或品牌)汽车市场份额的大小和竞争激烈的程度。产品差异是指不同级别(或品牌)的汽车在结构、技术或性能等方面的差异程度。这种差别会形成一种竞争关系。市场进入难度是指某个新汽车企业试图进入某个市场时所遇到的困难程度。例如,在新兴的亚洲汽车市场上,新加坡和越南都对外国汽车公司的进入设置了不少障碍,故外国汽车公司想要获得当地政府准许就会特别困难。

六、有关公众

公众是指对企业的营销活动有实际潜在利害关系和影响力的一切团体和个人。一般包括新闻媒介、政府机关、社团组织以及一般群众等。

公众对企业市场营销的活动规范、对企业及其产品的信念等有实质性影响,如新闻媒体对消费者具有导向作用,政府机关决定有关政策及其动态,一般公众的态度影响消费者对企业产品的信念等。现代市场营销理论要求企业采取有效措施,与重要公众保持良好关系、树立良好企业形象。为此,企业应适时开展正确的公共关系活动,认真履行企业的社会责任,做好非营利事业的策划、规划和管理。

第三节　汽车市场营销宏观环境

企业的市场营销环境活动除了应重视研究本企业微观环境的具体特点外,更重要的是要研究市场营销的宏观环境。宏观环境系指能影响整个微观环境和企业营销活动的广泛性因素,通常包括人口环境、自然环境、科技环境、经济环境、政策法律环境以及社会文化环境。一般来说,宏观环境因素对企业的市场营销具有强制性、不确定性和不可控性等特点。一旦宏观环境发生变化,对某个行业或几个行业中的所有企业都会产生影响,企业只能密切关注这些因素的变化并努力去适应这些变化。

一、人口环境

人口环境是指一个国家和地区(企业目标市场)的人口数量、人口质量、家庭结构、人口年龄分布及地域分布等因素的现状及其变化趋势。人口环境是一切社会经济活动的基础和出发点,是影响企业市场营销的基本宏观因素。

对汽车营销产生影响的人口变动趋势主要表现在:

1. 人口总量增长

随着科技进步、生产力发展和生活条件的改善,世界各国的人口平均寿命大为延长,死亡率大幅度降低,尽管出生率有所下降,但总人口仍呈现增长态势,这为汽车营销提供了新的潜在市场。

2. 人口的地域分布出现城市化、郊区化趋势

城市化是工业化和现代化的必然趋势。随着社会经济的发展,农村剩余人口大量向城市转移,直接促进城镇人口的增加,加快城镇的发展。另一方面,由于市区人口拥挤,空气污染和噪声污染严重,市区人口不断向郊区流动,出现在市区上班、在郊区居住的格局。第二次世界大战以后,发达国家的城市人口大量流向郊区。近年来,我国也明显呈现这种趋势。以上变化,无疑都将增加汽车的消费需求,给汽车产业的发展创造市场机会。

3. 人口年龄老龄化、家庭规模小型化、人口性格独立化

随着经济的发展,人均受教育程度提高,独生子女增多,这使得社会的家庭规模减小,单亲家庭和空巢家庭增加;成年男女的经济比较独立,工作流动性增强,人们工作和生活的节奏加快,人口更富有个性和独立性;人口平均寿命延长,老年人的人口比重增加,社会出现老龄化现象。这些变化都会为汽车营销增加新的市场机会,如私家车消费数量,能够彰显

车主个性的车辆，方便老年人驾驶的车辆，需求都会增加。

汽车区别于其他交通工具的显著特点是其具有速度快和活动半径大的优势。在传统观念里，汽车只是中青年人的坐骑。如果依此定位，则汽车市场的容量将非常有限。为了扩大市场容量，汽车企业必须将目标市场向前和向后延伸。向前延伸的基本含义是占领青年市场（如就业前后的青年人），生产出符合他们"胃口"的汽车，重视青年人在私家车购买决策中的作用。向后延伸的基本含义是占领老年人市场，生产出符合老年消费者需求的汽车。美国福特汽车公司推出的"福特老人"系列轿车就是专门为60岁以上的老人设计的。该车考虑了老年人大多腿脚不便、反应迟钝的特点，不但车门较宽、门槛较低，而且特别配备了主动驾驶座、放大的仪表盘和后视镜，按钮式制动以及自动锁车系统等以适应老年人对安全性和方便性的特殊要求，深受老年人欢迎。汽车市场向后延伸，这在人口老龄化的社会里，是非常重要的。

汽车营销人员在研究人口环境时，还应注重区别人口环境对国际、国内两个汽车市场的不同影响。如对西方发达国家而言，由于汽车尤其是轿车已经作为耐用消费品广泛地进入家庭，人口因素就是营销者必须充分重视的环境因素。而对国内汽车市场，由于汽车正处于私人消费的普及时期，故人口因素正在成为越来越重要的环境力量。在这个时期，营销者应着重研究高收入阶层的人口数量、职业特点、地理分布等因素的现状及其发展变化，加强对我国人口具体特点的研究，以抓住不断增加的营销机会。

二、自然环境

自然环境是指影响社会生产的自然因素，主要包括资源环境、土地环境、地理环境、生态环境和能源环境等。

1. 资源环境

汽车的大量生产，需要消耗大量的自然资源，如钢铁、有色金属、橡胶等。汽车工业越发达，汽车普及程度越高，汽车生产消耗的自然资源也就越多，而自然资源总的变化趋势是日益短缺，因此自然资源将对汽车企业构成一个长期的营销约束条件。

为了减少资源约束对汽车营销的不利影响，汽车企业应努力减少资源消耗，提高原材料的综合利用率和循环利用率，并通过技术进步，积极发展新型材料和代用材料。第二次世界大战以后，汽车生产大量采用轻质材料和新型材料，每辆汽车消耗的钢材平均下降10%以上，自重减轻达40%，为节约钢铁资源做出巨大贡献。

2. 土地环境

土地资源是否丰富，直接关系到道路交通条件和城市交通条件的好坏，如公路、城市道路、停车场、加油站、维修站的建设，都需要占用必要的土地资源，因此土地是汽车使用非常重要的环境条件。总体来讲，随着人口增长和城市化进程加快，土地资源对汽车营销也是一个长期的约束条件。但在一定的发展阶段，一个地方或城市拿出必要的土地资源，改善交通条件和促进城市发展也是必需的，这时可能会改善汽车的使用环境，从而促进汽车需求的增长。因此，土地资源通过改善道路交通条件而间接地对汽车营销进行影响的。

1）公路交通

公路交通因素是指一个国家或地区由公路条件及交通条件决定的影响因素。其中，公路条件包括公路（含城市道路）的通车里程、不同等级公路的构成、公路的质量、公路网布局、公路附属设施等因素的状况；交通条件包括公路的交通流量、车均公路长度或面积、立体交通、混合交通及交通管理水平等因素的状况。

公路交通条件的好坏不仅直接对汽车的行驶速度、行车安全、燃料及运行材料消耗、汽车运输服务质量、运输距离产生重大影响，而且使人们对汽车运输方式的选择和利用也产生直接影响，从而构成汽车市场营销的一大重要因素。

长期以来，我国公路建设与国外先进水平相比，存在公路数量少、密度低、等级低等问题，造成公路建设滞后于汽车工业发展。近年来，我国公路建设的步伐加快，预计到 2020 年，我国高速公路将建成总规模为 8.5×10^4 千米，连接北京、各省市首府、中心城市、主要交通枢纽、重要口岸的"7918"公路主干线以及四通八达的高等级公路网将改变人们的出行方式，有力地促进汽车市场的发展。

2）城市道路交通

城市道路交通是汽车尤其私家轿车使用环境的又一重要因素，它包括城市的道路面积占城市面积的比例、城市交通体系及结构、道路质量、道路交通流量、立体交通、车均道路密度以及车辆使用附属设施等因素的现状及其变化趋势。

由于我国城市的布局刚性较大，城市布局形态一经形成，改造和调整的困难很大，我国城市道路交通的发展面临较大的土地供给压力，因而城市道路交通条件对汽车营销的约束作用，相对公路交通而言更为明显一些。

有关方面现正着手考虑通过建立现代化的城市交通管理系统、增加快速反应能力和强化全民交通意识等手段，提高城市交通管理水平。同时，国家和各城市也将更加重视对城市交通基础设施的建设，改善城市道路交通的硬件条件。随着我国城市道路交通软、硬件条件的改善，城市道路交通对我国汽车营销的约束作用将会有一定的缓解。

3. 地理环境

地理环境主要包括一个地区的地形地貌、山川河流等自然地理因素。地理因素对汽车营销的影响主要表现在：自然地理对经济地理尤其对道路交通条件（如道路的宽度、坡度、弯度、平坦度、坚固度、耐久度、隧道涵洞及道路桥梁里程等）具有决定性影响，从而对汽车产品的具体性能有着不同的要求。因而汽车企业应向不同地区推出性能不同的汽车产品。例如，在我国西南高原地区，汽车运输承担了大部分的运输任务，针对其海拔高、山高坡陡等地理特点，有的汽车企业在这一地区销售带有废气涡轮增压装置及电涡流缓速器的车辆，深受广大用户的欢迎。

地理环境还常常决定一个地区的自然气候条件，包括大气的温度、湿度、降雨、降雪、降雾、风沙等情况以及这些因素的季节性变化。自然气候对汽车的冷却、润滑、起动、充气效率、功率的发挥、制动性能以及对汽车机件的正常工作和使用寿命等均会产生直接的影响，同时对驾驶员的工作条件也有实质性的影响。因而汽车企业在市场营销的过程中，应向目标市场推出适合当地气候特点的汽车产品，并做好相应的技术服务。

4. 生态环境

生态环境是指人类及地球上动植物赖以生存和发展的各种环境因素。随着人类社会物质文明的发展，生态环境遭到严重破坏，个别地方甚至出现毁灭性破坏。传统石油燃料汽车的大量使用，会明显加重空气污染，对人类的生存环境造成较大的压力，这成为传统汽车的诟病。

日趋恶化的生态环境，已经引起人类自身的高度警觉，环保意识日益增强，各国环境保护的法规越来越健全，执法也越来越严格，这对石油燃料汽车的营销构成很大的约束。为了应对这种挑战，汽车生产大国的政府及其汽车企业，纷纷投入巨资，加强对汽车节能、改进排放新技术的研究，积极开发新型动力和新能源汽车。现在被普遍采用的汽车电子燃油喷射系统、废气再循环、三元催化净化器等降低排放污染的技术，就是汽车工业为适应环境保护的产物。未来的汽车将采用更多的新材料和新技术，并且将大大减少对环境造成的污染。例如，电动汽车、混合动力电动汽车、燃料电池电动汽车等即将成为未来汽车的主流。

5. 能源环境

能源环境泛指为汽车提供动力的各种能源形式。虽然能源形式的类别很多，但能够转化为汽车动力的能源种类却是有限的。目前，汽车产品广泛利用的能源形式主要有石油（包括汽油和柴油）、石油液化气、天然气等几种，部分特定场合下还包括电能、氢能、生物能（生物柴油）等。

从营销角度看，能源的形式、能源供给是否充足以及能源供给的结构比例，直接影响用户对汽车产品品种的选购，甚至是否实施购买行动。传统石油虽然加重了环境污染，但仍然是目前理想的汽车燃料，因此石油资源成为国家能源安全的重要因素。另一方面，为了减少传统石油对环境的污染，提高能源的战略安全和综合利用，各国政府及其汽车企业，近年来均投入巨资开发汽车节能技术、寻找替代能源和发展新能源汽车，以应对能源危机。例如，国内各大汽车公司都纷纷开发了低油耗的经济型轿车，并及时投放市场，取得了较好的销售业绩。

三、科技环境

科技环境是指一个国家和地区整体科技水平的现状及其变化。作为汽车营销环境的一部分，科技环境不仅直接影响汽车企业内部的生产和经营，还同时与其他环境因素相互依赖、相互作用，特别是与经济环境、社会文化环境的关系更密切。技术革命不仅使原有的汽车产品变得陈旧落后，而且改变了汽车生产、销售人员的原有价值观，因此，如果汽车企业不及时跟上科技发展，就可能被淘汰。

从汽车营销角度看，科技环境的影响表现在以下几方面。

1. 科技水平的整体进步为汽车营销增加机遇

一个国家或地区科技水平的整体进步，会直接促进国民经济的发展，增强百姓的消费实力，从而有利于汽车企业赢得更多的营销机会。

2. 汽车营销的竞争本质是汽车科技的竞争

汽车企业谁掌握和应用了先进的汽车科技成果，必然会在产品成本、产品质量、产品性能等方面赢得竞争优势,从而掌握汽车营销的主动权。当前,汽车科技的发展方向主要有以下几个。

1) 汽车电子化

对于传统汽车,电子技术是综合解决节能、减排、安全、舒适等课题最有效的技术手段,当代汽车电子化是汽车科技最活跃的因素。汽车电子化包括的主要技术有:

(1) 改善汽车排放和节能性能的电子技术。这类技术往往可以同时起到降低排放和节约能源的效果,如电子燃油喷射技术、发动机电控系统或发动机综合管理系统等。目前,这类技术发展相对比较成熟,在汽车上的装车率较高。

(2) 汽车安全电子技术。由于汽车安全包括主动安全和被动安全,因此相应的电子技术也可以分为两类,即主动安全电子技术和被动安全电子技术。其中,主动安全电子技术有ABS电子控制防抱死制动系统、ASR驱动防滑系统、EDL电子差速锁、EBD电子制动力分配装置、ESP电子增稳系统、轮胎压力监测系统、雷达测距报警系统、车辆安全状态监控系统智能车灯等;被动安全电子技术有安全气囊、安全带等。

(3) 提高汽车舒适性的电子技术,包括自动空调控制系统、座椅位置调节与记忆系统、自动车变速器控制系统、电子控制悬架系统等。

(4) 其他电子技术,如电子防盗系统、电子控制转向系统、车身附件电子控制系统、门窗或门锁控制系统、电源控制系统、电子仪表等。

2) 汽车网络化

随着汽车采用的电子控制系统和控制器数目的增加,在整车控制系统中连接的传感器和分布的控制信号也越来越多。如果仍采用常规的布线方式,将导致车上电线数目急剧增加。为了减少汽车电器线束,保证各电子控制系统的电子控制单元(控制器)之间能够快速准确地进行大容量的数据通信,从20世纪80年代中期开始,汽车采用了车载局域网技术,利用计算机总线技术进行数据通信和数据传输,使汽车电器与电子控制系统各控制器实现信息共享和多路集中控制,从而改变了汽车电气系统传统的布线方式和单线制控制模式。

20世纪90年代以后,车上媒体网络、线控系统网络和智能交通系统网络的研究开始兴起,在网络协议、软硬件支撑技术和元器件等方面进入试制阶段。

随着汽车视听设备、通信设备和信息服务设备的广泛应用,1998年汽车媒体网络(MOST)诞生。因此,现代高档汽车的网络由车载局域网(CAN)、局部连接网络(LIN)及媒体网络构成。其中,局部连接网络是由国际上的几大汽车公司和通信设备公司共同组成的局部连接网络联合体提出的一个汽车底层网络协议。局部连接网络及其开发应用将会降低汽车上电子系统开发、生产、使用和维护的费用。

3) 汽车智能化

汽车智能化是当代汽车技术的重要发展方向,它有利于降低汽车驾驶的劳动强度,甚至实现无人驾驶,有利于提高汽车的安全性。当前,随着人工神经网络、模糊识别与控制、图像实时处理等人工智能技术的发展,智能汽车正变得越来越成为可能。

汽车智能化首先是实现智能交通的需要。当前,世界各个经济发达国家,都纷纷投入巨资开发和实施智能交通系统。近年来,我国也逐步加大了智能交通系统的开发力度。智能交通系统综合采用了计算机技术、控制技术和现代通信技术,使车辆和道路智能化,形成了安全快速的道路交通环境。由于智能交通系统可以实现实时通信、预测和引导交通、缓解交通拥堵、削减交通事故、提高交通安全、管理交通需求、提供交通信息服务、实时组织车辆调度、实现电子快速收费、事故及时救援等功能,因此,其被认为是目前解决交通综合问题的最有效手段。现阶段,智能交通系统的部分成果,已经在国内外的一些城市开始投入实际应用。在智能交通环境下,汽车必须要具备一定的智能,才能充分发挥智能交通系统的优势。

汽车智能化也是提高交通安全的需要。如汽车智能的防撞系统,通过对障碍物、汽车运行姿态的实时检测,准确判断发生碰撞的可能,随时提醒驾驶人员注意安全,并适时采取必要的措施以避免碰撞危险或减轻事故危害。

汽车智能化还是减轻驾驶劳动强度的需要。如声控操作系统,可以使驾驶员在汽车行驶过程中,通过声音下达某些指令,如打开收音机、选择频率、调节空调温度、拨打电话等操作。

未来汽车的智能驾驶辅助系统,甚至可以代替驾驶员进行车辆的安全驾驶。安装在汽车前后、两侧或四角的环境摄像系统或光学传感器,对汽车前后左右一定区域的环境目标,进行不停地扫描和监视,车载计算机对环境信息进行分析计算,得出某种正确的操作指令,如同人的大脑一样,指挥执行机构操纵汽车。

4)汽车轻量化

汽车轻量化对于合理利用各种材料、降低汽车自重、提高能源的有效利用率、降低油耗、减少排放均具有重要意义,因此它是当代汽车的又一个重要发展方向。汽车轻量化的途径主要包括优化结构设计和选用轻量化材料。

优化结构设计可以使汽车的结构布局更加合理,结构尺寸更小,结构更为紧凑,在保证结构强度、刚度满足机械性能要求的前提下,降低非结构件的质量,减少材料的使用,从而实现汽车的轻量化。

选用轻量化材料,包括减少使用自重较大的铸铁、铸钢等传统汽车材料,提高使用高强钢的比例,推广使用轻质的、高强度的铝合金、镁合金等有色合金材料,增加工程塑料、碳纤维增强树脂基复合材料、有机纤维复合材料等非金属材料的使用率等。

5)能源多样化

能源多样化并开发利用新型能源,对于汽车节约传统石油资源,合理利用现有的各种能源形式,解决能源危机,降低汽车有害废气(主要包括一氧化碳、碳氢化合物、氮氧化合物、硫化物、铅化物等)、颗粒物和温室气体(二氧化碳)排放,具有十分明显的意义。

汽车能源多样化的途径,主要是开发利用除传统汽油、柴油以外的油气资源,可再生的生物燃料资源和其他清洁能源等。

作为适合汽车使用的油气资源,主要包括天然气和液化石油气(LPG)。其中,天然气来自地表下的矿物层或海洋中的可燃冰,其利用形式包括压缩天然气(CNG)、液化天然气(LNG)和吸附天然气(ANG);而液化石油气是从石油中提炼出来的。CNG 和 LPG 是理想的点燃式发动机燃料,燃气成分单一、纯度高,与空气混合均匀,燃烧完全,一氧化碳(CO)和微粒物的排放量较低;燃烧温度较低,氮氧化合物(NO_X)的排放也较少;稀燃特性优越,低温起动及低温运转性能好。使用这两类燃料的汽车,既可采用单燃料系统,又可采用双燃料系统。所谓双燃料系统,是指汽车上同时具有一个汽油或柴油燃料系统和一个压缩天然气或液化石油气系统，汽车可由其中任意一个系统提供燃料，并能容易地由一个系统过渡到另一个系统。目前，天然气汽车技术和液化石油气汽车技术已经成熟，已经在很多地方被广泛使用。

生物燃料的常见种类包括乙醇（又称酒精）和生物柴油等。由于乙醇来自各种植物的发酵处理，生物柴油则是由植物油经过脱甘油处理而来。因此，生物燃料属于可再生的能源。以乙醇为例，其来源就非常广泛，制取技术也比较成熟，最新的利用纤维素原料生产乙醇的技术，可利用的原料几乎包括了所有的农林废弃物、城市生活有机垃圾和工业有机废弃物。目前，乙醇与汽油或柴油以任意比例掺和的灵活燃料，基本不需要改造现有发动机，已经在汽油汽车上得到广泛使用，起到了良好的节能、降污效果。而生物柴油，其制取技术也日臻成熟；成本迅速下降，正在作为矿物柴油的替代品，将越来越多地用于载货汽车。

其他清洁燃料包括甲醇、二甲醚（DME）、燃料氢等。它们都可以从煤炭资源中提炼，如用煤直接提炼甲醇，利用甲醇再合成二甲醚，从焦炭厂或化工厂生成的伴随气体中提取氢气等。当然，以上清洁燃料也可以从植物等有机物质中提取。当出现电力富余时，也可以将富余的电力用于电解水而获得氢气。这表明，可以更合理地利用各种能源形式，为汽车寻找到更充裕的燃料。这对于煤炭资源和水电资源相对比较丰富，而石油资源相对比较贫乏的中国而言，具有非常重要的现实意义。

以上各种燃料，均被用于内燃机缸内燃烧。发动机的工作原理与矿物汽柴油内燃机完全一样，相应的汽车尚不能做到零排放（即使是氢燃烧也不可避免会产生 NO_x）。

燃料电池电动汽车、蓄电池电动汽车或太阳能电能电动汽车才是真正的零排放汽车。燃料电池电动汽车，主要依靠燃料（如氢）和氧气，通过电化学反应（而不是燃烧方式），产生电能，进而驱动汽车；而蓄电池电动汽车主要依靠蓄电池储存的电能驱动汽车。太阳能电动汽车依靠太阳电池作电源，当太阳照射到电池板时，通过光电转换产生电能，驱动汽车行驶。目前，电动汽车成为中外汽车界研发的热点，汽车大国甚至将其作为重要的国家战略，其研究成果已经在一些特定类型的车辆上得以应用。当然，受当今人类整体科技水平的限制，电动汽车的实用性还不够好，离广泛使用尚有一定的差距。如果说蒸汽汽车、内燃机汽车是自走式车辆历史上的两次革命，那么电动汽车有可能引起第三次汽车革命。

6）生产柔性化

在激烈的汽车市场竞争中，汽车企业越来越重视提高消费者的满意度，充分满足汽车消费者的个性化需求。在这种背景下，汽车企业也改变了传统的大批量生产体制，基于准时供应、精益生产、组装自动化和计算计网络技术等先进生产和管理技术，采取大批量定制模式，实现汽车多品种的柔性生产。

总之，节能、减排、安全，成为当代汽车发展需要解决的三个突出课题。从某种意义上讲，它们也是当今世界政治的主题。要解决好这些课题，汽车科技必须充分吸收电子信息科学、能源科学和材料科学等相关学科的发展成果。

3. 科技进步促进了汽车营销的现代化

科技进步特别是信息技术、网络技术、办公自动化等技术成果在汽车营销领域的应用，带来了汽车营销策略的革新，促进了汽车营销手段的现代化，提高了汽车营销的工作效率和工作效果。例如，汽车企业建立汽车营销管理信息系统、营销环境监测系统以及营销预警系统,增强了企业营销决策的能力;基于互联网和企业局域网,企业可以异地实现产品的同步开发,可以实施网络调研,进行网上促销和与消费者实现"一对一"的销售互动,让消费者参与企业的营销过程,减少市场的不确定因素;可以彻底突破时间和空间的限制,开展电子商务,在网上实现订货和结算,并借助物流体系完成商品交付。

四、经济环境

经济环境是指那些能够影响消费者购买能力和消费方式的经济因素。多年的实践经验表明,国民经济形势的好坏与汽车市场是否景气具有密切的相关性,宏观经济对全社会的消费能力和汽车产品的需求量具有决定性影响。因此,经济环境是汽车营销最重要的宏观环境因素。

经济环境包括狭义经济环境和广义经济环境。狭义经济环境特指消费者收入、储蓄与信贷、消费者支出模式等情况;广义经济环境除包括狭义经济环境外,还包括国家和地区的经济发展水平、发展速度、市场供求状况、货币供应量、就业状况和物价变化等宏观经济的发展情况。

汽车营销者应重点关注以下经济指标,并通过这些指标研究经济环境的变化。

1. 消费者收入

消费者收入可以分为名义收入、实际收入、可支配的个人收入和可随意支配的个人收入等类别。其中消费者名义收入又称作货币收入,是指消费者的工资、退休金、薪水、津贴、奖金、股票收入(含红利)、利息收入、租金收入、受捐赠收入、继承性收入和中奖收入等各类收入的总和。

实际收入是消费者名义收入扣除通货膨胀、风险储备、个人税赋后实际得到的收入。其中,风险储备主要指国家规定的来自消费者个人缴纳的各项风险储备金,不应包括消费者个人自愿选购的商业性保险。我国目前规定,具有劳动收入的人都必须按其工资收入的一定比例缴纳社会保险,包括养老保险、失业保险、工伤保险、医疗保险和生育保险。这些保险除劳动者个人缴纳一部分外,大部分由劳动者所奉职的单位或雇主缴纳,并由政府的劳动部门负责管理。个人税赋指消费者按照国家相关法令的规定,需要缴纳的税赋,如个人所得税、利息税、遗产税等。

可支配的个人收入是指消费者的名义收入扣除政府或法律规定的必须由消费者个人缴纳的各项刚性开支后,消费者可用于现实消费和支配的收入。这些刚性支出包括社会保险、个人税赋、罚款、学费、住房公积金等,不包括通货膨胀。其中,住房公积金是我国政府规定的住房专项基金,劳动者按其工资收入的一定比例缴纳,劳动者雇主必须等额配套缴纳,两部分共同构成劳动者的住房公积金本金,本金及其利息在劳动者退休时一次性返还给劳动者。劳动者如果购买商品住房,可以提取自己的住房公积金,并可以申请住房公积金贷款,以用于支付房款。

可随意支配的个人收入是指可支配的个人收入在扣除消费者个人的基本生活支出(食物、衣服等)和固定支出(房租、商业保险、分期付款、抵押借款等)后,消费者可随心支配的收入。一般情况下,可随意支配的个人收入主要用于对奢侈品的需求。

汽车营销人员应对不同的消费者群体,研究消费者收入(尤其是消费者可随意支配的个人收入)及其变化情况。掌握收入分配和使用情况,以便研究消费者的汽车需求及其购买能力。

2. 消费者储蓄

现实购买力除与消费者收入因素有关外,还与消费者储蓄直接相关。从动态的观点来看,消费者储蓄会降低现实购买力,但会增加潜在或未来的购买力。现代社会,消费者的储蓄形式除传统的银行存款方式外,还包括对债务、基金、股票、外汇、黄金、返还型保险产品等金融资产的投资,以及对投资型房地产等不动产的投资等。这些形式的储蓄在一定条件下,大都可以转化为现实的购买力。不管哪种储蓄,消费者如果认为其回报下降或存在储蓄风险时,往往就会将储蓄变现,增加现实消费。

3. 消费者支出

消费者支出是指消费者的收入支出结构,以及这种结构随消费者收入变动而变化的情况。德国经济学家恩格尔研究发现,随着居民家庭收入的增加,用于购买食物的支出比例会下降,而用于交通、休闲、保健、教育以及储蓄等方面的支出比例会大大上升。经济学界将这种现象称为恩格尔定律,并使用恩格尔系数作为度量指标。

恩格尔系数(%)=(食品支出额/个人或家庭支出总额)×100%

汽车营销者要注意研究消费者支出模式及其变化走势,以便更好地把握汽车消费市场及目标顾客群,赢得汽车营销的商机。

4. 国内生产总值

国内生产总值是指在一定时期内(一个季度或一年)一个国家或地区的经济中所生产出的全部最终产品和劳务的价值,即全部最终商品与劳务的总量乘以"货币价格"或"市价"而得到的总价值,通常由消费、私人投资、政府支出和净出口额四个部分组成。国内生产总值(GDP)被公认为是衡量国家宏观经济发展水平(国力与财富)及经济运行状况的最佳指标。

汽车营销者常常通过GDP指标研究国家宏观经济值情况,对国家经济调控政策和未来汽车市场的发展走势进行预测和判断。一般而言,当GDP总量增加,GDP的增长率为正数时,即显示经济处于扩张阶段,特别是增长率较高时,全社会消费能力可能大大增强,往往会对汽车产品有着旺盛的需求;反之,如果增长率较小或者为负数时,则表明经济进入衰退时期,汽车车市场会急剧下挫。我们在应用GDP指标时,要注意扣除通货膨胀对GDP的影响,尽量使用以"可比价格"或"不变价格"计算的实际国内生产总值及其变化率。

汽车营销者要熟悉国家经济调控政策的基本规律,即当GDP大幅增长或GDP增长率过高时,往往会诱发通货膨胀,中央银行就有可能提高利率,紧缩货币供应,经济的高增长及利率的上升会增强货币的吸引力,可能出现本币对外币的升值和汇率上涨,从而不利于出口,利于进口;反过来,如果经济处于衰退状态,消费能力降低,中央银行就有可能减息以刺激经济增长,利率下降会削弱货币的吸引力,可能出现本币对外币的贬值和汇率下降,进而抑制进口,利于出口。

我国经济近十年来一直保持"又好又快"地发展,并在未来一定时期内将继续保持这种发展态势,国家综合经济实力和百姓收入的快速提高,为汽车需求量的增长奠定了坚实的基础。

与 GDP 相类似的指标，还有国民生产总值（GNP）。GNP 指一个国家或地区的国民，在一定时期（一个季度或一年）内创造的以货币表现的全部最终产品（含货物和服务）价值的总和，它等于 GDP 加上来自国外的劳动报酬和财产收入减去支付给国外的劳动者报酬和财产收入。当一个国家的经济外向度较低时，GNP 与 GDP 在数值上很接近。对汽车营销者而言，应用 GNP 的意义与方法，与 GDP 是完全一样的。

5. 国民收入

国民收入具有广义概念和狭义概念。广义的国民收入泛指 GDP、国民生产净值、国民收入、个人收入、个人可支配收入五个总量及其相关指标；狭义的国民收入是指一个国家在一定时期（通常为一年）内物质资料生产部门的劳动者新创造的价值的总和，即社会总产品的价值扣除用于补偿消耗掉的生产资料价值的余额，或者说是社会总产值中扣除物质消耗后的剩余部分。

国民收入的表现形态有两种：

（1）价值形态的国民收入 = 社会总产值 − 已消耗的生产资料价值；

（2）实物形态的国民收入 = 社会总产品 − 已消耗的生产资料。

国民收入的计算方法有三种，分别是：

（1）收入法。该方法就是通过加总本国居民、公司和个人直接得到的当期货物和服务生产的收入，即要素收入之总和。对这种由所有要素收入之和给出的国内总收入，只要随库存增值对之进行调整，就可以得出按要素成本计算的 GDP；如果再加上来自国外的财产净收入，就可得出 GNP。

（2）支出法。该方法就是把消费支出和投资支出进行加总，从而得出按市场价格计算的国内总支出。它只是总和最终购买价值，而把所有对中间货物的支出排除在外。

（3）产出（产品）法。该方法就是汇总该国的工业和生产性企业在每一生产阶段上的增加值。这些增加值之和得出按要素成本计算的 GDP，若再包括来自国外的财产净收入，它就能给出 GNP。由此可见，反映国民收入的主要统计指标仍然是 GDP 或 GNP。

国民收入作为一个国家一定时期内新创造价值的总和，能够比较准确地反映这个国家新增加的物质财富，因而是反映一个国家国民经济发展水平和整体经济活动的综合性宏观经济指标，也是反映宏观经济效益的综合指标。当采用人均国民收入时，则可以直接反映这个国家社会生产力的发展水平和人民生活水平。

6. 工业增加值

工业增加值是指工业企业在报告期内以货币形式表现的工业生产活动新增加的最终成果，是工业企业全部生产活动的总成果扣除了在生产过程中消耗或转移的物质产品和劳务价值后的余额。其计算方法为

$$工业增加值 = 工业总产值 − 工业中间投入 + 本期应交增值税$$

式中，工业总产值包括本期生产的成品价值、对外加工费收入、自制半成品在期末和期初的差额价值；工业中间投入是指工业企业在报告期内用于工业生产活动而一次性消耗的外购原材料、燃料、动力及其他实物产品和对外支付的服务费用（包括支付给工业、农业、批发

零售贸易业、建筑业、运输邮电业等物质生产部门的服务费用和支付给保险、金融、文化教育、科学研究、医疗卫生、行政管理等非物质生产部门的服务费用）；本期应交增值税是指工业企业在报告期内应缴纳的增值税额。

增加值是国民经济统计和核算的一项基础指标，各部门的增加值之和就是 GDP。工业增加值可以反映工业企业的投入、产出和经济效益情况，因此它也是反映国民经济状态的重要指标，常常被汽车营销者用于研究宏观经济的运行形势。

总之，汽车营销者应十分注重经济环境的研究，把握宏观经济的发展态势和潜在消费者群体的购买能力。

五、政策和法律环境

营销学中的政策与法律环境又叫政治环境，是指能够影响企业市场营销各项活动的相关政策、法律以及制定它们的权力组织。政治是经济的集中表现，法律则是政治的集中表现。政治环境直接与国家的体制、宏观经济政策相联系。市场经济并不是放任自由的市场，从一定意义上说，市场经济本质上属于法律经济。政策与法律环境是汽车营销最重要的环境因素。

随着改革开放的深入，我国已形成了独具特色的社会主义市场经济体制。在市场经济条件下，政企分开，真正有发言权的是市场。按经济规律管理经济，按市场规律管理市场，给汽车营销带来了无限的生机，极大地调动了汽车企业的积极性和创造性。

当前，我国的政策、法律环境对汽车营销的影响主要有以下几方面。

1. 加入 WTO 给我国的汽车营销带来挑战的同时也带来了机遇

中国加入 WTO，给国内汽车企业的市场营销带来一定挑战。这种影响，一方面表现在部分汽车产品特别是轿车的技术和价格上，使国产汽车在部分技术不能领先的条件下，价格优势变得荡然无存。根据中美双方达成的协议，我国从 2005 年 1 月 1 日以后取消进口许可和配额限制，2006 年 7 月 1 日后，轿车和客车的平均关税将降到 25%，货车的关税降到 20%～30%，汽车零部件的平均关税降至 10%。这样的关税达到 WTO 关于发展中国家汽车进口关税的平均水平，这将使很多国产汽车丧失原有的价格优势。另一方面，根据我国加入 WTO 的承诺，在汽车服务领域必须部分或全部对外资开放，包括汽车销售与服务、汽车进出口、汽车分销物流、汽车维修与保修设备、汽车配件与汽车用品、汽车金融与信贷、汽车保险、二手车交易等市场，由于汽车大国拥有服务理念、品牌、资金、技术、管理和市场运作的优势，所以很多国产汽车过去长期依靠服务保护的根基被动摇，我国汽车企业、汽车服务商在汽车服务领域的经营竞争面临空前压力。

在面对挑战的同时，我国汽车企业也将迎来巨大的市场机会，表现在：

（1）加入 WTO，可以促进我国汽车产业的厂商结构、产品结构、投资结构等为主要内容的产业结构的升级和调整，一批低素质的汽车厂家将停产、转产、破产或改造，并向大型汽车集团靠拢，净化汽车市场的竞争环境。

（2）加入 WTO，有利于促进我国汽车企业与国外汽中跨国公司开展全面的合资、合作，促进汽车技术讲步和经营管理水平提高。

（3）加入 WTO，关税的降低，市场的开放，新的消费理念、消费观念的引入将推动汽车服务贸易体系的全面建立，使汽车服务水平向国际标准靠拢，加快改善汽车消费环境的进程。

（4）加入WTO，要求我国汽车企业在组织结构、规模经济、技术进步、管理文化和经营战略等各方面必须有新的进步与提高，从而推动我国汽车产品质量的提高和企业素质的全面提升。

（5）加入WTO，将使我国逐步融入汽车产业的全球采购、制造、销售、研发体系中，进入汽车产业的全球分工体系，有利于合理利用国内、国际两个市场，两种资源，集中力量发展具有市场和资源优势的产品，并在合资、合作中提升产品的技术含量与质量，实现净出口的增长，推动优势产品出口，提高我国汽车产品在全球市场上的份额。

总之，加入WTO虽然给我国汽车工业带来了现实的挑战，但只要国内汽车企业正视这个事实，励精图治，就会抓住潜在的市场机遇而大有作为。近年来，我国汽车企业充分抓住政策和市场机遇，成功实现汽车产品的进口替代，并在技术、生产和经营素质等方面得到快速提升，经营业绩令人刮目相看，充分表明我国汽车企业完全有能力参与国际汽车市场竞争。

2. 《汽车工业产业政策》给国内汽车产业发展增加了积极力量

1994年我国颁布实施《汽车工业产业政策》，2004年再次颁布实施《汽车产业发展政策》及其配套政策（如《乘用车燃料消耗限值》等），规范了我国汽车工业的发展模式，加快了国内汽车生产企业产品更新换代的速度，调动了外商向我国汽车工业投资和转让技术的积极性，促使我国汽车工业有了长足的进步，汽车产业的整体水平获得快速提升。

3. 《缺陷汽车产品召回管理规定》和汽车"三包"政策保护了消费者的利益

2004年10月1日起开始实施的《缺陷汽车产品召回管理规定》和2013年实施的《汽车产品修理、更换、退货责任规范》，规范了汽车企业的质量保障服务标准，消除了缺陷汽车安全隐患给社会带来的不安全因素，维护了汽车消费者和社会公众的利益。由汽车经营者按照国家有关规定对有问题的汽车承担修理、更换、退货的产品担保责任，强化了汽车生产经营者的质量责任，保护了消费者的权益。

4. 《汽车金融公司管理办法》规范了汽车消费信贷业务管理

经国务院批准，2003年10月中国银行业监督管理委员会颁布第4号令《汽车金融公司管理办法（配套政策还有《汽车贷款管理办法》）。《汽车金融公司管理办法》的颁布实施是我国履行加入WTO的有关承诺、规范汽车消费信贷业务管理的重要举措，对培育和促进汽车融资业务主体多元化、汽车消费信贷市场的专业化产生了积极和深远的影响，对促进我国汽车产业发展、推动国民经济持续健康发展也发挥了积极的作用。

5. 《汽车品牌销售管理实施办法》规范了汽车销售行为

《汽车品牌销售管理实施办法》（相关政策还有《二手车流通管理办法》《汽车贸易政策》等）于2005年4月正式实施。《汽车品牌销售管理实施办法》着重对实施汽车品牌销售的车型范围和时间，汽车生产企业建立完善的汽车品牌销售服务体系，汽车供应商、品牌经销商的资质条件、设立程序、行为规范以及政府部门的监督管理等做出了规定。汽车品牌销售的核心是授权销售，即品牌销售需经授权，从事汽车品牌销售活动应当先取得汽车生产企业或经其授权的汽车总经销商授权。这一管理方式的目的是，明确各方责任，增强汽车品牌销售经营主体的服务意识，避免经销商相互推诿，便于实现责任追究，最终维护广大消费者的利益。

6. 税费政策仍然是国内汽车市场发展的制约因素

税费政策仍然是制约我国轿车市场进一步扩展的制约因素。目前，我国针对汽车产品征收且对用户负担较大的税费项目有：

（1）特别消费税。该税种是1994年国家税制改革中设置的一个税种，它是在对货物普遍征收增值税的基础上，选择少数消费品再征收一道消费税，目的在于调节产品结构，引导消费方向。现阶段国家对乘用车、摩托车、汽车轮胎和汽车燃油等汽车产品及用品征收消费税，消费税计入汽车销售价格，针对汽车产品生产者征收。

（2）车辆购置附加税。该税种针对汽车整车征收，由购买者购车时缴纳，其税率为汽车价格扣除增值税后的价值（公告价格）的10%。

（3）公路养路费。该收费是国家授权交通管理部门针对所有在用车辆收取的公路养护基金，其费率按汽车吨位（客位）或车型不同而不同，缴纳方式是汽车用户按月度缴纳（一般用户会按季度、半年或年度缴纳），而不论其车辆的实际使用情况。为与国际惯例接轨，体现"谁用路、谁交钱"的公平原则，以及促进用户节约燃油和减少环境污染。根据《中华人民共和国公路法》规定，自2009年1月1日起，在全国范围内取消公路养路费，用燃油费附加税取代公路养路费。

此外，汽车用户承担的税费项目还有车船使用税、保险费、过路过桥费，有些地方还收取其他费用（如武汉市针对所有城区车辆按年度收取过江费，上海市针对新车上牌收取汽车牌照费等），各地的交通罚款也是比比皆是。总之，汽车的各种收费较多，收费项目及收费额度不尽合理，不仅引起广大汽车用户的抱怨，而且也在一定程度上抑制了汽车的消费需求。

7. 了解政策法律的变化趋势有利于汽车营销者争取市场竞争的主动地位

市场经济越发达，国家的经济立法也会越完善。我国现阶段正致力于完善市场经济的法律体系，政策法律将呈现以下变化趋势：

（1）保护经济主体的利益，为企业营造公平的竞争环境。如反垄断法、公平竞争法、反倾销法、反补贴法、进口保障法等。

（2）保护消费者的利益，为人民群众营造健康的消费环境。如消费者权益保护法、产品安全法、反交易欺诈法、反暴利法等。

（3）保护社会的公共利益，为国家营造可持续的发展环境。如安全生产法、交通安全法、环境保护法、资源节约法等。

（4）在注重政策法律完善的同时，执法力度将越来越严格。

对汽车营销而言，围绕汽车的安全性、排放性和节能降耗等主题的法律法规和技术标准将越关来越完善和严格，执法力度越来越强，这已经成为势不可挡的发展趋势。

汽车营销者除应遵守政策法律外，还应遵守社会规范和商业道德。由于形成文字的法律法规，在条文的设立和执行过程中，不可能解决所有的经济行为弊端，因此营销者要自觉遵守一个国家或民族长期形成的社会规范和商业道德,自主约束不正当或不恰当的经济行为。现实生活中,许多企业制定了企业社会责任的管理目标,为企业赢得了良好的社会口碑和树立了很好的企业形象;相反地,有些企业却出现商业丑闻,违背了社会规范和商业道德,为人民群众所不齿,给企业造成巨大的无形资产损失。

此外,市场营销人员还要了解公众利益团体的主张动向。在市场经济条件下,单靠政府的力量是不够的,必须有群众自己的利益团体。这些团体往往与政府和新闻媒体等权力或资源机构联系密切,从而成为一种重要的社会监督力量。1985 年,我国成立了"中国消费者协会",消费者不仅能够对不合格产品进行投诉,对不法牟利者进行防范与制裁,而且能够了解到作为消费者应该具有的合法权利,以及维护自身合法权利的有效途径。随着我国市场秩序的进一步完善,各种消费者组织还会逐步建立、健全起来。对此汽车营销人员要有充分的认识。

总之,汽车营销者既要善于应对各项政策法律的挑战,又要善于捕捉政策法律所带来的市场机会。

六、社会文化

社会文化的含义有广义和狭义之分。广义的社会文化指人类历史实践过程中所创造的物质财富和精神财富的总和。它是由人类自身所创造的一部分社会环境,包括政治、科学技术、知识信仰、艺术、道德、法律、社会规范等方面。人类学家将之定义为"在人类一定的群体中形成的世代相传的生活方式的总和"。狭义的社会文化则仅就社会的意识形态而言,即精神文化,指一个国家、地区或民族的传统文化,如价值观念、伦理道德、生活方式、风俗习惯、行为规范和宗教信仰等。

社会文化包括核心文化和亚文化。核心文化是人们持久不变的信仰和价值观,它具有世代相传,并由国家机构予以强化和不易改变的特点。亚文化是按民族、经济、年龄、职业、性别、地理、受教育程度等因素划分的特定群体所具有的文化现象,它根植于核心文化。

传统观念认为,市场营销是一种经济活动,经济因素是决定市场营销环境的唯一主要因素。但是,单纯用经济因素已不足以说明消费者行为的特点,如它不能解释为什么两个收入完全相同的人或人均收入相近的两个国家在消费模式上迥然不同的现象。近年来,虽然国际贸易往来越来越频繁,发达国家居民收入水平和经济技术水平越来越接近,在一定程度上产生了需求的趋同性,但实际上各个国家的消费者在需求爱好、消费模式上,仍然存在很大的差异性。由此可见,非经济因素对市场营销具有相当重要的作用。市场营销活动不仅是经济活动,也是一种文化活动。

社会文化对汽车营销的影响有:

(1) 它影响着人们的行为方式(包括购买行为),对企业不同的营销活动(如产品设计、造型、颜色、广告、品牌等)具有不同的反应。例如,某些性能先进、款式国际流行、深受外国人欢迎的"溜背式"汽车(两厢车),在中国 20 世纪 90 年代的汽车市场上却遇到了销售不畅的麻烦,这同我国传统的审美观念有直接的关系,国人认为,这种车型"不符合国情",致使有关企业不得不为改变上述文化观念,花费大量的促销费用。

(2) 亚文化的发展与变化决定了市场营销活动的发展与变化。例如,在 20 世纪 60 年代以前，由于受第二次世界大战和战后物资相对匮乏的影响，人们的心理还非常庄重、严肃，世界汽车多以深色为主。之后，世界汽车工业的中心向日本转移，因为日本人喜欢白色，而且人们已开始追求自由自在的生活，所以世界汽车的流行色也变得轻快、明亮（如白色、银灰色）。

营销者也可以利用亚文化的相对易变性，充分发挥主观能动作用，以引导亚文化向有利于本企业市场营销的方向发展。如中国人对日本产品总是抱有一种复杂情绪，丰田公司就专门针对中国市场，设计了"车到山前必有路，有路就有丰田车"的广告词。这则广告就是利用了中国的文化，宣传自己的产品。在文字上做到了"醒目、上口、简短、明了、含蓄、深刻"，表达了丰田车无路不走、无处不在、无高不攀、无人不爱的特点，并取得了营销上的成功。

第四节　汽车市场营销环境分析与营销对策

营销者必须善于分析营销环境的变化，研究相应的对策，提高企业市场营销的应变能力。只有如此，企业才能在"商场如战场，市场无常势"中立于不败之地。

一、营销环境的分析方法

企业只有不断地适应各种营销环境的变化，方可顺利地展开营销活动。为此，企业除了在技术上建立营销环境监测和预警系统，加强对营销环境变化的预测外，还必须掌握环境分析工具，从而主动调整营销策略，使企业的营销活动不断地适应营销环境的变化。

对企业而言，并非所有的环境机会都具有相同的吸引力，也不是所有的环境威胁产生相同的压力，因而企业对于每种营销环境的变化给企业带来的机会或威胁，应从数量上或程度上予以分析，运用比较的方法，找出和抓住最有吸引力的营销机会，避开最严重的环境威胁，这种分析方法就是环境分析。

环境分析的具体方法可以通过选择"潜在吸引力"和"成功可能性"两个指标进行。根据这两个指标的具体特点去评价某种环境变化的具体特点。如果某种环境变化对企业营销机会的潜在吸引力大，而企业营销活动的成功可能性也大，则表明该种环境变化对企业的营销活动非常有利，企业应当抓住这样的机会。反之，如果某种环境境变化对企业营销活动的潜在危害性大，而这种危害出现的可能性也大，则表明该种环境变化会对企业的营销活动产生非常不利的影响，企业应及时调整营销策略，以避开或减轻营销环境变化对企业营销活动的威胁。

弄清营销机会和避免环境威胁，是企业取得营销业绩和谋求发展的重要前提。如果综合地考察企业面临的营销机会和环境威胁，企业在营销环境的变化过程中所处的地位和类型可能是：理想企业；风险企业；成熟企业；困难企业。显然，理想企业所处的环境最好，困难企业所处环境最差。因此，各汽车企业对自己所处的地位类型应保持清醒认识。

二、营销环境变化的应对措施

为了适应环境变化，企业必须在营销实践中找到一些行之有效的措施。

1. 加强市场营销计划的弹性

富有弹性的市场营销计划,有利于发挥营销计划的先导作用,使企业在实施营销计划时能够适应营销环境的变化。因此,企业在制订营销计划时,应做到:

(1) 在市场营销基本计划的基础上,准备多种营销应急预案。

(2) 实施滚动性营销计划。使营销计划和决策既处于大体形成状态,又处于实验性状态,采取"走一步、看一步"的计划方案。

(3) 计划指标要有合理的上限和下限幅度。

2. 重视后备资源的建设

企业在确定了应急方案后,应抓紧落实应急措施和方法,积极打赢"应急战"的资源和力量。

3. 提高控制水平

提高对流动资金、生产物资、生产指挥和中间商等市场营销重要因素的控制水平。

4. 建立快速应变的组织保证体系

企业在组织领导体制上要有"统一指挥、个人负责"的指挥系统,完善企业内部的信息共享机制,加强各部门的协调配合,提高整个组织的灵活性和协调性。

汽车市场购买行为分析

第一节 汽车消费者购买行为

一、汽车产品的消费者类型

由于汽车产品自身的特点，汽车消费者也有明显的特征，呈现不同的消费类型。通常汽车消费者可以分为以下几种类型。

1. 私人消费者

私人消费者是指将汽车作为个人或家庭消费使用，解决私人交通的用户，他们构成汽车的私人消费市场。

2. 集团消费者

集团消费者是指将汽车作为集团消费性物品使用，维持集团事业运转的集团用户，也包括像政府机关、学校、医院等事业性组织，它们构成汽车的集团消费市场。

3. 生产营运者

生产营运者是指将汽车作为生产资料使用，满足生产、经营需要的组织和个人，它们构成汽车的生产营运者市场。

4. 其他直接或间接消费者

其是指除以上消费者以外的各种汽车消费群体，如汽车经销商。

以上各类汽车消费群体，都可归类为个体消费和集体消费两大类，前者构成汽车的消费市场，后者构成汽车的组织市场。

二、汽车消费者购买行为要素

消费者购买行为是指人们为了满足个人或组织生活需要，购买喜好的产品或服务时所表现出来的各种行为。这个过程是通过不同的要素体现出来的。

汽车消费者的购买行为要素是基于汽车这种特殊商品，为满足个人或组织的需要，在购买汽车时表现的种种行为。购买行为要素也简称"5W1H"。

1. 买什么样的车（What）

这是对消费者所购买对象的分析，是消费者购车行为最重要的要素，也是汽车企业和汽车经销商最关心的要素。无论是汽车企业的市场调研，还是汽车经销商的客户需求分析，都是基于"买什么样的车"这一要素展开的。客户真正需要一部什么样的车呢？家庭小轿车、SUV、还是微型面包车？一般情况下，消费者都会基于品牌、价格、外观、性能考虑。

2. 什么时候买车（When）

这是对消费者购买时机或购买时间的分析。

3. 在哪里买车（Where）

这是对消费者购买地点的分析，购买地点不仅是地理位置，还是一种软实力。因此，消费者在选择何处购买时，有以下考虑因素：交通的便利性、经销商的实力、信誉等。据相关数据分析，多数消费者选择在汽车4S店购买汽车，部分消费者选择在汽车超市购买汽车，部分消费者选择在大型汽车交易市场购买汽车。

4. 谁来买车（Who）

这是对消费者购买主体的分析，即谁做决策。在整个汽车购买过程中，购买者自身在年龄、性别、职业、收入、社会地位、文化程度等方面的差异，导致在车型选择上也存在很大差异。例如，20～30岁年龄段的消费者偏爱时尚、动感的车型，青睐红、黄等艳丽型颜色；35～45岁年龄段的消费者偏爱稳重、大气的车型，较青睐黑、银、白等颜色，男性消费者喜欢手动挡车型，女性消费者则喜欢自动挡车型，对汽车造型也十分关注。

5. 为什么买车（Why）

这是对消费者的购买动机或购买欲望的分析。按照马斯洛的需要层次理论，人首先要产生欲望，再由欲望产生动机，最后由动机产生购买。"为什么买车"就是一个人的欲望或需要问题。若购买的汽车是作为交通工具，上下班代步的，则可以选择实用的家用小型车；若购买的汽车是用来个人创业的，则可以选择微型面包车或皮卡车；若购买的车是用来接待企业商务人士、进行业务洽谈的，则可以选择多用途车型；若购买的汽车是用来个人休闲兼顾野外旅行的，则可以选择SUV。因此，分析"为什么买车"的关键是对购车欲望和动机的分析。这也是我们分析客户需求的关键所在。

6. 怎样买车（How）

这是对消费者购买方式或购买途径的分析。消费者采取什么方式购车，是金融贷款还是现场付款，将影响汽车企业和汽车经销商的销售计划。金融贷款有银行金融贷款与汽车金融公司贷款两种形式。不同的金融贷款机构，其贷款的方式也存在差异。据相关数据统计，"90后"消费者有一半以上倾向采用分期付款方式购车，"80后"消费者有33.5%倾向采用分期付款方式购车，"70后"与"60后"消费者分别有24.2%与20.3%倾向采用分期付款方式购车，1960年以前出生的消费者倾向采用分期付款方式购车的比例低于20%。

第二节 汽车个体消费者购买行为分析

一、汽车个体消费市场的基本特点

汽车个体消费市场具有以下特点：

1. 需求的多样性

由于个体消费者在年龄、性别、教育水平、职业、收入、社会地位、家庭结构、生活习惯等方面的差异，会形成不同的消费需要，从而使个体的购买需求表现出多样性或多层次性。汽车生产企业应通过市场调研，了解这种消费的多样化，有针对性地推出不同的车型系列。

2. 需求的可替代性

消费者在购买汽车时往往会面临多种选择，品牌的选择、价位的选择、性能的选择等，如何在众多汽车品牌中选择适合自己的汽车呢？消费者根据自身需求，会在不同品牌之间做出选择，只有那些对消费者有真正吸引力的品牌，消费者才会购买。换句话说，在汽车生产企业眼里，各个不同生产企业之间是具有竞争性的，因为汽车生产企业不知道消费者最终会选择什么样的汽车。选择了丰田，就不会选择别克，丰田与别克之间就有了替代性。

3. 需求的诱导性

汽车是高档、耐用的消费品，和普通消费品的最大区别之一就是它的专业性与复杂性。对于大多数消费者来说，购买汽车太难了，因为汽车包含着太多专业知识，而消费者对汽车知识的缺乏，导致他们易受外界的影响，如消费环境、社会习俗、广告宣传等。也就是说，消费者很容易受外界因素的诱导而产生购买行为。

4. 需求的可伸缩性

汽车产品的特殊性使消费者对汽车产品的需求有较强的价格弹性，价格的变动对个人购买行为会产生重大影响，尤其是家用轿车。当价格下跌时，消费者有可能提前购买；当价格上涨时，消费者有可能会推迟购买。

5. 需求的发展性

消费者对汽车最初的功能需求仅仅是代步，随着社会的发展，人的需求也发生变化，要求既能满足基本代步的需求，也能满足在操控、舒适、娱乐性等方面的需求。可见，这种需求是可发展的。

二、汽车个体消费者购买决策过程

狭义的汽车消费者购买决策是指汽车消费者谨慎地评价某一汽车产品、品牌或服务的属性并进行选择、购买能满足某一特定需要的汽车产品的过程。

广义的汽车消费者购买决策是指消费者为了满足汽车消费需求，在一定的购买动机的支配下，在可供选择的两个或者两个以上的购买方案中，经过分析、评价、选择并且实施最佳的购买方案,以及购后评价的活动过程。它是一个系统的决策过程,包括消费需求的确定、购买动机的形成、购买方案的抉择和实施、购后评价等环节。

在复杂的汽车产品购买中,消费者购买决策过程由确定需求、收集信息、评价方案、购买决定和购后评价五个阶段构成。

1. 确定需求

汽车消费者在选择之前发现现实情况与其所期望的要求有差距时,产生不同需求。例如,在自动挡汽车并不像想象中那么便利时,便会产生选购手动挡汽车的需求。这种需求的产生是由外因引起的。汽车销售人员应该深入了解消费者产生某种需求的环境,找到引起这种需求的内在因素和外在刺激因素。

2. 收集信息

消费者信息来源主要有以下几个方面:

(1) 个人来源:家庭、朋友、邻居、同事提供的相关汽车信息。

(2) 商业来源:广告、推销人员、经销商、展览会方面的信息。现在汽车生产企业对广告投入非常重视,典型的是邀请明星作汽车代言人,代言人既有娱乐界明星,也有体育界明星。这些广告一定程度上影响了大众消费者对车型的认知。

(3) 公共来源:大众传播媒体、消费者评审组织等。

(4) 经验来源:消费者本人或其他消费者通过以前购买或当前试验而获得的信息等。

3. 评价方案

评价方案就是在通过各种渠道获得产品信息后,需要分析和处理这些信息。这种信息主要是产品本身属性,包括汽车品牌与车型、车辆的性能等。

4. 购买决定

消费者的购买决定除了与自身的因素有关外,还与他人的态度、预期的环境因素有关。

5. 购后评价

消费者在购买汽车后,会对汽车的使用状况进行体验,以检验其性能是否达到期望的目的。如果汽车生产企业对其产品性能夸大宣传,则会导致消费者对其产品期望过高,产生不满意感,并最终导致消费者不再购买该产品。例如,大众汽车的"双离合变速器"(DSG)在引入中国的时候,是作为最大的优势进行宣传的,但近两年不断出现消费者对大众DSG的不满与投诉,就是消费者对其期望过高。

三、汽车个体消费者购买行为类型

汽车销售顾问在销售过程中,往往会面对不同的消费者,如何能在第一时间内判断消费者的类型,从而为销售的下一步做出决策,是影响最终成交的关键。

1. 根据消费者的购买行为分类

1) 习惯型消费者

这一类消费者可能有过使用一种或几种品牌的经验,形成了固定的品牌偏好,这种偏好将指导他形成固定的购买行为。例如据相关调查显示,江西汽车市场的消费者对大众品牌的偏好明显超过其他汽车品牌；而另一项调查显示，在广东汽车市场，日系品牌占据绝对优势，以丰田、本田、日产为代表的三大日系品牌占据广东汽车市场近70%的份额，大众则只占10%的份额。习惯型消费者在购买汽车时，会按照自己的想法或经验进行购买，较少受媒体广告宣传的影响，也不需要到处寻找与汽车有关的产品信息，而是按习惯重复购买同一品牌。

　　面对习惯型消费者的营销策略：一是利用汽车的价格手段吸引消费者；二是开展大量重复性广告加深客户印象；三是增加汽车消费者的亲身体验活动，如利用新车上市机会，邀请潜在消费者开展试乘试驾活动。

　2）理智型消费者

　　这类消费者的思维方式比较冷静，是以理智指导购买行为的人。在购买前他们通常要广泛地收集信息，比较信息，充分了解汽车的相关知识，在不同的品牌之间进行充分的调查、筛选、反复权衡、评估，最后做出购买决策。在实际购买时，他们表现得理智和谨慎，不容易受到销售人员和广告的影响；在挑选产品的时候仔细认真，经常对比多个品牌和经销商。

　　现阶段，中国的个体汽车消费者的购买行为多属于这种类型。

　　面对理智型消费者的营销策略：汽车企业营销人员制定相关的营销策略以帮助消费者了解更多有关汽车方面的知识和信息；借助各种渠道宣传其产品，采取多种营销手段使消费者简化购买过程。

　3）情感型消费者

　　这类消费者情感体验较为丰富，想象力也非常丰富。购买时容易受促销宣传和情感的诱导，对汽车造型、颜色及品牌都极为敏感，他们多把汽车是否符合个人的情感需要作为购买决策标准。这类消费者多以女性消费者居多。例如，很多女性消费者对大众甲壳虫、宝马MINI、吉利熊猫的可爱造型喜爱有加。

　　面对情感型消费者的营销策略：销售人员制定有针对性的营销策略，加大广告宣传的力度，增加试乘试驾活动力度及汽车嘉年华活动，实现营销目标。

　4）冲动型消费者

　　这类消费者对外界的刺激很敏感，反应活跃，购买时一般不会进行具体的比较，而是凭借直接感觉购买。年轻、时尚而且资金实力强的消费者容易表现出这种冲动。他们在购买时常常受到各种汽车广告、媒体推荐、推销人员介绍、朋友的影响。

　　面对冲动型消费者的营销策略：汽车企业提供完善的售后服务，并通过各种途径向消费者提供有利于企业和产品的信息，使消费者相信自己的购买行为是正确的。

　5）经济型消费者

　　这类消费者对商品的价格非常敏感。具有这类购买态度的个人，往往将价格作为决定购买决策的首要标准，主要选择价格低廉的汽车，以经济、实用、节约成本为主要出发点。现阶段，多数工薪阶层以及二手车的消费者属于此种类型。

　2. 根据消费者的购买目标分类

　1）全确定型消费者

　　全确定型消费者是指消费者在购买商品以前已经有明确的购买目标，对商品的品牌、型号、颜色、性能以至价格的幅度都有明确的要求。这类消费者进入商店以后，一般都是有目的地选择，主动地提出所要购买的商品，并对所要购买的商品提出具体要求，当商品能满足其需要时，会毫不犹豫地买下商品。作为销售顾问，此类型消费者是重点推销对象。

2) 半确定型消费者

这是指消费者在购买商品以前已有大致的购买目标，但具体要求还不够明确，最后购买需经过选择比较才能完成。这是最主要的一类消费群体，也称为摇摆型消费者。通常此类消费者进入商店后，一般要经过较长时间的分析、比较才能完成其购买行为，作为销售顾问，必须耐心、细致地接待并解答消费者的疑问。

3) 不确定型消费者

这是指消费者在购买商品以前没有明确的或既定的购买目标。这类消费者进入商店主要是观望、休闲，漫无目标地观看商品或随便了解一些商品的销售情况，通常此类消费者会受到新车上市宣传广告的影响或大型促销活动的影响而进店观望。

3. 根据消费者的收入水平分类

1) 最低收入者型消费者

这类消费群体是处于贫困线以下的人群，包括一部分最低收入者和没有劳动能力、没有固定收入来源的无业者和失业者。最低收入者面临的是最基本的生存问题，他们在衣、食、住方面的消费接近总消费支出的70%，因此他们非常重视生活消费品的价格。一般地，此类型消费者对于汽车等高档消费品没有需求，不是企业重点宣传的对象。

2) 低收入者型消费者

这类消费群体一般具有劳动能力但在投资和就业竞争中居于劣势，只能获得较低报酬，是就业群体中的贫困者。这类群体生活基本需求的水平、质量和社会交往方面居于社会的下层，基本解决了温饱问题。由于收入水平很低，没有足够的购买能力，以维持基本生活消费为主，没有多余的钱用于储蓄。因此，此类型消费者对汽车消费品也基本没有需求。

3) 中低收入者型消费者

这部分消费者的收入基本稳定，在满足日常消费之外略有结余。这部分居民属温饱型向小康型过渡的消费群体，其基本的消费需求已经得到满足，且正积聚资金向更高一层的消费提升。但这一消费群体受医疗、教育等消费支出的影响，其消费行为很谨慎、保守。这是因为他们仍受传统消费观念的影响，不愿超前消费或举债消费，此类型消费者对汽车消费品有一定需求，是潜在消费群体。

4) 中等收入者型消费者

这类群体大多为城市居民，主要由政府公务员、国有企业职工、一般的科教文卫人员、个体经营者及其家庭构成。正处于从小康型向富裕型、从讲求消费数量向讲求消费质量转变的阶段，加上一定的储蓄积累，他们已构成当前最具购买能力的群体之一，而且消费开始呈现出多样化趋势，乐于接受新兴的生活和消费方式，被视为消费的中坚力量。此类型消费者是汽车消费市场最重要的购买力量，也是销售顾问的重点推销对象之一。目前，我国汽车市场的小型车、紧凑型车等家用轿车80%的市场销售量是由上述消费群体创造的。

5) 中高收入者型消费者

这类消费群体主要包括私营企业主和专业技术人员，也是消费较为活跃的一个群体。虽然收入不是最高的,但是这类群体中的大多数人对自身及家庭的未来状况比较有信心,因而在许多方面的消费都比较接近高收入者。这类消费者在服装、汽车、文化娱乐消费和子女的教育等消费方面的支出,是所有消费群体中最高的。此类消费者在汽车消费市场上主要体现在购买中型车,如帕萨特、雅阁、凯美瑞、君威等。

6) 高收入群体消费者

这类群体的生活需求已基本得到满足,注重追求精神消费和服务消费,教育、文化、通信、保健、住宅等成为他们的消费热点,追求时尚化与个性化的消费日趋明显。在饮食方面他们讲究营养和风味;穿着上崇尚名牌,讲究款式、品质和个性;在日用品方面主要青睐一些科技含量高、时代感强的高档家电产品;在汽车方面,崇尚豪华、时尚与运动型汽车。相关数据显示,奥迪 Q7、保时捷卡宴、宝马 X6、英菲尼迪 FX35 和奔驰 GLK 等豪华 SUV 的持续畅销更能体现这一消费群体最新的消费特征。

4. 根据消费者的年龄来分类

根据消费者的年龄,我们把消费者分为"90 后""80 后""70 后""60 后"以及 1960 年前出生的人群五个类型。

对于不同年龄结构的消费者,其汽车消费也呈现明显不同的特征。

1) 特征一:汽车在人们生活中扮演的角色

汽车在人们生活中扮演怎样的角色呢?调查显示,目前汽车在人们的日常生活中主要扮演出行工具的角色,且年龄越大,汽车在人们生活中作为出行工具的比例越高。"90 后"把汽车看成亲密朋友的比例大大高于其他人群,"80 后"把汽车看作社交工具的比例高于其他人群,年龄越小把汽车看成私人空间的比例越高。从上面的分析可以看出,除了作为出行工具以外,"90 后"对汽车有更多的情感诉求。

2) 特征二:不同年龄段的消费者在购车时最关注的因素

价格、品牌与安全性是对消费者购车影响最大的三个因素。其中,价格依然是消费者在购车时最关注的因素,大部分消费者购车首要考虑价格。随着燃油税的实施,车辆油耗对消费者购车的影响越来越大,特别是近些年来油价不断攀升,人们对油耗也越来越关注。

3) 特征三:不同年龄消费者的排量诉求

随着油价的不断上涨,消费者在购车时更倾向于购买经济省油的车型,再加上政府在政策上的鼓励和引导,目前汽车消费主要集中在 1.3～1.6 L 与 1.6～2.0 L 两个排量段,即所谓的"黄金排量"。不同年龄段人群略有差异。"90 后"消费者倾向于购买 1.6 L 及以下排量的比例要远远高于其他年龄段人群,即年轻人更容易接受 1.6 L 及以下的小排量车。

4) 特征四:不同年龄段的消费者对变速箱形式的诉求

在变速箱形式购买方面,总的来看,5 速手动挡与手自一体是主流,比例高于其他变速箱形式。不同的人群对变速箱形式偏好略有差异,"90 后"更偏好手自一体,其他人群则更偏好 5 速手动挡。此外,"90 后"倾向购买无级变速器的比例远远高于其他人群。

5) 特征五:不同年龄消费者的汽车色彩诉求

虽然黑色、银灰色与白色是主流色调,但年轻人更偏好亮丽色彩。"80 后""70 后""60 后"与 1960 年前出生的人群,其车辆色彩偏好排前三位的依然是黑色、银灰色与白色;

"90后"人群对车辆色彩偏好则有所变化,依次为黑色、粉红色与白色。从不同年龄群体看,各有所侧重,"90后"人群特别偏好粉红色,"80后"偏好红色的比例高于其他人群,"70后"与1960年前出生的人偏好深蓝色的比例高于其他人群。

6）不同年龄段的消费者对购车付款方式的诉求

在购车付款方式选择方面,消费者年龄越小,越倾向于采用分期付款方式购车。其中,"90后"有一半以上倾向采用分期付款方式购车;"80后"有近34%倾向采用分期付款方式购车;"70后"与"60后"分别约有24%与20%倾向采用分期付款方式购车;1960年前出生人群倾向采用分期付款方式购车的比例则低于20%。从上面的分析可以看出,"90后"比其他人群更容易采用贷款方式购车。

总而言之,不同年龄段消费人群的汽车消费观念差异较大。年轻消费者（如"90后""80后"）消费观念特点鲜明。与其他人群相比,年轻消费者拥有第一辆车的年龄有所提前,对汽车有更多的情感诉求,且偏好色彩亮丽的车身颜色,也更容易接受以贷款的方式来购买汽车。

四、影响汽车个体消费者购买行为的因素

1. 政治因素

在改革开放以前,我国既没有适合购买私家车的消费者群体,也没有足够的、可供选择的汽车产品,社会对私人拥有汽车这样的"奢侈品"采取了绝对打压的态度,在这种政治环境下,消费者很难产生购买私家车的动机。改革开放后,特别是中国加入WTO以后,汽车消费才真正发展起来。同时,在政策方面,购置附加费、车检费、保险费、年审费等政策性收费对汽车个人消费影响很大。目前,北京、广州等城市已实施的汽车限购政策,就对个人的汽车消费产生很大影响,也影响了汽车生产企业和汽车经销商。

2. 经济因素

中国消费者是如何看待汽车降价促销活动的呢？调查结果表明,汽车价格因素直接影响消费者。有高达70%的家庭表示其购买决定将视汽车的价格走势而定。降价对这部分家庭的影响会出现两种不同的结果：第一类人看到价格走低,会尽早购买；第二类人看到价格有所松动,会持币观望,总希望能降到最低点再购买。

上述调查反映的虽然是价格问题,但深层次反映的是汽车个体消费者购买行为中个体消费者的购买能力,即个体消费者的收入水平。

3. 文化因素

文化因素是指人类在社会历史发展过程中所创造的物质财富和精神财富的总和,包括民族传统、宗教信仰、风俗习惯、审美观念和价值观等,影响私人购买汽车的主要文化因素包括民族传统、审美观念和价值观。

1）民族传统

中国人一向在消费上表现为重积累、重计划等,在选择商品时追求实惠和耐用,这也说明了为什么大众的捷达如今在市场上仍然长盛不衰。但中国同时也是一个快速发展的国家,许多青年人在文化上与西方国家的差异已经缩小,在消费行为上表现为注重当前消费,购买

时不太讲实用，而讲究时尚等。

2）审美观念

审美指人们对事物的好坏、美丑、善恶的评价。不同的消费者往往有不同的审美观念。审美观念不是一成不变的，往往受社会舆论、社会观念等多种因素的影响，并制约着消费者的欲望和需求的取向。美国车以宽敞、舒适为美；德国车以精密、操控感强为美；日本车和韩国车以配置丰富、各方面均衡为美。20世纪八九十年代，中国人对两厢车有着严重的排斥心理，现在，两厢车反而大行其道。在现阶段的中国汽车市场，各种类型的汽车在中国私家车消费领域都有拥护者，说明消费者对汽车的审美观念是不一致的。这也要求汽车生产企业必须花更多的精力用于市场调研上，推出适合不同消费群的车型。

3）价值观

价值观是指一个人对周围的客观事物（包括人、事、物）的意义、重要性的总评价和总看法。观念决定态度，态度决定行为，行为形成习惯，习惯强化观念。自改革开放以来，中国在"摸着石头过河"的探索中实现了社会、经济的翻天覆地。巨大的经济社会的改变催化了传统价值观的裂变，又催生了新的价值观的形成，而这些价值观的变迁又进一步推动了经济社会的变革、消费市场的发展，创造了无数新的需求，孕育无数新的商机，改变了无数营销行为。

4. 个人因素

个人因素不仅会决定消费者是否购买汽车，还决定了消费者购买何种汽车，对于汽车生产企业或汽车经销商来说，必须在深入分析个人因素对消费者影响的基础上，制定并实施营销策略。个人因素主要包括购买者的年龄与家庭，性别、职业和经济条件，生活方式，个性与自我概念等。

1）年龄与家庭

近年来汽车消费者结构呈现年轻化、女性化的特征，"80后"将成为购车的重要人群，不同细分市场女性车主比例显著提高。从家庭角度考察，消费者生命周期的不同阶段也影响其消费选择。例如，新婚夫妇一般喜欢购买5座及以下的车，而中年夫妇考虑到要带小孩、老人出行，更愿意购买座位较多的车。据调查，"80后"成为汽车消费的重要人群，结婚购车成为"80后"的汽车消费新声势。造型个性化、色彩绚丽的汽车受到"80后"的追捧。而传统的家庭结构已演变为"3＋2"或"3＋4"结构，这种家庭变化使近年来的5座SUV与7座SUV销售火爆。

2）性别、职业和经济条件

性别对私家车消费的影响总体较小，主要影响的是一些细分市场。职业一方面决定了私人是否需要购买汽车以及需要购买何种汽车；另一方面较大地影响了家庭的经济收入。如果家庭的经济收入比较稳定，而且未来的收入预期比较理想，就会对购车行为有比较积极的推动作用。例如，消费者在企业工作，偏重商务车型；消费者在政府或学校工作，通常选家用型轿车居多。

3）生活方式

人们追求的生活方式不同，对汽车的喜好和追求也不同，个人生活方式不仅会影响私人购车的行为，还会影响私家车细分市场。

4）个性与自我概念

消费者的独特个性使其在自己可支配收入允许的情况下会优先购买与自己个性相符合的产品，汽车企业在考虑细分市场的时候必须重视消费者的个性以及因此形成的消费潮流，致力于打造个性品牌和产品；自我概念则主要描述了消费者在购买产品时实际追求的东西，也就是说在购买汽车产品时，消费者可能是追求缩短时空，可能是追求气派和社会认可，也可能是追求自由的感觉等。

5. 心理因素

在社会因素、文化因素和个人因素的共同作用下，消费者会认识到自己是否有购买小汽车的需要，而需要会促使其心理产生购买汽车的"动机"。

第三节　汽车企业组织市场的购买行为分析

一、汽车集团组织购买行为的含义

汽车集团组织购买行为是指各类组织为了购买汽车产品或服务，在可选择的品牌与供应者之间进行识别、评价和挑选的决策过程。

二、汽车集团组织购买行为类型

1. 产业市场购买行为

产业市场的特点是购买者数量少，但购买规模大；地理位置集中；需求具有较大波动性；买卖双方能够保持长期业务关系；可以直接交易等。例如，华晨宝马统一采购采埃弗（ZF）变速器、奇瑞汽车采购格特拉克变速器、丰田汽车采购普利司通轮胎等，均属于汽车产业市场购买行为。

2. 中间商市场购买行为

中间商市场亦称转卖者市场，是由以营利为目的、从事转卖或租赁业务的个体和组织构成的，包括批发商和零售商，其实质是消费者的采购代理。其购买行为包括三个主要决策：经营范围和商品搭配；选择什么样的供应者；以什么样的价格和条件来采购。现阶段，4S店模式的汽车经销模式就是典型的中间商市场购买行为。

3. 政府市场购买行为

政府市场是由中央政府和地方各级政府的采购者构成的，它们采购的目的是执行政府机构的职能。例如，在上海世博会期间，上海市政府为上海市公安局统一采购华晨宝马5系列轿车作为安全执法用车；政府环保部门统一采购江铃陆风SUV作为环保统一执法车；卫生部门统一采购江铃全顺作为医院120急救用车等，这些都是政府市场购买行为。

三、汽车集团组织购买行为的影响因素

1. 环境因素

环境的变化对当前和未来的经济状况都会产生影响。最典型的就是各级政府对公务用车

的配置规定。例如，2011年，广州市政府对公务人员配车就制定了新的标准，该标准规定：小轿车排气量控制在1.8（含1.8）L以下、价格18万元以内；面包车价格在18万元以内；各行政单位经汽车定编办等部门专项审批后可购置；商务车排气量控制在2.4（含2.4）L以下、价格24万元以内（含购置税与上牌费）；各行政单位原则上不配置SUV，确因地理环境和工作性质特殊的，经汽车定编办等部门专项审批后，可购置排气量2.5（含2.5）L以下、价格25万元以内的国产SUV。因工作特殊性要求，汽车配置超过上述标准的，需报汽车定编办审批，并报市纪检监察机关备案后，专项报财政部门审批。

2. 组织因素

采购单位的目标、战略、政策、制度、程序等对采购都有较大的影响。奉行总成本领先战略的企业，视成本控制为第一要素，在这类企业中，在采购方面有以下变化趋势：

(1) 采购部地位升级，采购管理的范围扩大。

(2) 与供应方建立长期关系。采购者与供应商之间维持长期合同关系。长期合同可以减少企业每次采购时为决策而花费的时间和费用，也可以保证采购商品的质量。2008年爆发的丰田汽车"召回门"事件，就是因为丰田汽车制造商与汽车零配件供应商之间出现问题，丰田汽车的零配件供应商没有确保配件的质量。

(3) 集中采购。集中采购对汽车生产企业最大的意义就是可以降低成本。

(4) 采购的绩效评估。对采购人员进行有效奖励，可以保证采购的质量，从而降低成本。

3. 人际关系

组织市场的采购人员通常由许多人员构成，他们处于不同地位，具有不同职权，在购买过程中会用不同的标准和观念来选择和评价购买决策。因此，相关营销人员必须了解人际关系对采购行为的影响，正确地应用和处理人际关系。

4. 个人因素

在汽车消费市场，个人因素仍然起到很大作用，甚至关键作用。对于品牌、价格、造型等，个人因素占据主导地位。例如，在我国公务市场，黑色一直是公务用车的首选颜色，以致奥迪在公务车市场上从来不会出现除黑色外的第二种颜色；在韩国公务车市场上，首选是本国产的汽车，这与其本国的民族特征有关；而在欧美公务车市场，关注更多的是汽车自身的性能和售后服务等，而非它的原产地。

第四章

汽车市场调研与预测

第一节 汽车市场营销信息系统

一、市场营销信息系统的概念

市场营销信息系统是一个由人员、设备和程序组成的相互作用的连续复合系统，它连续有序地收集、挑选、分析、评估和分配恰当、及时、准确的市场营销信息，为企业营销管理人员制订、改进、执行和控制营销计划提供依据。

二、市场营销信息系统的构成

建立市场营销信息系统的目的就是收集、分析、评价和运用恰当、准确的信息，帮助营销人员和决策者实现营销决策、营销规划，执行营销活动，提高其理解、适应乃至控制营销环境的能力。不同企业，其信息系统的具体构成会有所不同，但基本框架大体相同，一般由内部报告系统、营销情报系统、营销调研系统、营销决策支持系统四个子系统构成。

1. 内部报告系统

内部报告系统也称为内部会计系统，是决策者使用的最基本的信息系统。该系统的主要功能是向营销管理人员及时提供有关订货数量、销售额、产品成本、存货水平、费用、现金余额、应收账款、应付账款等各种反映企业经营状况的信息。通过对这些信息的分析，营销管理人员能够发现市场机会，找出管理中存在的问题，同时可以比较实际状况与预期水准之间的差异。其中"订货—发货—账单"这一循环是内部报告系统的核心，而销售报告是营销管理人员最迫切需要的信息。

在设计内部报告系统时，企业还应避免发生下述错误：一是每日发送的信息太多，以致决策者疲于应付；二是过于着重眼前，决策者对每一微小的变动都急于做出反应。

2. 营销情报系统

营销情报系统是指营销人员日常收集有关企业外部的市场营销资料的一整套程序或来源。它的任务是利用各种方法收集、观察和提供企业营销环境最新发展的信息。营销情报人员通常用以下四种方式对环境进行观察：

（1）无目的的观察。观察者心中无特定的目的，但希望通过广泛的观察来搜集自己感兴趣的信息。

（2）条件性观察。观察者心中有特定的目的，但只在一些基本上已认定的范围非主动地搜集信息。

（3）非正式搜寻。营销情报人员为某个特定目的，在某一指定的范围内，做有限度而非系统性的信息搜集。

（4）正式搜寻。营销人员依据事前拟定好的计划、程序和方法搜集信息，以确保获取特定的信息或与解决某一特定问题有关的信息。

企业可通过训练和鼓励销售人员收集情报、鼓励中间商及其他合作者向自己通报重要信息等方式来提高所收集的情报的质量和数量。

营销情报系统与内部报告系统的主要区别在于后者为营销管理人员提供事件发生以后的结果数据，而前者为营销管理人员提供正在发生和变化中的数据。

3. 营销调研系统

营销调研系统的任务是：针对企业面临的明确具体的问题，对有关信息进行系统的收集、分析和评价，并对研究结果提出正式报告，供决策部门参考以便解决这一特定问题。

营销调研系统与内部报告系统和营销情报系统最本质的区别在于营销调研系统的针对性很强，是为解决特定的具体问题而从事的信息的收集、整理、分析工作。企业在营销决策过程中，经常需要对某个特定问题或机会进行重点研究。如开发某种新产品之前，或遇到了强有力的竞争对手，或要对广告效果进行研究等。显然，对这些市场问题的研究，无论是内部报告系统还是情报系统都难以胜任，而需要专门的组织来承担。有时甚至企业自身也缺乏获取信息以及进行这类研究的人力、技巧和时间，不得不委托专业企业来保证研究结果的客观性。

例如，汽车企业打算对某一车型大幅度降价，往往会组成一个精干的调研小组，对降价的可行性、利和弊、风险性以及预防性措施进行专题研究，并把调研结果呈决策人参考。

4. 营销决策支持系统

营销决策支持系统也称营销管理科学系统，它通过对复杂现象的统计分析、建立模型，帮助营销管理人员分析复杂的市场营销问题，做出最佳的市场营销决策。

营销决策支持系统由两个部分组成：一个是统计库；另一个是模型库。其中，统计库就是运用统计分析技术从大量数据中提取有意义的信息。统计分析技术由相关分析、因果分析、趋势分析等分析方法组成，这些方法是分析和预测未来经营状况和销售趋势的有效工具。模型库包含了由管理科学家建立的各种营销决策问题的数学模型，如最佳销售区域、新产品销售预测、广告预算分配、选择、竞争策略、产品定价以及最佳营销组合等。

营销决策支持系统是建立在征求的营销调研系统之上的，它能够把那些枯燥的数字和图表转变成为公司高层决策时所需要的支持和依据。

三、建立市场营销信息系统的必要性

在市场经济不断完善、经济全球化进程不断加快的大背景下，汽车企业的营销活动已从单一的区域营销发展到全国营销和全球营销，汽车产品的质量和价格已经不能完全决定企业的竞争优势，营销已成为企业生产经营过程中一个不可或缺的环节，其理念是了解市场，研发出消费者满意的产品并顺利交付，即从传统的仅仅满足消费者的物质需求到同时满足物质需求和心理需求，使消费者满意并且获取利润。现代企业开展市场营销活动，不仅需要人、财、物诸方面的资源要素，而且需要信息资源。对信息的及时掌握和充分应用已经成为当今企业管理成功与否的重要因素。

面对日趋激烈的市场竞争和营销环境的复杂变化，企业对营销信息的实时需要比过去任何时候都更为迫切，市场营销信息越来越凸显其重要地位。市场营销信息是市场营销决策的基础，针对市场营销信息的重要性和获取市场营销信息方面存在的问题，以计算机及网络技术为手段，建立产、供、销数据交流与信息传递的基础信息平台——营销信息系统，实现相关的市场信息、采购信息、销售信息、生产信息和财务信息的共享是现代企业的必由之路。

营销信息系统的建设是运用新经济手段和成果提高传统产业的技术和管理水平，有利于在信息、技术和管理上与市场对接，有利于促进产品销售和服务的管理精细化，可集中产品资源，进行品牌营销，建立以市场为导向的经营理念和机制，提升企业形象，提升汽车企业知名度，进而提高汽车企业核心竞争力。

第二节　汽车市场调研

在商品经济社会的初期，商品生产规模小，产量和品种有限，市场交易范围供求变化较稳定，竞争不是很激烈，商品生产经营者较易掌握市场变化的状况。市场调研仅处在原始的、自发的、低级的状态。而在现代相对发达的市场经济条件下，商品生产的规模日益扩大，生产量巨大，品种、规格、颜色繁多；消费需求不但丰富，而且复杂多变，供求关系变化迅速，市场规模突破了地区甚至国家的界线，竞争日益激烈。

一、概述

1. 汽车市场调研的含义

汽车市场调研是指运用科学的手段与方法，有计划、有目的、有系统地对与企业市场营销活动相关的市场情报进行收集、整理和研究分析，并提供各种市场调查数据资料和各种市场分析研究结果报告，为企业市场预测和经营决策提供依据的活动。

2. 汽车市场调研的范围和内容

汽车市场调研的内容很多，主要有：

（1）汽车市场营销环境调研，包括政策环境、经济环境、社会文化环境、竞争状况等的调查。

（2）市场基本状况的调研，主要包括市场规范、总体需求量、市场的动向、同行业的市场分布占有率等。

（3）有销售可能性的调研，包括现有和潜在用户的人数及需求量，市场需求变化趋势，本企业竞争对手的产品在市场上的占有率，扩大销售的可能性和具体途径等。

（4）对消费者及消费需求、企业产品、产品价格、影响销售的社会和自然因素、销售渠道等开展的调研。

3. 汽车市场调研的类型

根据研究的问题、目的、性质和形式的不同，汽车市场调研一般分为四种类型。

1）探索性调研

探索性调研用于探询企业所要研究的问题的一般性质，研究者在研究之初对所欲研究的问题或范围并不是很清楚。例如，一个厂商在自身的经营活动过程中，可能会遇到一些新情况或新问题。面对这些新情况和新问题，厂商应该怎么办？这就需要通过探索性调研来寻找问题发生的原因，或者为解决新问题寻找新的思路。具体地，如近几个月来，企业产品销售量一直在下降，是竞争者抢走了自己的市场，还是市场上出现了新的替代产品；或者是消费者的偏好发生了变化，还是由于厂商经营不善等。这些疑惑都需要通过探索性调研来寻找问题的原因。再如，随着市场的变化，厂商应该开发哪些新产品来满足市场的需要，要开发哪些新的市场，这些也需要通过探索性调研来搜集资料，以便为厂商的决策提供科学的依据。探索性调研一般是通过搜集第二手资料，或请教一些专家，让他们发表自己的意见，谈自己的看法，或参照过去类似的实例来进行。

2）描述性调研

描述性调研就是通过搜集与市场有关的各种历史资料和现实资料，并通过对这些资料的分析研究，揭示市场发展变化的趋势，从而为厂商的市场营销决策提供科学的依据。如某汽车企业，要制定今后五年的营销策略，就需要对历年来各种车型的产量和销售量、汽车的市场保有量和拥有率（分大城市、中小城市与农村）、厂商产品的销售量及在全各地的市场占有率、汽车的进出口情况、城乡居民的收入与支出的变化情况，以及在今后五年内居民对汽车的需求情况（包括需求数量、需求的品种、规格、型号分布等）进行详细的调研，并对搜集到的各种资料进行科学分析以后，才能制定出正确的市场营销策略。

与探索性调研相比，描述性调研的目的更加明确，研究的问题更加具体，需要制订详细的调研计划，做好各项调研的准备工作（包括样本的选择、调研人员的选择与培训以及调研过程的管理等），以确保调研工作的正常进行。

3. 因果性调研

汽车企业在经营活动过程中会面临许多数量关系。这些变量，有的属于自变量，即厂商自身可控制的变量，如产品产量、产品价格、各项销售促进费用的开支以及销售人员的配备等；有的则属于因变量，即它的变化会受到多种因素的影响，如产品销售量（或销售额）、产品成本、厂商获利情况等。所谓因果关系调研，就是要揭示和鉴别某种因变量的变化究竟受哪些因素的影响及各种因素对因变量的影响程度。如汽车的销售量究竟受哪些主要因素的影响；各种不同的影响因素，对汽车的销售产生影响的程度有多大；这些影响因素将来会发生什么样的变化等。这就是因果关系调研所要回答的问题。由于上述问题的研究与汽车企业的关系极大,因此,因果关系的调查应用极广。

4. 预测性调研

预测性调研是指专门为了预测未来一定时期内某一环节因素的变动趋势及其对企业市场营销活动的影响而进行的市场调研,如消费者对某种产品的需求量变化趋势调研、某产品供给量的变化趋势调研等。这类调研的结果就是对事物未来发展变化的一个预测。

市场营销所面临的最大问题仍是需求问题。需求是生产的先决条件,也是企业生存的条件,市场需求的估计对每个企业来说,都具有重大意义,因为唯有知道未来的需求,企业才能做生产、财务、人事、组织等计划。企业如果对所生产的产品的市场需求情况完全不了解或无从估计,那么日后所冒的风险显然很大,可能出现生产过剩或生产不足的情况。两种情况都会使企业发生损失。前者为实际损失,后者则为机会损失,因此预测性调研的意义重大。

4. 汽车市场调研的意义

汽车市场调研是企业市场营销工作的基础和起点。随着市场竞争机制的确立,市场调研在企业经营中的地位和作用也越来越明显,其对企业营销实践的作用主要表现在以下几个方面:

1)有助于更好地吸收国内外先进经验和最新技术,改进企业的生产技术,提高管理水平

当今世界,科技发展迅速,新发明、新创造、新技术和新产品层出不穷,日新月异。这种技术的进步自然会在商品市场上以产品的形式反映出来。通过市场调研,有助于我们及时地了解市场经济动态和科技信息,为企业提供最新的市场情报和技术生产情报,以便更好地学习和吸取同行业的先进经验和最新技术,改进企业的生产技术,提高人员的技术水平,提高企业的管理水平,从而提高产品的质量,加速产品的更新换代,增强产品和企业的竞争力,保障企业的生存和发展。

2)为企业管理部门和有关负责人提供决策依据

任何一个企业都只有在对市场情况有了实际了解的情况下,才能有针对性地制定市场营销策略和企业经营发展策略。在企业管理部门和有关人员要针对某些问题进行决策时(如制定产品策略、价格策略、分销策略、广告和促销策略),通常要了解的情况和考虑的问题是多方面的,主要有:本企业产品在什么市场上销售较好,有发展潜力;在哪个具体的市场上预期可销售数量是多少;如何才能扩大企业产品的销售量;如何掌握产品的销售价格;如何制定产品的价格,才能保证产品的销售量和利润;怎样组织产品推销,销售费用又将是多少,等等。这些问题都只有通过具体的市场调研,才可以得到具体的答复,而且只有通过市场调研得来具体的答案才能作为企业决策的依据。否则,就会形成盲目的和脱离实际的决策,盲目则往往意味着失败和损失。

3)增强企业的竞争力和生存能力

商品市场的竞争由于现代化社会大生产的发展和技术水平的进步,而变得日益激烈化。市场情况在不断地发生变化,而促使市场发生变化的原因,不外乎产品、价格、分销、广

告、推销等市场因素和政治、经济、文化、地理条件等市场环境因素。这些因素往往又是相互联系和相互影响的,而且不断地发生变化。因此,企业为适应这种变化,就只有通过广泛的市场调研,及时地了解各种市场因素和市场环境因素的变化,从而有针对性地采取措施,通过对市场因素,如价格、产品结构、广告等的调整,去应付市场竞争。对于企业来说,能否及时了解市场变化情况,并适时适当地采取应变措施,是企业能否取胜的关键。

二、汽车市场调研的步骤

为了保证市场调研的准确性、客观性和工作质量,必须遵循一定的调研工作程序。市场调研活动的实施,应依据调研目的、内容及要求、时间、地点、方法、经费,以及调研人员的知识、经验等具体情况来确定恰当的工作程序。有效的市场调研活动一般分为准备、实施和总结三大阶段和六个环节。

1. 市场调研工作的准备阶段

1) 确定调研目标

市场调研的第一步就是确定调研目标。也就是说,在进行市场调研之前,先要确定调研的目的、范围和要求,即把调研的主题确定下来。例如,本次调研想了解什么问题,目的是什么,调研想解决什么问题等。企业在不同时期所面临和解决的问题是千差万别的,因此每次调研活动不可能面面俱到,只能对企业经营活动的部分内容进行调研。如果调研目标不明确,就会无的放矢,浪费时间和财力。调研目标要明确具体,一次调研的问题不宜过多,要突出重点,紧紧围绕营销决策的需要和消费者最关心的问题确定调研目的。

2) 制订调研计划

在确定了调研目标之后,市场调研的第二步就是成立调研小组,对市场调研所要达到的目标进行全方位、全过程的计划或策划,形成调研计划任务书。

一份好的调研计划任务书既能准确地反映市场调研主题的要求,又能指导市场调研活动有计划、有效率地进行。调研计划任务书通常应包括市场调研主题介绍、市场调研提纲的拟定、调研小组介绍、市场调研对象的选择、调研方法和形式的选择、调研时间进度表和调研经费预算等内容。

3) 拟定调研问题及设计调查表格

市场调研的最终目标是通过设置的多个问题体现的,通常表格是调研的基本形式和工具。调查表格中的调研题目选择合适与否直接关系到调研目标是否能达到,同时拟定调研问题的水平也能反映出调查小组整体的工作水平和最终的调研结果水平,因此拟定好调研问题十分重要。

在设计调查表格的时候,应注意调查题目的设计应有一定的代表性,应避免出现与调查目标关系不大的问题,尤其要避免出现那些需要被调查者反复思考、计算或需要查找资料才能回答的问题;调查题目也不应具有诱导性,否则会使被调查者思路受到问题设计者的限制和引导,从而导致调查工作失真;调查问题的设计还应与被调查者的身份和知识水平相适应,如对专家进行调研可使用专业术语,对一般人员进行调研则语言应通俗易懂;同时调查表格和问题的设计应具有简单明了、方便填写和易于统计等特点。

2. 市场调研工作的实施阶段

1）组织实施调研，收集资料

这是市场调研的正式实施步骤，指调研人员到指定的目标市场和具体地点，寻找具体的调研对象，有目的地收集第一手资料。实地调研的及时性和准确性取决于调研人员的素质；实地调研工作的好坏，直接影响到调研结果的正确性。为了保证调研工作按计划顺利进行，应事先对有关工作人员进行培训，而且要充分估计市场调研过程中可能出现的各种问题，并要建立报告制度。课题组应对调研进展情况了如指掌，做好控制工作，并对调研中出现的问题及时采取解决或补救措施，以免拖延调研进度。在这一步骤内，调研者还必须具体确立收集调研信息的途径，因为有些问题可以利用第二手资料。当需要通过调研获取第一手资料时，应具体确定被调研对象或专家名单，对典型调研应具体确立调研地点或其他组织名单。工作中要特别强调按调研规则办事，采取实事求是的态度，忌带主观偏见。注意尊重调研对象，取得被调研者的真诚合作。

2）整理分析资料

通过实际的调查，调研人员可以获得各种资料和信息，包括统计数据、调查问卷、第二手资料等。由于这些原始调查资料具有分散性大、个性化强等特点，因此不能直接提供调研目标所需的信息，必须经过必要的筛选、整理和分析，才能为撰写调研报告和最终做出正确的市场营销决策做准备。

（1）资料校核。现场实地调研所获取的大量资料，不一定都真实可靠。所以，当取得大量的第一手资料之后，首先要对每份资料进行审核，消除资料中的错误或含糊不清的地方，以期达到资料的准确性和完整性。在核校时，如发现资料不清楚、不完整、不协调之处，就应采取各种措施予以澄清、补充和纠正。

（2）资料编码。经过审核，调研资料合乎要求后，应分类编码汇总，按不同的标志分门别类地进行资料编码。编码的目的在于方便查阅、统计和利用。

（3）数据统计。统计就是累计计算某一问题选择各个答案的人数，计算相应的百分比，即答案的分布情况。

（4）资料分析。资料分析是资料工作的最后阶段。资料分析要求市场调研人员使用经过调研获得的全部情况和数据，去验证有关各种因素的相互关系和变化趋势。换句话说，就是要将全部各项分散的资料适当地组合以揭示包含某种意义的"模式"，以便明确和具体地说明调研结果。

资料分析的方法一般有三种：因果性分析，即造成这种结果的原因是什么，有哪些直接或间接地影响因素及其影响程度；预测性分析，即分析研究市场的发展趋势如何；描述性分析，即通过调研资料的研究分析，找出存在的问题，寻找问题的结论。

3. 市场调研工作的总结阶段

市场调研的最后一道工序就是编写调研报告，这是整个市场调研工作最终结果的集中体现。一份好的市场调研报告一般包括以下一些内容：

（1）调研题目、调研工作的参与者、调研日期。

（2）目录，最好有内容提要。

（3）序言。序言要能够说明调查研究的原因、背景、目的、任务、意义。

（4）调查概况。调查情况用来说明调研地点、对象、范围、过程，以及采取的调研方法和调研程序。

（5）调研结论与建议，这是调研报告的主要部分。根据调研的第一手资料、数据，运用科学的方法对调研事项的状况、特点、原因、相互关系等进行分析和讨论，提出主要理论观点，得出结论，提出建设性意见。

（6）调研的不足、局限性与今后工作的改进意见。

（7）有关资料的附件。

三、汽车市场调研的方法

汽车市场调研的方法有间接资料调研方法和直接资料调研方法。其中，间接资料调研方法是通过收集内部资料和外部资料来了解有关市场信息，把握市场机会。这种方法相对简单，这里主要介绍直接资料调研方法。直接资料是指通过实地调研收集的资料，也称第一手资料。实地调研的方法有多种，归纳起来，可分为观察法、实验法、访问法三类。

1. 观察法

观察法是指通过跟踪、记录被调查对象的行为特征来取得第一手资料的调查方法。一般来说，用观察法可以得到在其他场合难以得到的信息，并能排除被调查对象的紧张心理或主观因素的影响，通常有以下几种具体的形式：

1）直接观察法

直接观察法就是调研人员亲自参与某种活动，直接观察市场动向和消费者态度。如汽车企业派调查人员到4S店，直接观察消费者最喜欢哪几种车型，或派调查人员到销售现场观察消费者最喜欢什么样的装备配置和造型设计等。

2）行为记录法

就是利用机器（如录音机、录像机、照相机及其他一些监听监视设备）来搜集所需要的资料，如美国的尼尔森公司在全国各地每个家庭的电视机里装了电子监听器，每90秒扫描一次各家庭的电视机，凡是收看时间在3分钟以上的节目，都会被记录下来。

3）痕迹观察法

痕迹观察法就是观察被调查对象留下的实际痕迹。例如，经销商都经营汽车修理业务，考察各个品牌经销商的维修业务，就可以知道各品牌汽车的产品质量等。

在调研实践中，观察法运用得比较广泛，其优点是收集资料比较迅速客观，但不适合因果调研以及需判断调研对象内心的情况，更适合描述型调研。经常用来判断商品购买者的特征、家庭商品储存、商店的人流量、营业现场布局、营业人员服务水平等情况。除此之外，还可以运用观察法观察了解城市的人口流量、车辆流量，为预测地区市场发展提供依据。同时，还可以运用观察法来监督、检查市场活动。

2. 实验法

实验法是指在市场调查中，通过实验对比来取得市场情况第一手资料的调查方法。它是由市场调查人员在给定的条件下，对市场经济活动的某些内容及其变化加以实际验证，以此衡量其影响效果的方法。

实验法是从自然科学中的实验求证理论移植到市场调查中来的，但是对市场上的各种发展因素进行实验，不可能像自然科学中的实验一样准确。这是因为市场上的实验对象要受到多种不可控因素的影响。例如，为了提高商品包装的经济效果，可以运用实验法，在选择的特定地区和时间内进行小规模实验性改革，试探性地了解市场反应，然后根据实验的初步结果，再考虑是否需要大规模推广，或者决定推广的规模。这样做有利于提高工作的预见性，减少盲目性。同时，通过实验对比，还可以比较清楚地了解事物发展的因果联系，这是观察法不易做到的。

实验法最适合因果调研，可以有控制地分析、观察某些市场现象的因果关系及其相互影响程度。另外，通过实验取得的数据比较客观，具有一定的可信度。但是，实践中影响经济现象的因素很多，一些不可控制的实验因素在一定程度上会影响实验效果。而且实验法只适用于对当前市场现象的影响分析，对历史情况和未来变化则不适用，这就使实验法的应用受到一定的限制。尽管如此，在实践中，实验法的应用范围还是比较广泛的。例如，调查测试改变商品品质、变换商品包装、调整商品价格、投放广告对产品销售量的影响等，都可以采用实验法。

3．访问法

访问法又称询问法，它介于观察法的探索性和实验法的严密性之间，是最常见的方法，更适合于描述性调研。访问既可在备有问卷的情况下进行，也可在没问卷的情况下进行。访问法在具体做法上又有多种形式。

1）直接面谈

它的形式最为灵活，调查人员直接访问被调查对象，向被调查对象访问有关的问题，以获取信息资料。通常调查人员根据事先拟好的问卷或调查提纲上问题的顺序，依次进行提问，或以自由交谈的方式进行。根据每次面谈的地点和人数的多少，又可以分为上门采访、商场采访、个别询问、集体询问、座谈会等。采用这种方法，调查人员能直接与被调查对象见面，听取其意见，观察其反应，且可灵活控制时间、内容、进度和范围，可以一般地谈，也可深入详细地谈，所涉及的问题范围可以很广，也可以较窄。

同时，这种方式的问卷回收率较高且质量易于控制，但缺点是调查成本比较高，受调查人员业务水平和回答问题真实与否的影响很大，更适合探测性调研。

2）邮寄调查

邮寄调查是将事先设计好的问卷或调查表，通过邮件的形式寄给被调查对象，由他们填好以后按规定的时间邮寄回来。使用邮寄调查的最大优点是选择调查范围不受任何限制，即可以在很广的范围选取样本；被调查者有比较充裕的时间来考虑答复的问题，使问题回答得更为准确；不受调查人员在现场的影响，得到的信息资料较为客观、真实。其缺点是邮件回收率很低，各地区寄回来的比例也不一样，因此会影响调查的代表性。

3）电话调查

电话调查是由调查人员根据抽样的要求以及预先拟定的内容，通过电话访问的形式向被调查对象访问而获取信息资料的方法。它的优点是可以在短时期内调查较多的对象，成本也比较低，并能以统一的格式进行访问，所得信息资料便于统计处理。其缺点是调查范围受到限制，且不易得到被调查者的合作，难以深入访问较复杂的问题。

4）在线访问

互联网为研究提供了许多方法，并且日益受到人们的重视。企业可以在其网页或大家经常浏览的门户网站上链接一份问卷，同时给回答问题者一定的奖励。这种调研技术成本低，速度快，回答更加坦诚，但也存在技术问题和兼容性问题，样本小且有偏差。

第三节　汽车市场预测

企业进行市场调研的目的之一就是要寻找市场机会，要根据企业的资源来判断进入某个市场是否具有竞争能力，是否符合企业的经营目标，是否能获取最大的利润。这就需要对每一个市场的潜在规模、市场增长率和预期利润等进行预测。汽车市场运行规律比较复杂，市场需求经常出现波动，经常向汽车生产、流通厂商反馈一些虚假信息，这为汽车营销工作带来了很多困难。因而，在加强研究汽车市场运行规律的基础上，做好预测工作对于提高市场营销水平具有重要的现实意义。

一、概述

在现代市场经济环境下，汽车企业要在激烈的市场竞争中获得优势，不仅要有正确的营销理念，还要做到正确的、科学的营销决策。汽车市场预测是汽车企业经营决策的基础。

1. 汽车市场预测的概念

所谓汽车市场预测，就是汽车企业在市场调研的基础上，利用科学的方法和手段，对未来一定时期内的市场需求、需求趋势和营销影响因素的变化做出判断，为营销决策服务。科学的营销决策，不仅要以营销调研为基础，而且要以市场预测为依据。企业通过市场预测，对汽车市场的变化趋势进行揭示和描述，不仅为汽车企业的经营提供依据，还可以使汽车企业在经营中克服盲目性，增强竞争能力、应变能力，以达到预期的经营目标。

2. 汽车市场预测的类型

汽车市场是一个极其复杂的大系统，影响因素多，包括的内容也很丰富。所以，汽车市场预测的范围宽广，预测种类多，分类标准也很多。

1）按预测范围划分

按预测范围可以将汽车市场预测分为宏观市场预测和微观市场预测。宏观市场预测预测的是整体市场需求的发展变化及趋势，其内容涉及国民经济全局的市场预测，其空间范围往往是全国性市场预测，如汽车市场的总供给和总需求、国民收入、物价水平等；微观市场预测是指在一定的国民经济宏观环境下，对影响汽车企业生产经营的各种微观因素进行研究和预测，从空间范围上看，表现为当地市场或产品涉及地区市场的预测。

2）按预测期限划分

按预测期限可以将汽车市场预测分为短期市场预测、中期市场预测和长期市场预测。短期市场预测的期限是1年以下，用以确定汽车企业短期任务及制定具体实施方案；中期市场预测一般是指1年以上5年以下的市场预测，用于企业制定中期发展规划；长期市场预测是指 5 年以上的市场预测，一般是对汽车市场的发展趋势进行推断。

3）按预测的商品内容划分

按预测的商品内容可以将汽车市场预测可以分为单项商品预测、分类别商品预测和商品总量预测。单项商品市场预测是指对某种商品生产或需求数量的预测，它的特点在于预测内容具体化，有极强的针对性；分类别商品市场预测是按商品类别预测其需求量或生产量等，它主要是为了分析研究商品需求的结构，以合理地组织各类商品生产和营销活动；商品总量预测是指对生产总量或消费需求总量所做的市场预测。它常常表现为一定时间、地点、条件下的购买力总预测、GDP 预测等。

4）按预测的方法划分

按预测方法可以将汽车市场预测分为定性市场预测和定量市场预测。定性市场预测也称为直观判断法，是汽车市场预测中经常使用的方法，它主要是根据有关专家对生产情况的了解和对市场未来发展变化的估计，依据专家的经验和他们的主观经验判断能力和综合分析问题能力，对市场未来的情况从数量上做出预测。定性市场预测的特点是应用比较灵活方便；节省人力、物力、财力；所需时间比较短，时效性较强。它特别适用于缺少历史资料的市场现象的预测。定量市场预测是利用比较完备的历史资料，运用数学模型和计量方法来预测未来的市场需求。汽车市场定量预测的方法主要有时间序列预测法、成长曲线预测法、市场细分预测法等。

在汽车市场预测中，常常是两种预测方法联合使用，以提高预测的准确性和可靠性。

二、汽车市场预测的内容

市场预测的核心内容是市场供应量和需求量。对市场供应量和需求量进行科学的预测，是安排和调节市场供求关系，更好地满足人民生活和社会生产日益增长的、不断发展变化的需求的客观需要。除此之外，市场预测的内容还包括市场各种主要影响因素的预测，这些大致可归纳为以下几个方面。

1. 生产发展及其变化趋势预测

社会生产的发展是形成市场供应量，实现市场需求的物质基础。市场供应量的大小和需求量在数量、构成上是否能够得到平衡，归根到底取决于社会生产的发展，取决于 GDP 的增长及其分配比例关系的变化。对生产进行预测，主要是对生产的数量、品种及其发展变化趋势进行预测。

2. 市场需求量预测

市场需求量又称市场容量，它是指一定时期、一定地区的购买者，在市场上具有货币支付能力的需求。

市场需求量的预测必须从社会分配着眼，对具有货币支付能力的需求（即购买力）进行预测。根据需求产品的用途，可将市场需求量分为生产资料市场需求量和生活资料市场需求量两类，对这两类商品的市场需求量进行预测时，必须紧密结合我国市场的分工，结合消费者的特点进行。

生产资料的市场需求量即生产资料购买力，对它进行预测，主要是了解预测期内各生产部门设备更新、改造、挖掘、革新所需的生产资料数量及其构成；了解预测期内扩大再生产资金的数量和构成；了解各行业内部及国民经济的生产结构变动情况；了解国家在预测期内的基本建设投资政策，等等。

生活资料市场需求量即居民和社会集团购买力，其中居民购买力是主要方面。对它进行预测主要搜集和了解以下几个方面的资料：一是必须搜集居民购买力资料，测算居民购买力总额；二是在市场需求量预测中对居民购买力进行分类预测；三是在市场需求总量和分类市场需求量预测的基础上，对各种主要商品的需求量进行预测。

3. 市场商品价格预测

市场商品价格的预测主要是从形成和影响商品价格的各种因素入手，预测各种影响因素的变动。它必须预测商品生产中劳动生产率的水平，预测产品的成本、利润等。这些是形成和影响商品价格的主要因素，每种因素的变动都会引起市场商品价格的变化。对市场商品价格进行预测就是在对各影响因素预测的基础上，对商品价格的未来水平和变动趋势进行预测；同时还要说明市场商品价格变动的原因，分析商品价格的变动是否合理，并就市场价格变动对市场需求量的影响程度进行分析，等等。

市场商品价格与市场需求量有密切联系，有时表现为市场需求量决定市场商品价格变动；有时表现为商品价格高低影响需求量的大小。

4. 消费需求变化预测

消费需求变化主要是由生产力的发展、居民购买力的提高、消费者消费心理的变化等引起的。消费需求的变化主要表现在两方面：一方面是消费需求的数量变化；另一方面是消费需求的结构变化。消费需求数量变化预测主要是预测消费需求的变动趋势和变动程度，它可以就商品总量预测，也可以就分类商品或单项商品预测；消费需求结构的变化，一方面表现为在较长一段时间内各类消费品需求结构的变动；另一方面表现为在较短时间内呈现的消费需求的季节性变化。

5. 市场占有率预测

市场占有率是指在社会生产专业化分工的基础上，某行业或某企业生产或营销的某种商品，在该种商品的总生产量或总销售量中所占的比例。企业对市场占有率的预测，能够促使企业在组织生产或营销中提高经营管理水平，提高产品的质量，促使企业采用先进的生产技术或先进的促销手段。

三、汽车市场预测的步骤

汽车市场预测的一般步骤大致可分为以下几方面：

1. 确定市场预测的目的

这是进行市场预测的首要问题，确定市场预测的目的就是明确市场预测所要解决的问题是什么，只有确定了预测的目的，才能进一步落实预测的对象内容，选择适当的预测方法，调查或搜集必要的资料，也才能决定预测的水平和所能达到的目标。

确定市场预测的目的，主要是根据商品生产和营销决策的要求针对不同的需要进行不同的市场预测，做到具体、明确。

2. 调查、收集、整理市场预测所需资料

市场预测所需资料的调查、收集和整理是市场预测的一个非常重要的步骤。市场预测能否完成、预测结果准确程度的高低、预测是否符合市场现象的客观实际表现等，在很大程度上取决于预测者是否占有充分的、可靠的历史资料和现实的市场资料，因此市场预测必须以充分的历史资料和现实资料为依据。

（1）历史资料是指预测期以前的各种有关的市场资料，这些资料可以反映市场或影响市场的各种重要因素的历史状况和发展变化规律。

（2）现实资料是指进行预测时或预测期内市场及各种影响因素的资料。它一般是预测者根据需要对市场进行调查的结果，也可以是各种调查机构的已有资料。市场预测必须搜集有关现实资料，才能使市场预测的结果既不脱离市场现象的长期发展规律，又能对市场的现实变化做出及时的反应，使市场预测结果更加符合客观实际。

3. 对市场预测的资料进行周密分析，选择适当的预测方法

对市场预测的资料进行周密分析，主要是分析研究市场现象及各种影响因素是否存在相关关系，其相关的紧密程度、方向、形式等如何。此外，还要对市场现象及各种影响因素的发展变化规律和特点进行分析。

在市场预测中，只有根据对资料的周密分析选择适当的方法，才能正确地描述市场现象的客观发展规律，才能发挥各种预测方法的特点和优势，对市场现象的未来表现做出可靠的预测。

4. 根据市场预测模型确定预测值，并测定预测误差

在建立了适当的预测模型后，就可以运用这一模型来计算某预测期的预测值。需要注意的是，这一预测值是一个估计值，因此它与实际值之间会出现一定的误差，因而在计算预测值的同时，还要测定预测值与实际值之间的误差。

5. 检验预测成果，修正预测值

市场预测者必须根据市场现实情况的变化，适当地对预测值加以修正，使之更加符合市场发展变化的实际。

第五章

汽车目标市场营销

第一节 汽车市场细分

随着汽车产业的快速发展，汽车产品线不断丰富，消费者的观念越来越趋向成熟和理性化，市场竞争不断加剧。因此，汽车市场细分化成为必然趋势，做好市场细分是企业推行目标市场营销策略的基本前提。

一、汽车市场细分的概念

1. 汽车市场细分的含义

所谓汽车市场细分，就是汽车企业根据汽车市场需求的多样性和消费者行为的差异性，将整个汽车市场划分为若干具有某种相似特征的用户群，以便用来确定目标市场的过程。市场细分所形成的具有相同需求的用户群体成为细分市场或子市场。

市场细分是企业市场营销的起点，通过市场细分明晰企业所能服务的消费者群体，从而为企业各项业务活动开展确定方向。从管理发展史的诸多案例来看，许多著名企业的崛起是在新兴产业发展潮头上应运而生、把握时机顺势而上的，也有许多企业是在相对成熟的产业环境中精心选择恰当的消费者群体，为他们推出高附加值的产品或服务，并通过创新的管理模式将其实现，从而脱颖而出，打破既成产业结构，后来居上，促成竞争格局逆转。被奉为百年经典的福特公司、通用公司以及其后的日本丰田公司在汽车行业的攻守角逐正是这种逻辑的生动体现，这些案例因其领袖人物的独特魅力而在实际演变中表现出强烈的戏剧化色彩，令人神往，因而广为传扬。

2. 市场细分产生的背景

菲利普·科特勒指出，西方国家营销者的思想变化经历了以下三个阶段：

（1）大量营销。在大量营销阶段，卖主面对所有的买主，大量生产、大量分销和大量促销单一产品。曾有一段时间，可口可乐公司向整个市场只推出一种饮料，希望这种饮料能吸引每一个人。采用这种营销方式的理由是：它能使成本、费用和价格降至最低，从而创立最大的潜在市场。

（2）多样化营销。这时，卖主生产两种或两种以上具有不同特色、样式、质量和型号等的产品。例如，后来可口可乐公司生产了好几种饮料，这些饮料被包装在不同型号的容器里。这样做是为了向购买者提供多样化的选择，其理由是消费者的品位不同，而且随着时间变化而变化。

（3）目标市场营销。这时，卖主首先分清众多细分市场之间的差别，从中选择一个或若干个细分市场，然后为挑选出的各个细分市场分别开发产品和制定营销组合。现在可口可乐公司生产的饮料就是分门别类地针对各细分市场的，如含糖可乐市场的传统型可口可乐和樱桃可口可乐、低咖啡因市场的低咖啡因可乐和飘带牌可乐、无咖啡因市场的无咖啡因可口可乐，以及非可乐市场的小妇人苏打水等。

从大量营销、多样化营销到目标市场营销是一种必然，其背景是大市场不断地被细分为越来越多的微观市场。所以，目标市场营销正在越来越多地采取微观市场营销形式，而其最高形式必然是把每一个消费者都当作一个单独的细分市场来制定市场营销方案。

二、汽车市场细分的作用

根据市场细分的基础理论，汽车细分市场是从消费者的角度出发，按消费者的需求、购买动机、购买行为的多元性和差异性来细分市场，实行目标市场营销策略的，其不仅可以改善企业经营，提高经营效果，而且也能起到对社会资源优化配置，避免大量重复建设和重复投资所造成的资源浪费。所以，市场细分理论已被广泛地用来指导企业的市场营销活动，在加强企业市场竞争能力方面起到了重要作用，主要体现在：

1. 有利于选择目标市场和制定营销策略

细分后的分市场比较具体，容易了解消费者的需求。企业可以根据自己的经营思想、策略和营销能力确定服务对象，即目标市场。

2. 有利于发现市场营销机会

运用市场细分可以发现市场上尚未得到满足的需求，并从中寻找适合本企业开发的需求，从而抓住市场机会。这种需求往往是潜在的，一般不容易发现。而运用市场细分的手段，便于发现这类需求，从而使企业抓住市场营销机会。上海大众在开发经济型轿车市场时，通过细分市场，发现中国市场上缺少为30岁左右白领女性设计的经济、时尚轿车，因此推出了POLO轿车，深受时尚一族的喜欢。

3. 能有效地与竞争对手相抗衡

通过市场细分，有利于发现目标消费者群的需求特性，从而使产品富有特色，甚至可以在一定的细分市场形成垄断的优势。汽车行业是竞争相当激烈的一个行业，几乎每一种车型都有类似的车型作为其竞争对手。通过市场细分，企业易于清楚地了解各个细分市场上各个竞争对手的优势和劣势，从而可以扬长避短地制定营销策略，增强自己的竞争能力。

4. 能有效地扩展新市场，扩大市场占有率

企业对市场的占有是逐步拓展的。通过市场细分，企业可以先选择最适合自己占领的某些分市场作为目标市场。在占领这些分市场后，再逐渐向外推进、拓展，从而扩大市场的占有率。

5. 有利于企业合理利用资源，发挥优势

每一个企业的经营能力都有其优势和不足。有限的资源分摊在众多市场上，使得优势无从发挥，弱势难以弥补。企业将整体市场细分，确定自己的目标市场，这一过程正是将企业的优势和市场需求相结合的过程，有助于企业集中优势力量，开拓市场。

三、汽车市场细分的原则

为了使汽车市场细分有效和富有意义，企业在进行市场细分时应当遵循以下基本原则：

1. 可衡量性

可衡量性是指细分市场现有的和潜在的需求规模或购买力是可以测量的，即细分出来的市场范围比较清晰，能够大致判断该市场的大小。例如，在整车销售中，比较通用的市场细分方法有两种：一是按照发动机排量划分；二是按照整车价格划分。后者可以将市场划分为高、中、低三个层次，每一层次的市场都有鲜明的特征。例如，高档车（高价格）消费群注重车辆的性能、外观、豪华程度，对价格并不敏感；低档车（低价格）消费群则对价格相当敏感，而且要求油耗低，维修、保养价格便宜等。

2. 可营利性

可营利性是指企业在细分市场上要能够获取期望的营利，细分出来的市场必须大到足以使企业实现它的利润目标。在进行市场分析时，企业必须考虑细分市场上消费者的数量、购买能力和产品的使用频率，故市场细分不能从销售潜力有限的市场起步。另外，还要考虑市场上竞争对手的情况，如果该市场已经有大量竞争对手，而企业又没有明显的优势，同样不适宜进入该市场。

3. 可进入性

可进入性是指对于企业拟作为自己目标市场的那些细分市场，企业必须有能力进入，能够为之服务，并能占有一定的份额。也就是说，细分的市场应该是企业的营销活动能够通达的市场。这主要表现在三个方面：一是企业具有进入这些细分市场的资源条件和竞争能力；二是企业能够把产品信息传递到该市场的众多消费者那里；三是产品能够经过一定的销售渠道抵达该市场。

4. 差异性

差异性是指各细分市场客观上必须存在明确的差异。如果细分后，各市场之间仍模糊不清，则这样的细分市场就是失败的。

5. 有发展潜力

细分的市场应当具有相对的稳定性，因而企业所选中的目标市场不仅要为企业带来目前利益，还要有发展潜力，有利于企业在立足于该市场后拓宽市场。例如，目前国内轿车生产

企业纷纷推出经济型轿车,像上海大众的"POLO"、上汽奇瑞的"QQ"等车型,在很大程度上都是因为中国的经济型轿车市场空间较大,且有很大的发展前景。

6. 独特性

企业进行市场细分应尽可能地区别于已有的或竞争对手的市场细分,突出自己的特色和个性,以便发现更多的有价值的市场机会。这涉及市场细分变量的选择问题。通常可供选择的变量很多,但其中有一些变量是人们习惯使用的,人们进行市场细分时,思维上容易受到它们的约束,往往细分不出特色,这无疑会影响企业对市场机会的发现和把握。有效的市场细分,必须突出本企业的特色,只有这样才可以在以后的营销活动中另辟路径、出奇制胜。

四、汽车市场细分的依据

一种产品的整体市场之所以可以细分,是由于消费者或用户在需求上存在差异,而对一种产品的多样化需求通常是由多种因素造成的,因而这些因素也就成了市场细分的依据。

1. 按地理变量细分市场

可以按照消费者所处的地理位置、自然环境来细分市场,如根据国家、地区、省市、气候、人口密度、地形地貌等方面的差异将整体市场分为不同的小市场。地理变量之所以作为细分市场的依据,是因为处在不同地理环境下的消费者对于同一类汽车产品往往有不同的需求与偏好,如我国西北地区,地域辽阔,高等级公路相对较少,越野车的市场需求相对较大;而北京、深圳、上海等地,汽车主要用于市区内的日常出行和近郊的旅游,则家用轿车的需求量较大。地理变量易于识别,是细分市场应考虑的重要因素,但处于同一地理位置的消费者的需求仍会有很大差异。所以,简单地以某一地理特征区分市场,不一定能真实地反映消费者的需求共性与差异,企业在选择目标市场时,还需结合其他细分变量予以综合考虑。

2. 按人口变量细分市场

按人口变量细分就是按年龄、性别、家庭人数、家庭生命周期、收入、职业、文化程度、宗教、民族、国籍、社会阶层等变量来细分市场。

对汽车营销来说,收入是进行汽车产品细分必须考虑的因素,尤其是在当今的中国市场上,对于大多数中国普通消费者来说汽车仍然是一种奢侈品,而非像发达国家那样,成为一种生活必备品。除了法规、政策、公共设施的限制外,最重要的影响购买的因素仍然是收入。一辆汽车的性能再好、创意再新,如果消费者的收入不足以负担该汽车的价格,那么该汽车就不可能打开该细分市场。

3. 按心理变量细分市场

在人口变量相同的消费者中间,对同一商品的爱好和态度也可能截然不同,这主要是受心理变量的影响。消费者的社会阶层、生活方式、个性和偏好都是心理变量的依据或内容。

1)社会阶层

社会阶层指在某一社会中具有相对同质性和持久性的群体。处于同一阶层的成员具有类似的价值观、兴趣爱好和行为方式。如对于收入较高阶层而言,比较偏好进口轿车、越野车或吉普车；而对于中等收入阶层而言，只能购买中档或经济型轿车。

2）生活方式

不同的人追求的生活方式各不相同，有的人追求时尚和享乐，收入的绝大部分用于消费，汽车是他们的生活必需品；有的人疯狂工作，无暇享受生活，汽车对他们可有可无；有的人热衷于环保或福利事业，有足够的收入也不购买汽车。随着生活水平的提高，越来越多的国人接受了新的生活理念——工作之余享受生活。汽车对于中国人来说，逐步由代步工具变为提高生活质量、扩展生活空间、享受生活的必需品。各大汽车公司都在注重根据不同人的不同生活方式来设计汽车，有的汽车突出经济性、安全性并符合生态环保要求，专为循规蹈矩的人而设计；有的汽车速度高、加速快、集运动娱乐于一体，专为时尚一族或汽车发烧友而设计。

3）个性

个性指一个人比较稳定的心理倾向与心理特征，它会导致一个人对其所处环境做出相对一致和持续不断的反应。调查显示，活动敞篷车车主和一般轿车车主之间存在着较大的个性差异，前者比较活跃、易冲动、爱交际，后者比较沉稳、相对更内向。世界上著名的汽车品牌往往都已经被人赋予个性色彩，因此这些品牌所对应的也往往是一些相同个性的消费者。例如，梅塞德斯、奔驰象征着舒适、豪华和地位；劳斯莱斯是身份显赫的象征；福特象征的是踏实的中产阶级白领。这种"人格化"的品牌异化成为社会地位、身份、财富甚至职业的象征，成为车主的第二身份特征。

4. 按行为变量细分市场

行为变量能直接反映消费者的需求差异，它包括购买时机、利益偏好、使用状况、使用频率、对品牌的忠实程度、对产品的态度等。行为变量是建立细分市场的最佳起点。

1）购买时机

根据购买者产生需要、购买或使用产品的时机，细分市场。对于汽车行业来说，春节、五一、国庆等重大节日和春季、秋季的旅游黄金时间往往是购车的高峰时期，人们通常喜欢在这段时间购车以方便旅游和走亲访友，所以经销商可以有针对性地制定一些营销策略以吸引消费者购车。

2）利益偏好

根据消费者所追求的利益偏好，细分市场。购买汽车的消费者，有的注重实用性，有的可能就是赶时髦，有的将其作为身份地位的象征，世界著名的整车生产厂家往往都有适合消费者不同利益追求的产品。

3）使用状况

许多产品可按使用状况将消费者分为从未用过、曾经用过、准备使用、初次使用和经常使用五种类型。

4）使用频率

根据消费者使用商品的频率，可以将消费者细分成少量使用者、中度使用者和大量使用者。大量使用者的人数虽然只占总市场人数的一小部分，但是他们在总消费中所占的比例很大。如果汽车企业能够与大量使用某一品牌汽车的使用者保持良好关系，就有可能进一步拓展市场。

5) 对品牌的忠诚程度

根据消费者的忠诚状况可以将他们分为四类。

(1) 坚定忠诚者，即一直购买一种品牌的消费者。企业通过研究这类消费者的特征，可以确定产品战略。

(2) 中度的忠诚者，即忠诚于两种或三种品牌的消费者。企业通过研究这些消费者，可以确定自己最有竞争力的品牌。

(3) 转移型的忠诚者，即从偏爱一种品牌转移到偏爱另一种品牌的消费者。这一类消费者是企业全力争取的对象，他们可能会因为一个广告或者一项促销的影响而改变品牌忠诚，研究这些消费者的需求对厂家增加市场占有率是极为重要的。

(4) 多变者，即对任何一种品牌都不忠诚的消费者。这类消费者或者追求减价品牌，或者喜好多样化，喜新厌旧。

汽车企业并不期待它们的每一个品牌都能永远抓住消费者的心。大多数企业都是通过购买或者合并的方式去获得很多品牌，当消费者随着年龄和收入的增长而需要更换新车时，会在同一厂家的不同品牌之间选择，这就是汽车企业的品牌交叉战略。

6. 对产品的态度

可根据消费者对产品的热心程度来细分市场。不同消费者对同一产品的态度可分为五种：热爱、肯定、冷漠、拒绝和敌意。针对持以上不同态度的消费群体进行市场细分，在广告、促销等方面应当有所不同。

以上是汽车市场细分时经常使用的细分变量。但是，大多数情况下，汽车企业在进行市场细分时通常不是依据单一变量细分，而是把一系列变量结合起来进行细分。目标市场是各种细分市场的汇集。

第二节 汽车目标市场策略

在现代营销活动中，对任何企业而言，并非所有的环境机会都具有同等的吸引力，由于资源的有限性和稀缺性，企业的营销活动必然会局限在一定范围内，故应根据自身实际情况选择目标市场。

一、汽车目标市场的选择

1. 目标市场选择的含义

目标市场选择是指根据每个细分市场的活动程度，选择进入一个或多个细分市场。企业选择的目标市场应是那些企业能在其中创造最大价值并能保持一段时间的细分市场。绝大多数企业在进入一个新市场时只服务于一个细分市场，在取得成功之后，才进入其他细分市场，大企业最终会选择完全覆盖市场。正如通用汽车公司所宣称过的："它要为每一个人的钱包和个性生产汽车"。

2. 目标市场的选择标准

选择目标市场的首要步骤是对各个细分市场进行分析评估。一般而言，企业考虑进入的目标市场，应符合以下标准。

1）目标市场应有一定的规模和发展潜力

企业进入某一市场是期望能够有利可图，如果市场规模狭小或者趋于萎缩状态，企业进入后难以获得发展，此时，应慎重考虑，不宜轻易进入。当然，企业也不宜以市场吸引力作为唯一标准，特别是应力求避免与竞争企业同时将规模最大、吸引力最大的市场作为目标市场，以免造成过度竞争。如果企业所选择的目标市场是竞争对手尚未满足的，则有可能拥有属于自己的市场。

2）目标市场应具有吸引力

所谓吸引力，是指企业在细分市场上的长期获利能力。它主要取决于现行竞争者、潜在竞争者、替代产品、购买者和企业生产供应商给企业制造的机会和威胁等因素。目标市场可能具备理想的规模和发展特征，从营利的观点来看，对企业长期发展来说，目标市场还要具备吸引力。

3）目标市场应符合企业的发展目标和能力

某些目标市场虽然有较大吸引力但不符合企业的发展目标甚至还要分散企业的精力，这样的市场应考虑放弃。此外，还应考虑企业的资源条件是否适合在某一目标市场经营。只有选择那些企业有条件进入、能充分发挥其资源优势的市场作为目标市场，企业才会立于不败之地。

二、目标市场的营销策略

企业在选择目标市场之后，还要确定目标市场的营销策略，即企业针对选定的目标市场确定有效开展市场营销过程的基本方针。企业确定目标市场的方式不同，选择的目标市场范围不同，其营销策略也就不一样。可供企业选择的目标市场的营销策略主要有以下几种。

1. 无差异营销策略

无差异营销策略是指企业不考虑细分市场的特性差异，对整个市场只提供一种产品。无差异营销能够节约成本。这一策略适用于一些本身不存在明显目标市场的产品，但是对于汽车这样具有明显差别的商品是不适用的，即使采用也只能在短期生效。例如，第二次世界大战后美国的整车制造厂基本上都生产大型轿车，长时间实行无差异市场策略，结果几家公司竞争激烈，销售受到限制。此外，石油危机的爆发使得对小型轿车的需求突然增加，这就为日本汽车占领美国市场奠定了基础。

2. 差异性营销策略

差异性营销策略是指企业决定以几个细分市场为目标，为每个目标市场分别设计产品及营销方案。该策略通过不同的市场营销组合服务于不同细分市场，可以更好地满足不同顾客群的需要，通常会有利于扩大企业的销售总额。如果企业的产品种类同时在几个细分市场都具有优势，就会大大增强消费者对企业的信任感，此外，还可以分散企业的经营风险。

例如，上海大众就采用差异性营销策略来覆盖中国的汽车市场。第一代的桑塔纳是适合当时刚刚起步的中国轿车市场的车型，推出后的确获得了巨大的成功。桑塔纳2000和时代超人是在普通桑塔纳车型的基础上进行改进后的产品，在推出新的中高档轿车之前，暂时弥补了上海大众缺少高档车的缺陷。帕萨特轿车属于中高档轿车,是该公司产品线的向上延伸;反过来,POLO 轿车则是产品线的向下延伸,为普通家庭服务。这就是通过差异性目标市场策略实现完全市场覆盖的体现。

3. 集中性营销策略

集中性营销策略是指企业集中力量进入一个或少数几个目标市场,实行专门化生产和销售。实行这一策略,企业是力求在一个或几个目标市场占有较大份额。集中性营销策略特别适用于那些资源有限的中小企业,或初次进入新市场的大企业。例如,山东重型汽车集团公司集中经营重型货车市场、上海汽车集团公司集中经营轿车市场。由于服务对象较集中,实行生产和市场营销的专业化,信息灵敏度强,成本支出减少,较容易在这一特定市场取得支配性地位。集中性策略最大的问题是风险集中。

三、选择汽车目标市场时应考虑的因素

三种目标市场策略各有利弊,选择目标市场时必须考虑企业面临的各种因素和条件。

1. 产品的特性

如果汽车产品本身差别化比较小,则比较适宜采用无差异营销策略;如果产品差别比较大,则适宜采用差异性营销策略或集中性营销策略。

2. 市场的同质性

市场的同质性指消费者的偏好、需求相似,此时宜采用无差异性市场营销策略。反之,应采用差异性营销策略或集中性营销策略。

3. 企业的资源和实力

对于实力雄厚的大企业,可采用差异性营销策略或无差异营销策略。而对于中小型企业,无力把整个市场作为目标市场,多采用集中性营销策略。

4. 产品生命周期阶段

汽车企业若刚向市场推出新产品,则通常采用集中性营销策略或无差异营销策略,针对局部市场或只推出单一的品种。当产品进入成长期、成熟期后,逐渐转向差异性营销策略,当产品进入衰退期后,则运用集中性营销策略,缩小产品市场范围,并开拓新市场或研发新产品。

5. 竞争对手的市场策略

汽车企业可根据竞争对手所采取的目标市场营销策略来决定自己的市场营销策略。如果竞争对手采用的是差异性营销策略,则汽车企业应当通过更为有效的市场细分,寻找新的机会与突破口,采用差异性营销策略或集中性营销策略;反之,若竞争对手采用的是无差异营销策略,则汽车企业可以采用差异性营销策略以突显竞争优势。

第三节 汽车市场定位

选定目标市场后,由于汽车目标市场的需求仍是多方位的,不同方位的需求强弱程度不

同，而且对同类汽车产品的满意程度也不一样，因此仍需采取进一步的汽车市场定位策略以制定出针对性更强、更有效的汽车市场营销组合。

一、汽车市场定位的概念

1. 汽车市场定位的含义

汽车市场定位是指汽车企业根据目标市场上同类汽车的竞争状况，针对消费者对该类汽车某些特征或属性的重视程度，为本企业产品塑造强有力的、与众不同的鲜明个性，并将其形象生动地传递给消费者，求得消费者的认同。汽车市场定位的实质是使本企业与其他企业严格区分开来，使消费者明显感觉和认识到这种差别，从而在消费者心目中占有特殊的位置。

国内外各大汽车企业都十分重视汽车市场定位，精心地为企业自身及每一种汽车产品赋予鲜明的个性，并将其准确地传达给目标消费者。例如，大众汽车公司强调"为民造车"，其产品以真正"大众化"著称；奔驰汽车公司强调"制作精湛"，其产品以"优质豪华""高档名贵"著称；沃尔沃汽车公司强调"设计生命"，其产品以"绝对安全"著称于世等。

2. 汽车市场定位的作用

1) 有助于企业明确市场营销组合的目标

目标市场决策决定了一个企业的消费者和竞争对手。市场定位则进一步限定了这个企业的消费者和竞争对手。因此，汽车市场营销的各种手段与策略在汽车市场定位的前提下，有了更明确的努力方向，提高了成功的可能性。

2) 有利于建立企业及其产品的市场特色

企业为了使自己生产或经营的产品获得稳定的销路，防止被别家产品替代，只能从各方面为自己的产品培养一定的特色，树立一定的市场形象，即进行市场定位，以得到消费者特殊的偏爱。

3) 有利于形成竞争优势

在汽车市场竞争越来越激烈的时代，单凭质量的上乘或者价格的低廉已难以获得竞争的优势。企业必须针对潜在消费者的心理进行营销设计，创立产品、品牌或企业在目标消费者心目中的某种形象或个性特征，保留深刻的印象和独特的位置，从而取得竞争优势。

4) 有利于企业开拓新市场

越来越多的企业家感到一种产品在市场上几十年不变仍然能保持垄断地位的日子已经一去不复返了。现在产品的市场寿命越来越短，产品"两年一升级四年一换代"的现象屡见不鲜。真正的市场定位是在市场细分的基础上做出的。

企业通过市场细分，可以掌握消费者的不同需求情况，从而发现未被满足或未被充分满足的需求市场。企业应根据市场细分和企业自身优势正确确定自己的市场，开发新产品，开拓新市场。

二、汽车市场定位的方式

市场定位作为一种竞争战略，显示了一种产品或一家企业同类产品或企业之间的竞争关系。定位方式不同，竞争态势也不同。企业开展汽车市场定位的主要方式有以下几种：

1. 初次定位

初次定位是指新企业初入市场，企业新产品投入市场，或产品进入新市场时，企业必须从零开始，运用所有的营销组合，使产品特色确实符合所选择的目标市场。但是，企业在进入目标市场时，往往是竞争者的产品已经上市或已经形成了一定的市场格局。这时，企业应认真研究同类产品的竞争对手在目标市场上的位置，从而确定本企业产品的有利位置。

在进行初次定位时，企业可以将产品属性、产品种类、使用者、竞争者、产品带给消费者的利益、产品质量和价格的对应关系、情感等作为市场定位的影响因素。

2. 重新定位

重新定位是指企业为已在某市场销售的产品重新确定某种形象，以改变消费者原有的认识，争取有利的市场地位的活动。重新定位往往是针对销售量少、市场反应差的产品进行的二次定位，此时企业必须设法变更产品特色，改变目标客户对其原有的印象，使目标消费者对其产品形象有一个重新的认识。当竞争者推出的产品市场定位于本企业产品的附近，侵占了本企业品牌的部分市场，使本企业品牌的市场占有率有所下降，或者消费者的偏好发生变化，从喜爱本企业的产品转移到喜爱竞争对手的产品时，企业也应进行重新定位，以重新获得竞争优势。

3. 避强定位

避强指避开强有力的竞争对手。避强定位是一种"见缝插针，拾遗补缺"的定位方法，其优点是能够使企业远离其他竞争者，在该市场上迅速站稳脚跟，树立企业形象，从而在该市场上取得领导地位。由于该种定位方式的市场风险较小，成功率较高，被多数汽车企业采用。

4. 迎头定位

迎头定位是指企业选择靠近市场现有强者企业产品的附近或与其重合的市场位置，与强者企业采用大体相同的营销策略，与其争夺同一个市场。虽然从竞争者手中进行"虎口夺食"可能困难重重，但是一旦成功，就能取得较大的市场优势和巨大的市场份额。实行迎头定位，企业必须知己知彼，尤其应清醒地评估自己的实力。

三、汽车市场定位的战略

企业进行汽车市场定位的目的是向汽车市场提供具有差异性的产品，这样就可以使其产品具有竞争力，即要使产品具有竞争性差异。对汽车企业而言，一般应在产品、服务、人员和形象等方面实现差异化。

1. 产品差异化

并不是每一种产品都有明显的差异，但是几乎所有的产品都可以找到一些可以实现差异化的细节。汽车是一种可以高度差异化的产品，其差异化可以表现在特色、性能、一致性、耐用性、可靠性、可维修性等方面。

1）特色

特色是指产品的基本功能的某些增补性能。对汽车来说，其基本功能就是代步和运输，汽车特色就是在此基本功能上的增加。例如全景天窗、车身电子稳定系统、GPS导航、自动巡航系统、智能刹车系统、胎压监测等。由于汽车可以提供很多差异化项目，因此，汽车制造商需要确定哪些特色应该标准化，哪些是可以任意选择的。

产品的特色体现了制造商的创造力，一个新特色的产生可能为产品带来意想不到的生命力。例如安全气囊发明后，引起了业界的广泛关注，并且很快被世界各大汽车公司采用。目前，它已成为不可缺少的一个配置。由此可见，一个企业如果率先推出某些有价值的新特色，就可以在竞争中占据主导地位。

2）性能

性能是指产品的主要特点在运用中的水平。一般来说，性能高的产品总体来说可以产生较高的利润，但是，当性能超过一定边界后，由于价格因素，愿意购买的人会越来越少，对于普通顾客来说，性价比是影响其购买的一个重要因素。另外，企业还应随着时间的变化不断提高产品的品质，以收获更好的市场效益。

3）一致性

一致性是指产品的设计和使用与预定标准的吻合程度。例如，蒙迪欧汽车设计的耗油量为6L/100km，如果流水线上的每一辆蒙迪欧汽车都符合这一标准，则该汽车就具有高度一致性；反之，一致性就差。一致性是制造商信誉的体现，高度一致性可以增强消费者对该产品的信任度，从而在一定程度上提高产品的销售量。

4）耐用性

耐用性是衡量一个产品在自然条件下的预期操作寿命。一般来说，购买者愿意为耐用性较好的商品付更高的价格。但是如果某产品的时尚性相当强，则耐用性可能不被重视，因为流行一旦过去，该产品就会失去价值。同样，技术更新较快的产品也不在此列，如计算机、手机等。根据汽车产品的特点，耐用性是反映该产品优劣的一个重要指标，汽车制造商完全可以将耐用性作为差异化因素加以宣传。

5）可靠性

可靠性是指在一定时间内产品保持正常的使用性能的可能性。购买者一般愿意为产品的可靠性付出溢价。由于汽车属于耐用商品，其价格高、使用寿命长，因此可靠性和耐用性一样，是受汽车消费者重视的指标。

6）可维修性

可维修性是指汽车产品出了故障或用坏后进行维修时的容易程度。一辆由标准化零件组装起来的汽车更容易调换零件，即其可维修性更高。同时，汽车的可维修性还受到对应汽车服务站的数量及分布状况的影响。

2. 服务差异化

除了汽车实体产品差异化以外，企业也可以对其提供的各种服务实行差异化。在汽车销售市场中，服务的重要性正日渐为企业重视并且成为决定销售业绩的一项重要因素。特别当汽车实体产品较难差异化时，要在竞争中取得成功，常常有赖于服务的增加和服务的质量。

在汽车销售中，服务差异化主要体现在订货方便、客户培训、客户咨询、维修和其他服务上。

1）订货方便

订货方便是指如何使消费者以最为便捷的方式向企业订货。网络的普及和电子商务的盛行为消费者提供了一种随时随地可以订货的购物方式，这种便捷的订货方式已经开始被广泛使用，因此，作为汽车销售商和生产商，发展电子商务是必然的趋势。

2）客户培训

客户培训是指对客户单位的雇员进行培训。特许经营是当今汽车销售行业中比较常见的销售渠道策略，大多数汽车公司都会对它的特许经销商进行培训，以使他们更好地经营专卖店。此外，在汽车销售中，客户培训能使消费者了解并正确使用他们的汽车，所以4S店会定期开展各种活动以便给消费者传递各种汽车使用、维护的信息。

3）客户咨询

客户咨询是指卖方向买方无偿或有偿地提供有关资料、信息系统和建议等服务。一般汽车销售人员都应该为客户提供各种提醒服务，如提醒消费者按时享受生产商或经销商的承诺服务（首次免费保养、保质期内的质量索赔等）。

4）维修

维修是指消费者所能获得的修理服务的水准。由于汽车是一种耐用消费品，消费者购买汽车后一般情况下总希望能尽可能长时间地使用。因此，汽车消费者非常关心他们购车以后的维修保养质量。

维修是售后服务的一项内容，在服务营销日渐被汽车营销行业重视的今天，优秀的整车生产商和销售商都非常注重维修服务的提供。目前，各个汽车企业都在全国建立了特约维修点，并且经常对工作人员进行统一培训，以便为顾客提供标准化的、良好的维修服务。

5）其他服务

其他服务是指企业为增加产品价值而提供的各种服务，如将上述差异因素融合起来以提供更好的服务。在汽车营销中，中、高档汽车，尤其是高档汽车面对的消费者的价格弹性相对较低，因此对于这些消费者来说，服务可能比价格更具有吸引力。对于高档汽车的购买者来说，舒适、快捷、无微不至的服务和汽车的品牌、外观、内饰一样，是拥有者身份地位的体现。

3. 人员差异化

人员差异化是指通过聘用和培训比竞争对手更优秀的职员，获取竞争优势。实践证明，市场竞争归根到底是人才的竞争，一个由优秀领导和勤奋员工组成的企业，不仅能保障产品质量，而且能保障服务质量。高素质的销售服务人员可以为企业赢得很高的声誉。如果没有高素质的职员，服务的精神就无法得到体现。

4. 形象差异化

即使汽车产品实体及服务看上去都一样，消费者也能从企业或品牌形象方面得到一种与众不同的印象。当然，在汽车销售中很少遇到通过产品和服务两项指标都无法区分的产品，但是形象差异也是一个不可忽视的定位指标。例如，世界著名品牌奔驰和宝马同属于高档轿车，但各自又有其特定的目标市场。奔驰的购买者是年龄偏大、事业有成、社会地位较高、收入丰厚的成功人士；宝马则属于那些富有朝气、年轻有为、不受传统约束的新一代人士。

这些消费者的特点也正是奔驰和宝马的品牌形象。

为了树立汽车品牌形象，企业可以利用标志、文字和视听媒体、气氛和特殊事件来完成。标志可以提供很强的企业或品牌识别以及形象差异。标志将品牌名称视觉化和形象化，企业设计的标志和标识语应能被人轻而易举地辨认出来。例如，宝马汽车蓝白相间的标志让人联想到蓝天白云和飞机飞行时螺旋桨的转动，既象征了宝马汽车飞机般行驶的速度，又蕴含了宝马汽车制造厂的前身是飞机制造厂。企业选择的标志必须通过对企业或品牌的个性做广告才能向外传播。广告的目的是建立起一种故事情节、气氛或性能标准，使企业和品牌显得与众不同。东风爱丽舍曾推出一个形象广告：幸福的一家三口带着小狗到郊外休闲、钓鱼，温馨甜蜜充满了整个画面，勾起了许多人拥有爱丽舍的欲望，这毫无疑问地显示了该款汽车宽敞的内部空间和舒适的乘坐性。

企业生产或传递其产品和服务的实际环境的氛围是另一个有力地塑造形象的因素。采取特许经营体制的汽车销售商会要求所有特许经销商都采用同样的外观和内部装潢，而这些往往是企业视觉形象的体现。通过这种在不同地方完全一致的方式为宣传企业及树立其品牌形象起到了良好的效果。

第六章

汽车产品营销策略

随着汽车市场的不断发展，汽车新产品越来越多，各汽车企业之间的竞争也日趋激烈，汽车企业和汽车销售部门采取各种方式来扩大市场销售份额。在这种情况下，若一家汽车企业刚推出了一款新的汽车产品，则应该如何制定合理的汽车产品营销策略来迅速打开并扩大市场呢？

任何一款汽车产品都需要合理的汽车产品营销策略。又因其各自的特点以及所处的环境不同，对于一款新的汽车产品，应仔细分析其产品独特之处，只有制定出合理的产品营销策略，才能扩大销售，从而为汽车企业带来效益。

第一节 汽车产品与产品组合策略

一、产品与汽车产品

1. 产品概念

现代市场营销理论认为，产品既包括营销者的有形实物，也包括无形的信息、知识、版权、实施过程及服务等内容，是一个包含多层次内容的整体概念。因此，市场营销理论将产品概念划分为五个层次，如图6-1所示。

1）实质产品

实质产品指消费者购买某种产品时所追求的利益，是消费者真正要买的东西，因而在产品整体概念中也是最基本、最主要的部分。消费者之所以愿意支付一定的货币来购买产品，首先在于产品的基本效用，并不是为了占有或获得产品本身，而是为了获得能满足某种需要的效用或利益。如消费者买经济型轿车是为了代步，买价值百万的豪车是一种身份与地位的象征，买SUV是为了休闲与度假等。因此，企业在开发产品、宣传产品时应明确地确定产品能提供的利益，这样产品才具有吸引力。

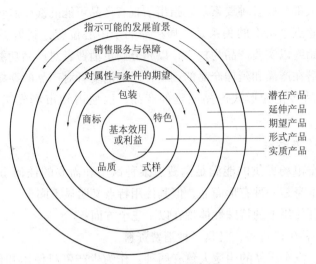

图 6-1　现代市场营销的产品概念

2）形式产品

形式产品指核心产品所展示的全部外部特征，即呈现在市场上的产品的具体形态或外在表现形式，也称有形产品，主要包括产品的外形、质量、特色、品牌等。具有相同效用的产品，其表现形态可能有较大的差别。因此，企业进行产品设计时，除了要重视消费者所追求的核心利益外，也要重视如何以独特形式将这种利益呈现给目标消费者。因此，一款汽车在市场上成功与否，除了本身的品牌特征、质量特征、性能特征以外，造型特征也是一个很重要的因素。相关数据显示，在中国汽车消费市场，汽车的外观造型是决定消费者是否购买的关键因素，尤其对于女性消费者。正是出于消费者对造型设计的要求，在市场上才能看到如奇瑞 QQ、吉利熊猫的可爱，大众甲壳虫的靓丽，马自达 6 睿翼的妩媚，凯迪拉克"钻石切割"般的威严等。

3）期望产品

期望产品即消费者购买产品时通常希望和默认的一组属性和条件。它主要是消费者在购买产品前，基于以往的经验和知识而形成的对产品的期望，这种期望是否能够得到满足，将影响消费者的购买决策。所以汽车企业不能仅仅从实质产品或形式产品出发去进行市场营销，必须完整理解消费者的整体期望。

4）延伸产品

延伸产品指消费者购买有形产品时获得的全部附加服务和利益，包括提供信贷，免费送货、保证、安装、售后服务等。这是产品的延伸或附加，它能够给消费者带来更多的利益和更大的满足感。随着科学技术的日新月异以及企业生产和管理水平的提高，不同企业提供的同类产品在实质和形式产品层次上越来越接近，而延伸产品在企业市场营销中的重要性日益突出，逐步成为决定企业竞争能力高低的关键因素。大众汽车有限公司服务部高级经理奥伯尔先生曾说过："一家成功的公司除了生产优质的产品外，还必须提供良好的售后服务，这一理念是企业成功的根本。"

5）潜在产品

潜在产品即目前处于潜在状态（尚未被厂商或消费者充分认知），但以后会衍生为形式产品或延伸产品组成部分的各种要素。它指出了现有产品可能的演变趋势和发展方向。

显然，产品概念五个层次的关系是实质产品居于中心位置，其他层次围绕实质产品展开。汽车企业必须始终以实质产品为核心，以充分满足消费者对产品功能的需要和心理需要为导向，不断开展潜在产品和延伸产品的创新，影响消费者对产品的期望，充分研究潜在产品，率先将潜在产品转化为形式产品或延伸产品，以便占领市场先机，提高消费者的满意度。

2. 汽车产品概念及特征

汽车产品指汽车市场提供的能满足消费者某种欲望和需要的任何事物，包括实物、服务、品牌等。汽车本身是一种有形商品，但其使用特点又明显不同于一般生产资料和消费资料等有形商品。这种使用上的特殊性体现在以下三个方面：

1）汽车既是一种生产资料，又是一种消费资料

从使用角度看，汽车产品的用途大致有两种：作为生产资料使用和作为消费资料使用。例如，各类生产型企业利用自己拥有的汽车，进行原材料及产成品的运输等。由于这类运输活动构成企业生产活动的一部分，因而汽车属于一种生产资料。可以说绝大部分载货汽车、专用汽车、特种汽车和一部分客车及轿车（出租车）均是作为生产资料使用的。作为生活耐用消费品，汽车（家用轿车）已进入普通人家庭，用于私人代步、旅游度假、休闲、商务等需要，以满足消费者的个人需求。

2）汽车是一种产成品

从产品的加工程度看，汽车本身属于产成品。无论是作为生产资料使用的汽车，还是作为生活资料使用的汽车，都是最终可以直接使用的产品。在这一意义上，汽车与那些作为原材料、中间产品等形态的生产资料存在差别。汽车的上述使用特点，决定了汽车产品消费者的广泛性，也决定了汽车的购买行为既有与一般消费资料和生产资料等商品相似的一面，又有与之不同的一面。

3）汽车是一种特殊商品

汽车作为一种特殊商品还是一种身份的象征。奔驰的尊贵、宝马的时尚、劳斯莱斯的威严，无不透露出汽车是身份的象征。

二、汽车产品组合策略

1. 汽车产品组合

产品组合是指一个企业生产经营的全部汽车产品的结构，即各种不同类型的汽车产品之间质的联系和量的比例。汽车产品组合则是指一个企业生产和销售的所有汽车产品线和汽车产品品种的组合方式，即是全部汽车产品的结构。它由若干汽车产品线（亦称产品大类）组成，每个汽车产品线又包括若干汽车产品项目。

产品线是指一组密切相关、相类似的产品。这些产品能满足某种同类需要，或者需要相同的生产条件，或者必须在一起使用，或者卖给相同的消费者群，或者采取相同的销售渠道和促销方式，但这些产品的品牌、规格、款式和档次不同。换言之，汽车产品线即指车型系列。

产品项目是指产品线中不同品种、规格、质量和价格的特定产品。

在汽车营销中，通常采用宽度（广度）、深度、长度和相关性（相容度）四个参数来描述一个企业的汽车产品组合。

(1) 汽车产品组合的宽度是指汽车产品组合中所包括的汽车产品线的数目，即经营多少汽车产品大类。

(2) 汽车产品组合的深度是指一条汽车产品线中所包括的汽车产品项目的多少。

(3) 汽车产品组合的长度是指汽车产品组合中包括的所有汽车产品项目的总数，即企业汽车产品深度的总和。

(4) 汽车产品组合的相关性是指各条汽车产品线在最终用途、生产条件、分销渠道或其他方面相互关联的程度。例如，某汽车公司拥有卡车、客车和轿车3条产品线，分别有2种、4种、6种型号，那么这个公司的产品线数目即产品组合是3；卡车、客车和轿车产品线的深度分别是2、4、6；该公司汽车产品组合的长度是12；这3条汽车产品线关联程度较密切。

2. 汽车产品组合策略

汽车产品组合策略是根据汽车企业的预定目标，以及企业所拥有的资源条件、市场基本情况和竞争条件等，对汽车产品组合的广度、深度和相关性进行相应的决策，以确定汽车产品的最佳组合。

1) 扩大汽车产品的组合宽度和加深汽车产品的组合深度

企业根据其生产设备和技术力量的限制，必须充分利用自身的各项资源来扩大汽车产品组合宽度和加深汽车产品组合的深度。如上海大众汽车在扩大汽车产品组合宽度上的做法是先后开发了包括普通桑塔纳、桑塔纳2000、帕萨特和POLO等在内的众多车型。这样可使企业扩大市场占有率，同时也可分散企业的投资风险。而加深汽车产品组合的深度，可以占领同类汽车产品更多的市场，迎合更多购车者的不同需要和偏好。如帕萨特在基本车型的基础上，研制开发了豪华型等其他型号的车型，加深了汽车产品组合的深度。位于不同市场地位的企业在加深汽车产品组合的深度时，既可以向低档或高档扩展，也可以同时进行扩展。

2) 加强汽车产品组合的相关性

一个汽车企业应加强汽车产品组合的相关性，如汽车内饰、汽车配件等应尽可能地相互配套，这可以提高汽车企业在本行业或某一地区的声誉，但也会分散经销商及销售人员的力量，同时增加成本，甚至由于新产品的质量性能等问题而影响汽车企业原有产品的信誉。

缩减汽车产品组合策略同样包括缩减汽车产品组合的宽度、深度、相关性三种方式，采取缩减策略可使汽车企业集中力量对少数汽车产品进行改进和降低成本，同时可对现有或留存的汽车产品做进一步改进以提高质量，从而增强竞争力。但缩减策略会在一定程度上缩小汽车企业占有的市场份额，增加经营风险，特别是在淘汰某种汽车产品时更应慎重，避免由于缺乏售后维修等而为企业带来不利影响。

3) 正确使用延伸策略

汽车产品组合延伸策略包括向上、向下和向上向下的双向延伸策略。向上延伸主要针对高档汽车，是在一种汽车产品线内增加价格较高的汽车产品，以提高企业的声誉；向下延伸主要针对低档汽车，是在高价汽车产品线中增加较为低价的汽车产品，旨在利用高档品牌汽车产品的声誉吸引购买力较低的消费者进行购买；双向延伸策略旨在扩大汽车市场的覆盖面，需要企业有较强的实力，同时拥有强大的市场运作能力和雄厚的资金支持。

4）采用异样化策略

汽车产品异样化是指在同一市场上，汽车企业为突出自己的产品与竞争产品的不同特点，避免出现价格战，提高企业的品牌形象，尽可能地显示出与其他产品的区别，旨在占据市场有利地位。如两种汽车产品在动力、安全等性能上差别较小，则可采用不同的造型设计来突出特点。该策略的实质是在同质汽车产品市场中寻求产品的多样化，而非异质化，即不能使产品过于独特以免丧失原有的市场。汽车产品异样化实质上是要求汽车消费者的需求服从生产者的愿望。

5）适当实施细分化策略

汽车产品细分化是指汽车企业可对同质市场做进一步细分后找到未满足的需求，从而生产一些较为独特的汽车产品进入该细分市场。如东风风行从最为畅销的景逸1.5XL到景逸1.5XL-AMT、景逸TT再到景逸1.8VVT版本的"城市风格家庭轿车"，就是应用细分策略较为成功的企业。另一应用此策略较为成功的实例是长丰集团。2003年10月，长丰集团推出了猎豹飞腾SUV，开启了中国城市SUV市场，给喜欢郊游、运动，又兼顾城市代步需要的中青年群体提供了价格低廉、尺寸合适的SUV，在原有的轿车和SUV之间开发了新的细分市场。汽车产品细分化实际是从汽车消费者的角度出发，满足汽车消费者的不同需求。

★ 案例分析

东风标致的产品组合策略

请分析东风标致的产品组合策略（见表6.1）

表6.1 东风标致的产品组合

东风标致	206	207	307	308	408	508
产品线深度	跃动版	驭乐版	舒适版	优尚版	舒适版	经典版
	炫动版		豪华版	凤尚版	豪华版	豪华版
						旗舰版
	睿动版	品乐版	CROSS	尊尚版	尊贵版	智享版

分析：

（1）汽车产品组合的宽度：指汽车企业生产经营的汽车产品线的个数。东风标致企业的汽车产品组合的宽度为6，即拥有206、207、307、308、408、508共6条汽车产品的生产线。

（2）汽车产品的深度：指每一条汽车产品线所包含的汽车产品项目。例如，206系列有跃动版、炫动版、睿动版3个项目；207系列有驭乐版、品乐版2个项目；307系列有舒适版、豪华版、CROSS版3个项目；308系列有优尚版、凤尚版、尊尚版3个项目；408有舒适版、豪华版、尊贵版3个项目；508系列有经典版、豪华版、旗舰版、智享版4个项目。

（3）汽车产品组合的长度：指汽车产品组合中的汽车产品品种总数。东风标致企业共有 4 个品种的汽车产品，汽车产品组合的长度是 18。

第二节　汽车产品生命周期与营销策略

一、汽车产品生命周期概念

任何产品在市场上都会经历从发生、发展到最后被淘汰的过程，这种产品从进入市场到被淘汰而退出市场所表现出来的周期现象称为产品生命周期理论。该理论是由美国哈佛大学教授雷蒙德·弗农于 1966 年在《产品周期中的国际投资与国际贸易》一文中通过分析产品技术的变化及其对国际贸易的影响后首次提出的，后经威尔斯等人不断予以发展和完善。

产品生命周期就是为交换而生产的商品从投入市场到被市场淘汰的全过程，即产品的经济寿命，其反映商品的经济价值在市场上的变化过程。美国的波兹等学者提出产品生命周期依其进入市场后不同时期的销售变化，可分为投入期、成长期、成熟期和衰退期。

（1）投入期指产品经历了开发设计和试制阶段，转入小批量生产，投放到市场进行试销的阶段。这一阶段的主要特点：消费者对产品不了解，需求较为隐蔽，销售量缓慢增长；同行竞争者较少，消费者一般为高收入者或好奇者；产品批量小，试制费用高，单位成本较高；尚未有稳固的销售渠道，促销费用大，因而利润较少，甚至亏损。

（2）成长期指新产品经试销效果良好，开始被市场接受，转入成批生产，销售量急剧上升的阶段。该阶段特点有：产品技术已成熟，工艺稳定；消费者对此产品已较熟悉；转入大规模生产，单位成本迅速降低；销售渠道较稳固，销售量大增，利润迅速增长；市场上开始出现同行竞争者。

（3）成熟期指产品已经稳定地占领市场进入畅销的阶段。该阶段的特点表现为：需求趋于饱和，销售量达到最高点；销售增长率开始下降，利润增长率也开始下降，全行业出现产品过剩的现象；市场竞争更趋激烈，部分竞争者开始退出。此时，企业的产品销售量很大，利润多，现金收入多。

（4）衰退期指产品已老化，不能适应市场的需要，市场上已经出现了更新换代、性能更趋完美的新产品的阶段。此阶段特点有：新产品进入市场，逐渐替代了老产品；产品销售增长率迅速下降，甚至成负增长，大多数产品销售量下降；价格竞争激烈，价格不断下降。

同样的，汽车产品生命周期是指一款汽车从投放市场开始到该产品停产退出市场所经历的时间。汽车产品生命周期与汽车使用生命的概念不同。汽车使用生命是就一辆汽车而言，从开始使用（登记上牌）到主要器件达到技术极限状态而不能再修理为止的总体使用时间，或能继续使用但成本明显增加、使用不经济的生命时刻，受汽车产品的自然属性和使用频率等因素影响。按照国家规定，小、微型非营运车辆的使用生命可以延长到 60 万千米。

汽车产品生命周期是指一种汽车款型从进入市场到退出市场，即在市场上销售的时间。其长短受汽车消费者的需求变化、汽车产品更新换代速度等多种市场因素的影响。

随着汽车新技术的不断发展和新车型开发周期的不断缩短，汽车产品生命周期也在逐渐缩短。20 世纪初美国福特公司推出的 T 形车历时 20 年，创造了汽车史上单种车型产量和生产销售时间上的奇迹,而福特公司1957年9月推出埃泽尔车,在1959年11月就被迫停产,其生命周期只有两年多。上海大众汽车公司生产的普通桑塔纳车型从20世纪80年代中期上市到21世纪初退出市场,历时近20年,在中国汽车工业发展初期演绎了一场汽车神话。而现在,一款新的车型其生命周期最长不过五年,而短的只有半年到一年。

现实生活中,具体产品的生命周期形态往往多种多样。例如有的产品因开发失误,在投入期便夭折,或者在经历短暂的市场增长后便被淘汰;有的产品可能在衰退期还能"起死回生"。随着汽车企业营销策略的不同,汽车生命周期的发展形态也会有差异。所以,产品的生命周期并不都是呈现标准形态。对任何企业来讲,理想的产品生命周期的形态应该是:开发期、导入期和成长期要短,投入要少,很快达到销售的高峰,并持续很长的时间,企业可以获取大量利润;而且衰退期要缓慢,利润要缓慢减少。汽车企业可以通过实施正确的营销策略,尽量让汽车的生命周期按理想形态发展。

二、汽车产品生命周期各阶段营销策略

汽车产品在不同生命周期阶段具有不同的市场特点,需要制定相应不同的营销目标和营销策略。从汽车企业的角度来看,可通过对汽车产品生命周期各阶段特性的研究,在汽车产品生命周期各阶段运用一定的营销策略,以使汽车企业获得更大的利润。

1. 导入期市场特点与营销策略

导入期是指汽车产品投入市场的初期阶段。在此阶段,汽车产品刚刚下线,产量低,技术不完善,汽车消费者对汽车新产品不够了解,销售量低,销售增长率小,费用及成本高,利润低,有时甚至亏损。导入期的市场营销策略的目的是尽量将该阶段缩短,使其尽快进入成长期,营销策略要突出一个"准"字。因此,汽车企业要针对成长期的特点,制定和选择不同的营销策略。可供汽车企业选择的营销策略主要有表6.2所示的四种类型。

表6.2 营销策略组合

促销水平	高价格	低价格
高促销水平	快速掠取策略	快速渗透策略
低促销水平	缓慢掠取策略	缓慢渗透策略

1)高价格高促销策略

即快速掠取策略,其通过高价和大量的促销活动推出新产品,以期尽快收回投资。它的适用条件是:

(1)汽车产品本身很有特点,有吸引力,但知名度还不够高。

(2)市场潜力很大,并且目标消费者有较强的支付能力。

成功实施这一策略可尽快收回新产品开发的投资,国内外汽车公司在推出富有特色的中高级轿车时常采用这一策略。

2)高价格低促销策略

即缓慢掠取策略,其通过高价和少量的促销活动推出新产品,目的是以尽可能低的促销

费用取得最大限度的收益。这种策略的适用条件是：

（1）市场规模有限。

（2）汽车产品已有一定的知名度。

（3）目标消费者愿支付高价。

（4）潜在的竞争并不紧迫。

高价格和低促销水平结合可以使汽车企业获得更多利润，东风汽车公司推出 EQ1171G（EQ153）和 EQ3B（EQ175）两种车型时，就大致采用了这种营销策略。

3）低价格高促销策略

即快速渗透策略，其通过低价和大量的促销活动推出新产品，以争取迅速占领市场，然后再随着销售量和产量的扩大，使产品成本降低，取得规模效益。该策略可以给汽车企业带来高的市场渗透率和市场占有率。这种策略的适用条件是：

（1）市场规模很大，但消费者对该产品还不了解。

（2）多数消费者对价格十分敏感。

（3）潜在竞争的威胁严重。

（4）单位成本有可能随生产规模扩大和生产经验的积累而大幅度下降。例如，伊兰特上市时，就以较高的性价比在 10 万～15 万元档的车型中取得了较大的优势。

4）低价低促销策略

即缓慢渗透策略。其以低价和少量促销支出推出新产品。这种策略总体上不是太适合汽车产品。

2. 成长期市场特点与营销策略

成长期是指汽车产品经过试销，汽车消费者对汽车新产品有所了解，汽车产品销路打开，销售量迅速增长的阶段。在此阶段，汽车产品已定型，开始大批量生产，销售增长率很高，分销途径已经疏通，市场份额增大，成本降低，价格下降，利润增长。同时，竞争者也逐渐开始加入。成长期销售增长率迅速提高，也就决定了该阶段营销策略的核心是"快"，应在尽量短的时间内提高市场占有率，在竞争者尚未进入之前，占有最大的市场份额，同时创造品牌影响力，先入为主，赢得消费者的认可。因此，突出一个"快"字是成长期营销策略的核心。为此可以采取以下市场推广策略：

（1）改进汽车产品质量，增加汽车产品项目，以适应市场需要。

（2）进行新的市场细分，从而更好地适应市场增长趋势。

（3）开辟新的销售渠道，扩大商业网点，争取市场增长率和市场覆盖率。

（4）改变广告宣传目标，由以提高知名度为中心转变为以说服消费者接受和购买为中心。

（5）适当的降低价格以提高竞争能力和吸引新的消费者。

上述市场扩张策略可以加强汽车企业的竞争地位，但同时也会增加营销费用，使利润减少。因此，对于处于成长期的产品，汽车企业常面临两难抉择：是提高市场占有率，还是增加当期利润量。如果汽车企业希望取得市场主导地位，就必须放弃当期的最大利润。

3. 成熟期的市场特点与营销策略

成熟期是指汽车产品的市场销售量已达饱和状态的阶段。在这个阶段，销售量总额达到最大，但增长速度减慢，甚至开始呈下降趋势，汽车产品成本下降，利润较丰厚，但因竞争激烈，利润可能开始下降。成熟期是企业获利的阶段，是汽车产品的黄金时期，但也是走向衰退的开始。因此，延长汽车产品的成熟期，突出一个"长"字是营销策略的核心，同时要抑制竞争，不断开发新的汽车产品，常用的策略有以下几种。

（1）发展汽车产品的新用途，寻找新的细分市场和营销机会，使汽车产品转入新的成长期。

（2）开辟新的市场，提高产品的销售量和利润率。

（3）改良汽车产品的特性、质量和形态以满足日新月异的消费需求。

4. 衰退期的市场特点与营销策略

衰退期是指汽车产品被市场淘汰的阶段。在这个阶段，销售量下降很快，新的汽车产品已经出现，老的汽车产品逐渐退出市场。在此阶段，营销策略应突出一个"转"字，即有计划、有步骤地转产新的汽车产品，这对汽车企业来讲将代价是昂贵的。因此，对大多数汽车企业来说，应当机立断及时实现汽车产品的更新换代，如上海大众停产普通桑塔纳。处于衰退期的产品常采取维持策略、缩减策略和撤退策略，有的汽车企业也常常运用一些方法延长其衰退期。

如果汽车企业决定停止经营衰退期的产品，还应当慎重决策，决定是彻底停产放弃还是把该品牌出售给其他汽车企业，是快速舍弃还是渐进式淘汰，而且应注意处理好善后事宜，应继续安排好后期配件供应和维修技术支持，以保证老的汽车产品的使用需要，否则将会影响企业形象。

综上，汽车产品生命周期各阶段及相应的营销策略可归纳成表6.3。

表6.3 汽车产品生命周期各阶段及相应的营销策略

项目＼周期	开发期	导入期	成长期	成熟期	衰退期
销售额	无	低	迅速上升	达到顶峰	下降
单位成本	高	高	平均水平	低	低
利润	无	无	上升	高	下降
营销策略	尽快上市	建立知名度	提高市场占有率	争取利润最大化	推出新的汽车产品

★案例

桑塔纳营销案例

桑塔纳轿车是德国大众汽车公司在美国加利福尼亚州生产的品牌车，20世纪80年代中期，德国大众汽车公司授权上海大众汽车有限公司生产桑塔纳牌轿车。在1983—1998年长达15年的时间里，上海大众汽车有限公司的主导产品一直是第一代桑塔纳（即普通桑塔纳）。为了延长该款汽车的生命周期，德国大众汽车公司开拓了中国市场的业务，并取得成功。很长一段时间内该款汽车在中国市场一直保持较高的价位，一度成为政府部门、大型企业的指定用车，在消费者心目中树立了良好的品牌形象。此时，桑塔纳在中国刚刚进入其产品生命周期的引入期。20世纪90年代，中国汽车市场发展迅速，桑塔纳进入销售的黄金时期，其销售量一直名列国内市场前茅，销售利润巨大。由于缺少强有力的竞争者，汽车销售市场出现了一家独大的局面。此时，正是桑塔纳的成长期。但同时桑塔纳也面临着潜在的竞争压力。潜在的巨大的中国汽车市场，吸引了全球知名汽车企业的目光。跨国公司也由原来输出成熟期、标准化阶段技术甚至是其国内面临淘汰的技术转为向中国输出先进的技术，甚至在中国设立技术研发中心。自1998年开始，中国的汽车市场蓬勃发展，开始出现众多品牌的竞争者。桑塔纳也进入了产品生命周期的成熟期。此时，桑塔纳的市场份额逐渐被一汽大众的捷达、东风的富康和天津的夏利等产品分割，同时还有更多的新车型上马，例如上海通用公司的别克、广州本田公司的雅阁。上海大众汽车有限公司意识到处于产品成熟期的桑塔纳的型号和性能都已经落后，必须马上引进新的技术生产新的产品，否则市场将被别的品牌占领。于是于1999年底上海大众汽车有限公司引入了全球流行车型帕萨特，使B2级的桑塔纳跃升三个等级，一次性升级为B5级的帕萨特。2004年初，第一代桑塔纳的桑塔纳2000也正式停产，此时桑塔纳走入了其生命周期的衰退期，也终于在其他优势更明显的车型的竞争下暗淡离场。

第三节 汽车新产品开发策略

一、新产品的概念

市场营销关于新产品的概念，不是从纯技术的角度理解的，产品只要在功能或形态上得到改进，与原有产品产生营销意义上的差别，能够为顾客带来新的满足、新的利益，就可称为新产品。它大体上包括新研制的全新产品、新产品线的产品、增补产品、更新改良产品、新牌号和再定位产品以及成本减少的产品。

二、汽车新产品的开发方式

汽车企业进行新产品开发时，必须解决的一个重要问题是采取什么方式完成新产品开发。一般而言，有四种方式可供汽车企业选择。

（1）独立开发。这是汽车企业依靠自己的力量开发新产品。这种方式可以紧密结合汽车企业的特点，并使汽车企业在某一方面具有领先地位，但独立开发需要较多的开发费用和较强的开发能力。

（2）引进。即引进其他企业开发的新产品成果，自己只负责生产。采用这种方式可以缩短新产品的开发时间，有时可以节约开发费用。但引进技术应与汽车企业自身条件相适应。

（3）开发与引进相结合。就是在新产品开发的方式上采取两条腿走路，既重视独立开发又重视技术引进，二者有机结合，互为补充。

（4）联合开发。联合开发除了汽车企业与科研机构、大专院校的联合外，更多的是汽车企业之间的联合。这种方式有利于充分利用社会力量来弥补企业独立开发能力的不足。

新产品开发还有其他途径，如通过技术市场调研与管理，掌握并开发全部新产品技术

(含专利)。究竟采取何种方式,并无统一定式,汽车企业应结合自己的技术能力、技术发展战略等情况选择并确定具体的开发方式。

三、新产品开发过程

新产品开发是一项极其复杂的工作,从根据用户需要提出设想到正式生产产品投放市场为止,其中经历许多阶段,涉及面广、科学性强、持续时间长,因此必须按照一定的程序开展工作,这些程序之间互相促进、互相制约,只有这样才能使产品开发工作协调、顺利的进行。产品开发的程序是指从提出产品构思到正式投入生产的整个过程。由于行业的差别和产品生产技术的不同特点,特别是选择产品开发方式的不同,新产品开发所经历的阶段和具体内容并不完全一样。现以加工装配性质企业的自行研制产品开发方式为对象,说明新产品开发需要经历的各个阶段。

1. 调查研究阶段

发展新产品是为了满足社会和消费者的需求。消费者的要求是新产品开发选择决策的主要依据。为此必须认真做好调查计划工作。这个阶段主要是提出新产品构思以及新产品的原理、结构、功能、材料和工艺方面的开发设想和总体方案。

2. 新产品开发的构思创意阶段

新产品开发是一种创新活动,产品创意是开发新产品的关键。在这一阶段,要根据社会调查掌握的市场需求情况以及企业本身条件,充分考虑消费者的使用需求和竞争对手的动向,有针对性地提出开发新产品的设想和构思。产品创意对新产品能否开发成功有至关重要的意义和作用。企业新产品开发构思创意主要来自三个方面。

(1) 来自消费者。企业着手开发新产品,首先要通过各种渠道掌握消费者的需求,了解消费者在使用老产品过程中有哪些改进意见和新的需求,并在此基础上形成新产品开发创意。

(2) 来自该企业职工。特别是销售人员和技术服务人员,经常接触消费者,比较清楚消费者对老产品的改进意见与需求变化。

(3) 来自专业科研人员。科研人员具有比较丰富的专业理论和技术知识,要鼓励他们发扬这方面的专长,为企业提供新产品开发的创意。此外,企业还可通过情报部门、工商管理部门、外贸等渠道,征集新产品创意。

新产品创意包括三个方面的内容:产品构思、构思筛选和产品概念的形成。

(1) 产品构思。产品构思是在市场调查和技术分析的基础上,提出新产品的构想或有关产品改良的建议。

(2) 构思筛选。并非所有的产品构思都能发展成为新产品。有的产品构思可能很好,但与企业的发展目标不符合,也缺乏相应的资源条件;有的产品构思可能本身就不切实际,缺乏开发的可能性。因此,必须对产品构思进行筛选。

(3) 产品概念的形成。经过筛选后的构思仅仅是设计人员或管理者头脑中的概念,离产品还有相当的距离。还需要形成能够为消费者接受的、具体的产品概念。产品概念的形成过程实际上就是构思创意与消费者需求相结合的过程。

3. 新产品设计阶段

产品设计是指从确定产品设计任务书起到确定产品结构止的一系列技术工作的准备和管理，是产品开发的重要环节，是产品生产过程的开始，必须严格遵循"三段设计"程序。

（1）初步设计阶段。这一般是为下一步技术设计做准备。这一阶段的主要工作就是编制设计任务书，让上级对设计任务书提出体现产品合理设计方案的改进性和推荐性意见，经上级批准后，作为新产品技术设计的依据。它的主要任务在于正确地确定产品最佳总体设计方案、设计依据、产品用途及使用范围、基本参数及主要技术性能指标、产品工作原理及系统标准化综合要求、关键技术解决办法，并对关键元器件、特殊材料资源进行分析、对新产品设计方案进行分析比较，运用价值工程，研究确定产品的合理性能（包括消除剩余功能）及通过不同结构原理和系统的比较分析，从中选出最佳方案等。

（2）技术设计阶段。技术设计阶段是新产品的定型阶段。它是在初步设计的基础上完成设计过程中必需的试验研究（新原理结构、材料元件工艺的功能或模具试验），并写出试验研究大纲和报告；做出产品设计计算书；画出产品总体尺寸图、产品主要零部件图，并校准；运用价值工程，对产品中造价高的、结构复杂的、体积笨重的、数量多的主要零部件的结构、材质精度等选择方案进行成本与功能关系的分析，并编制技术经济分析报告；绘出各种系统原理图；提出特殊元件、外购件、材料清单；对技术任务书的某些内容进行审查和修正；对产品进行可靠性、可维修性分析。

（3）工作图设计阶段。该阶段就是在技术设计的基础上完成供试制（生产）及随机出厂用的全部工作图样和设计文件。设计者必须严格遵守有关标准规程和指导性文件的规定，设计绘制各项产品工作图。

4. 新产品试制与评价鉴定阶段

新产品试制阶段又分为样品试制和小批试制阶段。

（1）样品试制阶段。它的目的是考核产品设计质量，考验产品结构、性能及主要工艺，验证和修正设计图纸，使产品设计基本定型，同时也要验证产品结构工艺性，审查主要工艺上存在的问题。

（2）小批试制阶段。这一阶段的工作重点在于工艺准备，主要目的是考验产品的工艺，验证它在正常生产条件下（即在生产车间条件下）能否保证所规定的技术条件、质量和良好的经济效果。

试制后，必须进行鉴定，对新产品从技术上、经济上做出全面评价。然后才能得出全面定型结论，投入正式生产。

5. 生产技术准备阶段

在这个阶段，应完成全部工作图的设计，确定各种零部件的技术要求。

6. 正式生产和销售阶段

在这个阶段，不仅需要做好生产计划、劳动组织、物资供应、设备管理等一系列工作，还要考虑如何把新产品引入市场，如研究产品的促销宣传方式、价格策略、销售渠道和提供服务等方面的问题。新产品的市场开发既是新产品开发过程的终点，又是下一代新产品再开发的起点。通过市场开发，可确切地了解开发的产品是否适应消费者需求以及适应的程度；

分析与产品开发有关的市场情报，可为开发产品决策、改进下一批（代）产品、提高开发研制水平提供依据，同时还可取得有关潜在市场大小的数据资料。

四、新产品的改进

汽车企业必须经常对在产汽车实施改进措施，不断完善和提高产品的质量和性能水平。实践表明，这种平时不断地进行技术革新，走"量变到质变"的产品发展道路是可取的。汽车企业对在产汽车改进的方法很多，但通常都是根据用户使用中暴露的质量问题进行改进。由营销部门将产品质量故障信息和竞争产品信息反馈给产品部门或生产部门，由产品部门或生产部门实施产品改进或制造改进。有的改进项目是由产品部门根据科技发展而主动提出的。

美国福特汽车公司发明了一种产品改进的方法，即 TGW/TGR 优先方法。它围绕提高用户满意率，分别对本公司汽车产品结构的各个组成部分（系统）和各个性能，确定重要性指数，根据指数值由大到小排出顺序，从指数值大的项目依次进行改进，从而使汽车企业有的放矢地进行产品改进工作。

1. TGW 产品改进优先方法

该方法可用公式表示为

$$TGW\ 指数 = TGW\ 重要度 \times TGW\ 水平$$

式中，各参数的含义如下：

（1）TGW 指数。此指数为营销人员根据上式确定的本企业产品各系统的评分。此值越高，表明改进相应系统（汽车结构）的迫切性越高。

（2）TGW 重要度。此值表示汽车结构中某一被评价系统的重要程度。其确定方法为：评价系统无任何故障时与该系统有故障时用户"完全满意"的百分比之差。例如，以发动机为例，如有 100 个用户的汽车没有任何发动机方面的问题，营销人员通过调查发现，在这 100 名用户中对发动机表示完全满意的用户占比为 98%；另有 100 个用户的汽车全部有发动机方面的问题（只限于发动机问题），经调查发现这 100 个用户中对发动机表示完全满意的用户只占 74%，那么发动机的 TGW 重要度就为 24%，即 98% 与 74% 之差。计算常省略百分号（%），只取数值。

（3）TGW 水平，表示故障概率。如果用来评价新车，则表示统计新车出厂时（或从总装配线下线）的故障概率。如平均每 100 辆汽车有 25 辆汽车有发动机问题，表示某企业新车发动机的 TGW 水平为 25%。如对在用车辆使用了某一里程后，其发动机平均有 30% 出现问题，则表示某厂发动机在汽车行驶某里程里的 TGW 水平为 30%。因而 TGW 方法既可用于对新车的评价，也可用于对在用车辆的评价。同样地，在计算时也只取数值，不取百分号（%）。

汽车企业通过对自身产品各个系统或各种性能分别计算 TGW 指数，优先着手对 TGW 指数值大的系统或性能进行改进。TGW 优先方法只是针对汽车企业自己生产的产品改进进行分析，没有考虑竞争对手的情况。

2. TGR 优先方法

TGR 优先方法亦可用公式表示为

$$\text{TGR 指数} = \text{TGR 重要度} \times \text{TGR 不利度}$$

式中,各参数的含义如下:

(1) TGR 指数。其意义同 TGW 指数。

(2) TGR 重要度。此值表示用户对汽车企业自身产品某一被评价系统(或性能)期望获得满足的百分率。例如营销人员列出一系列调查项目(产品结构或性能),每一项目均有"期望获得充分满足""一般期望""无所谓"等几种选择。假如现在的调查项目为"整体协调"和"操纵稳定性"两个项目,如果用户对这两个调查项目填"期望充分满足"的百分率分别为 93% 和 85%,那么这两个调查项目的 TGR 重要度分别为 93 和 85(只取数值,不取百分号)。

(3) TGR 不利度。其表示每个调查项目的汽车企业与该项目最优竞争对手的用户满意率的差值(如果在某一调查项目上,该企业自身就代表了最先进水平,则此调查项目的 TGR 不利度为零)。例如,以操纵稳定性为例,用户对竞争对手同级产品操纵稳定性的满意率为 90%,对该企业的满意率为 82%,则该企业产品操纵稳定性的 TGR 不利度为 8,即 90% 与 82% 之差值(去掉百分号,只取数值)。

同 TGW 方法一样,汽车企业对自己产品的每个调查项目与其他汽车企业的产品进行比较,逐项计算 TGR 指数,并优先着手对 TGR 指数大的项目进行改进。TGR 优先方法较 TGW 方法更有利于汽车企业的竞争。

五、汽车产品的商品化

上述新产品开发成功后,或者老产品改进后,汽车企业均应将其商品化。严格说来,只有完成了商品化过程,汽车企业才能大量生产和销售汽车产品。所谓商品化过程是指汽车企业为了汽车产品的大批上市而进行的市场试验。汽车新产品的商品化一般包括以下内容:

1. 试用

汽车企业从目标市场中选定一些有代表性的用户,请他们在规定的时间内实地使用新产品,并对有关使用状况及发现的现象做出记录。然后了解用户对产品的意见和对技术咨询及服务方面的需要。试用用户一般不宜过于分散,试用车辆一般应具有一定数量(如几十辆),但也不能太多,对出现的使用故障一般应请试用用户对外保密,不宜扩散,以免给将来的用户留下不良印象,试用过程本身就是汽车企业发现问题的过程。

2. 试销

经试用初步成功的新产品可进行试销,这是比试用范围更大且直接面向市场的一种有控制的营销活动,一般应由汽车企业亲自举行,以便直接了解市场。试销活动一般可以吸引大量的购买者参观选购,汽车企业既可以从中了解他们对新产品的反应和购买意向,又可以借以提高新产品的知名度。汽车企业的试销活动要对试销的市场范围、试销时间、试销的费用、试销后的营销策略等做出安排,在试销活动中还要做好有关数据的记录和资料的整理完善。

3. 测算有关项目

尽管汽车企业在市场调研和概念设计时对有关项目进行了调查和测算,如目标市场规模、销售量、市场占有率、投资收益率、促销预算等，在新产品开发计划中也对这些项目订立了计划。但在商品化之前，上述项目都只是一种估计，而在商品化过程中对这些项目再进行测算，则会更加符合实际情况。汽车企业也可由此对新产品开发予以验证，并寻找差距，分析原因，及时采取补救措施。

4. 确立未来的市场营销组合策略

汽车企业通过商品化过程后，基本可以对新产品市场的结构、购买行为和特点，未来市场发展趋势及汽车企业收益等做到心中有数，从而制定出正确的导入期乃至其他各生命周期阶段的营销策略。

汽车企业在商品化过程中应认识到用户对新产品的购买过程一般分为知晓、兴趣、评估和购买等几个阶段，进而针对处于不同阶段的用户做好营销工作，促其尽快进入购买阶段。此外，汽车企业还应努力增加各阶段的客户数量。

第四节 汽车产品品牌战略

一、汽车品牌的概念

汽车品牌是用于标志并识别某一或某些车型的符号系统。美国市场营销协会定义委员会对品牌的定义为"品牌是用以识别一个或一群出售产品，并与其他竞争者相区别的名称、名词、符号和设计，或者以上四种的组合。"这是对品牌最直接的表述，也是一种狭义的理解。而到了信息时代的社会，品牌对于企业来讲更是成了企业创造核心竞争力的战略措施，从更深层次的角度来讲，品牌是对企业整体的诠释，代表了企业和产品形象。

品牌有识别功能、信息功能、担保功能和价值功能。汽车品牌既是消费者选择的线索，也是汽车价值的体现。当消费者受时间和空间的限制时，只有根据汽车品牌提供的信息来选择自己所需要的汽车，特别是当消费者已经心仪于某种汽车品牌的时候，汽车品牌无疑就成了名副其实的导购。汽车品牌不但代表着汽车的车型，而且代表着汽车的价值和附加价值，是汽车功能、质量、信誉和形象的综合反映，是汽车企业对消费者提供的价值保证。品牌的知名度、认知度、美誉度，以及其他与品牌有关的价值因素，都是构成品牌价值的重要因素。因此，品牌并不只是消费者选择的线索，而且是消费者进行价值判断的重要依据。

由于品牌具有价值，可以使产品卖出更好的价钱，为企业创造更大的市场。一辆汽车的交易是一次性的，一个优秀的汽车品牌则会赢得消费者一生的信赖。好的品牌可以创造牢固的客户关系，形成稳定的市场。这就是品牌的价值所在。

从市场营销的角度看，汽车品牌因形象设计而获得价值，因商标注册而得到保值，因广告宣传而不断增值，因汽车消费等而持续增值。随着汽车品牌知名度和美誉度的不断提高，汽车的品牌甚至可以超过物质的汽车而成为汽车企业价值连城的无形资产。在世界汽车行业，宝马、奔驰、丰田、通用等无疑是最有价值的汽车品牌，其品牌价值高达上百亿美元。

二、汽车品牌策略

品牌策略的内容比较广泛，正确运用品牌策略需要较高的经营艺术，汽车营销者应充分重视品牌策略的研究和应用。

1. 品牌有形设计策略

品牌有形设计策略就是对品牌的有形部分进行设计的策略，包括对品牌名称的命名和对品牌标志的设计。一般应当遵循这样一些原则和要求：

（1）简洁醒目，易记易读。
（2）构思巧妙，暗示精髓。
（3）富有内涵，情意浓重。
（4）个性鲜明，实现超越。

品牌有形设计必须遵守有关法律规定，如我国禁止使用政治人物的姓名对产品进行命名，也禁止使用国旗、国徽图案作为品牌标志或商标。

品牌设计还要符合目标市场的社会文化，尤其在产品出口时，必须要研究出口产品的品牌，如东风汽车公司出口品牌为"风神"，不可将"东风"直译为"东边的风"，因为对多数欧洲国家而言，他们不喜欢从东边西伯利亚吹来的冷风，更欢迎来自西边大西洋的暖风。又如通用公司在向墨西哥出口一款汽车时，曾取名为"雪佛莱诺瓦"，结果销路极差。原因就在于"诺瓦"的发音是"走不动"的意思。而福特公司推出的"艾特塞尔"汽车与一种镇咳药发音相似，销路也不好。美国一家生产救护车的公司将其公司名缩写为"AIDS"，销售一直很好，但自从艾滋病（AIDS）流行以后，生意就一落千丈。

汽车企业的品牌设计，可谓五彩缤纷，令人目不暇接。有的以名山地理命名（如太脱拉），有的以人物及其物品命名（如福特、皇冠），有的以时代特征命名（如解放、东风），有的以产品属性命名（如货运之星），还有的以美好祝愿或寓意命名（如桑塔纳）。总之，品牌设计要有利于产品在目标市场上树立美好形象，集科学性和艺术性于一体。

当今的汽车品牌，特别是著名汽车品牌，沉淀了汽车人对事业的执着追求和奋斗历程，凝聚着汽车人对经营的价值理解和过人智慧；代表了汽车产品的功能与品质保证，蕴含着汽车企业的精神与社会责任；彰显了消费者的个性、身份与追求，也昭示着生产者的特色、地位与辉煌；展现了汽车产品的时尚与艳丽，也标志着高超的理智和审美素养。魅力百年的汽车品牌，镌刻了汽车技术与社会文化的融合，触发人们对企业及其产品的美好联想，启迪人们对未来汽车的思考和期许，精妙绝伦地展示了光辉灿烂的汽车品牌文化。

2. 品牌运用策略

汽车企业往往具有多个产品线，面对自己众多的产品项目，究竟是使用统一品牌，还是使用个别品牌，这是品牌运用最基本的决策。

一般而言，使用统一品牌，即对所有产品使用统一品牌，有利于企业推出新产品，不必为新产品进行品牌设计，同时可以节约新产品的市场推广费用，用好著名品牌可以起到一荣俱荣的效果。但是，这种策略也存在一损俱损的风险，即任何一种产品的失败都有可能导致整个品牌的失败。使用个别品牌策略，即对各种产品分别使用不同的品牌，其优缺点则正好相反。现实生活中，汽车企业广泛采取的品牌策略是"主品牌+副品牌"，如本田·雅阁、本田·思迪、本田·飞度、本田·思域、本田·CRV，其中"本田"是主品牌，以商标形式出现在汽车的显要部位；而雅阁、思迪、飞度、思域、CRV属于副品牌，通常以文字形式出现在汽车的次显要部位，它代表的是不同的产品线或者特定的消费者群体。甚至在副品牌中进一步细分，如桑塔纳、桑塔纳2000、桑塔纳3000，以体现不同时代的产品变化让消费者感到产品技术的进步。

汽车企业的主品牌设计，既可以用企业的企业商号（公司名称）命名，也可以不用企业商号命名。如丰田、本田、大众、日产、福特、奔驰等，既是汽车企业的公司名称，也是产品的品牌名称。而奔驰公司的迈巴赫，通用公司的别克、凯迪拉克、雪佛兰，大众公司的奥迪、斯柯达等，都是与企业商号不同的主品牌名称。每个主品牌通常代表一个独立的子公司。同一个汽车企业主品牌不同的产品，通常市场定位差别较大，如丰田公司的"雷克萨斯（凌志）"就是定位于豪华轿车市场的主品牌，其消费者群体完全不同于丰田品牌的消费者。

"主品牌+副品牌"的策略模式，使得企业在产品线较多的情况下，既可以享受统一品牌的好处，又可以克服"一损俱损"的品牌风险。即使某个副品牌做得不够好，也不会造成整个主品牌的严重伤害。

汽车企业在决策主品牌的延伸策略时，即在考虑将主品牌延伸到哪些产品线时，要尽量不与主品牌原有的核心价值理念相抵触，即所有的副品牌都要遵循基本相同的品牌核心价值观。否则就不适合品牌延伸策略，而应考虑设计独立的品牌。

3. 品牌经营策略

经过多年市场经济的洗礼，国内汽车企业对现代营销理念、4Ps营销策略、市场调查研究等现代营销理论和方法，已经有了较多了解，并能够在汽车营销实践中加以应用。但是，随着企业营销实力差距的缩小，面对越来越激烈的市场竞争，却苦于没有良策克敌制胜，而懂得品牌经营就是秘密武器。

做好品牌经营，一是要完整、准确地理解品牌的概念，杜绝因为理解偏差造成的错误经营行为；二是要了解品牌实力的积累方法，通过品牌建设，将品牌变为企业的无形资产。

1）关于品牌概念的理解

如上所述，品牌是一个复杂的概念系统，特别是其无形部分更为重要，单独强调品牌的某一方面都会有失偏颇。现实生活中对品牌概念的理解经常会陷于以下误区：

（1）做销售量就是做品牌。认为只要销售量上去了，品牌力自然就会提升。其实，忽视品牌美誉度、忠诚度、品牌形象和个性的建设，片面追求销售量，特别是经常进行降价促销，往往会贬低品牌形象，给人感觉价格不真实，也会让现有的用户感觉"吃亏"，难以培植顾客忠诚。成功品牌总是不仅注重销售量，而且注重持续的品牌经营，积累品牌力。

（2）名牌就是品牌。认为做品牌就是做名牌，将产品知名度作为经营的最高目标。这样做虽然产品的知名度提高了，但消费者对品牌并没有在心中"留下烙印"，对品牌利益、品牌价值和品牌联想等没有"深刻印象"，一旦宣传造势停下来，消费者就会对品牌遗忘。从创建过程看，名牌的打造可以毕其功于一役（如一次广告运动），而品牌的打造需要常年积累，因为消费者对企业品牌的完整理解和认同需要一个过程。从各自发挥的作用看，名牌可能在短期内促进销售，而品牌却能够长期对企业做出贡献，强势品牌可以让消费者感觉到附加利益的存在，并愿意为此增加消费。

（3）将商标视为品牌。认为产品只要进行商标注册，就成了品牌。其实，品牌设计和注册只是品牌建设的一道必不可少的程序。品牌建设还包括品牌认同、品牌定位、品牌传播、品牌管理等深层次的内容。这样，消费者对品牌的认识才会出现由形式到内容、从感性到理性、从浅层到深层、由未知到理解的转变，形成顾客忠诚。

（4）做产品就是做品牌。认为企业只要产品过硬，就会建立品牌。现实生活中，很多产品其实在产品本身方面（质量、材料、款式）差异并不大，但在价格上却相差悬殊，有的产品经过贴牌后身价倍增，这种变化唯一的原因就是品牌升华了产品价值。宾利和劳斯莱斯的高价值，主要不是来自产品，而是来自品牌定位和购买者的消费心理（身份象征）。在品牌力竞争时代，仍然依靠产品力竞争，注定难以保持持续优势，如果一个品牌领先于对手的原因仅仅只是产品属性，那么这个品牌将来一定会被别的品牌赶超。

（5）品牌是靠广告打出来的。应该看到，广告的确可以说明产品的功能利益，传递品牌主张和品牌情感，但品牌却有赖于消费者对产品品质的肯定，需要消费者满意，需要消费者自愿接受价差效应等，这些都不是依靠广告运动能够解决的，而是需要消费者的品牌体验和口碑传播。广告只有在品牌的整体规划下运作，才能成为"品牌的有效投资"。

（6）品牌也有明显的生命周期。很多营销者认为品牌与产品一样，具有明显的生命周期。其实，这是一种受产品生命周期误导的认识。强势品牌一旦建立，它可以以其强大的生命力跨越产品周期的限制，持久地发挥力量。例如，奔驰汽车的产品换了一茬又一茬，但奔驰品牌却是常青树。当然，营销者防止品牌形象老化也是必要的，其手段包括产品更新、品牌代言形象更新、广告语更新、整合品牌形象等。

（7）中小企业不需要做品牌。很多中小企业把资本积累、扩大产销规模作为当务之急而忽视品牌管理，一旦等其规模做大了，才发现规模的扩展并没有为企业带来收益的同向增长，甚至永远只是强势品牌的垫脚石。其实，中小企业如果希望做大、做强，那么越早进行品牌管理，就越能够争取发展的主动权，享受品牌给予的超值回报。

品牌经营作为20世纪90年代发展起来的新兴营销理论，其理论体系尚不够完善，业界对品牌出现这样或那样的误解虽属无奈，但企业营销者必须尽快学会品牌经营，以走出低水平经营的尴尬局面。

2）关于品牌实力的建设

品牌建设一般应遵循以下程序和步骤：

（1）根据市场定位设计品牌的核心价值。品牌核心价值是企业经营理念和品牌诉求的反映，是企业必须长期坚持的精髓。品牌最具价值的部分通常表现在核心价值上。品牌核心价值的成功标志是目标受众是否认同和共鸣。核心价值可以彰显产品价值（关键要让用户永远相信品牌是最合适的），也可以突出消费者本身（如品牌总是服务于某类消费者），还可以刻画品牌与消费者的互动关系（如针对某个群体，长期以"满足你的需要，就是我的责任"为品牌理念）等。

（2）基于品牌理念，做好品牌认同设计，包括品牌属性认同、品牌利益认同、品牌价值认同、品牌文化认同、品牌个性认同、品牌联想认同、品牌形象认同和品牌定位认同等。品牌认同设计，关键就是要做到企业自己期望的认同，最终真正能够得到消费者的认同，这样消费者就会在心中对品牌"留下深深的烙印"，从而增强品牌生命力。为此，营销者必须做好品牌分析（包括顾客分析、竞争者分析和自我品牌分析），建立一套完整的品牌认同系统(包括基本认同和延伸认同)。

(3)围绕品牌理念,根据品牌认同设计,综合运用营销手段,做好品牌传播,以便不断增加品牌的资产价值。

①品牌传播要全力维护和宣扬品牌核心价值,各项举措始终以品牌价值为轴心,这是品牌经营不可动摇的基石。否则,品牌诉求经常变,对品牌资产就不会产生积累效应。

②品牌宣传要突出品牌个性,让目标受众对品牌能够形成鲜明印象。

③广告创意和广告宣传要富有张力,要有利于提升品牌形象和增加对品牌资产的积累,只注重销售量增长的广告也不是成功的广告策略。

④品牌形象必须坚持统一,无论宣传用语怎么变化,都不能偏离既定轨道,朝令夕改最终将无法建立强势品牌。坚持品牌形象统一,就要做到"横向统一"(一个时期的各种营销要素都围绕同一个主题展开)和"纵向统一"(长期坚持同一主题和风格)。

⑤注重品牌手段的整体规划。品牌建设不能单纯依靠4Ps中的某一类方法,必须综合运用各种营销要素,向着同一品牌目标"集体发力",才能够建立强势品牌。特别是企业促销时一定不要忽视品牌管理,不要让促销成为品牌的掘墓活动。

需要说明的是,我国汽车企业由于与国际汽车企业合资合作的比例成分较高,在合资合作过程中要特别注重民族汽车品牌的资产价值,保护业已发展起来的民族汽车品牌。总之,在市场竞争越来越向品牌竞争转变的今天,汽车企业要学会品牌经营,走出习惯应用价格的误区。

第七章

汽车产品定价策略

第一节 汽车定价目标及程序

汽车产品定价是一项系统性强、工作较为复杂的过程。汽车企业在汽车新产品投放市场或者在市场环境发生变化时，需要制定或调整汽车价格，以利于汽车企业营销目标的实现。由于汽车价格涉及汽车企业、竞争者、汽车消费者三者之间的利益，因此汽车定价的确定既重要又困难。掌握汽车定价的目标及一般程序对于制定合理的汽车价格是十分重要的。

一、定价目标

企业的定价目标主要有以下几点。

1. 以维持企业生存为目标

由于种种原因造成企业销路不畅、产品滞存、资金占用严重时，维持生存成为企业的首要目标。企业以维持生存为目标时，宜定低价吸引消费者，这时价格只要能收回可变成本和部分固定成本即可。显然，这种定价目标只能是企业的短期目标，从长期来看，企业必须改善生产经营状况，谋求利润和发展，否则终将面临破产。

2. 以争取当期利润最大化为目标

获利是企业生存发展的前提条件，即企业以目前的利润最大化作为定价目标。采用这种定价目标，必须要求被定价产品市场信誉高，在目标市场上占有优势地位。而且追求最大利润并不意味着要制定过高的价格，因为企业的盈利是全部收入扣除全部成本费用之后的余额，盈利的大小不仅取决于价格的高低，还取决于合理的价格所形成的需求数量的增加和销售规模的扩大，所以企业通常将盈利最大化作为长期目标，然后再结合经营的时间和空间环境做出价格水平决策，以保持企业长期和较高的盈利能力。

因而，这种定价目标比较适合于处于成熟期的名牌产品。其做法是通过市场调查和预测,测算不同价格及其相应的销售量,并结合不同销售量下的产品成本进行综合比较后,从中选择一个可以使企业取得当期最大利润的价格。

企业在定价实践中,确定当期利润最大化的价格,是一项具有难度和挑战的工作。因为它要求企业必须有非常完善和准确的市场需求变动和产品成本变动的有关资料,例如需求函数、成本函数等。而实际工作中,取得这些资料,且要保证资料的准确性是有困难的。同时,企业追求当期利润最大化,不一定能使其长期利润最大化。因此,企业通常都是通过提高市场占有率、扩大销售量、增强市场优势等方式来追求长期利润最大化。

汽车企业在进行价格决策时,应首先明确期望价格所产生的市场营销效果。不同的汽车企业,所面临的生产经营形势各不相同,因而拟定的定价目标也可能有所差别。

3. 以保持或扩大市场占有率为目标

市场占有率是企业经营管理水平和竞争能力的综合表现,提高市场占有率有利于增强企业控制市场的能力从而保证产品的销路,提高市场占有率还可以提高企业控制价格水平的能力,从而使企业获得较高的利润。因此,不少企业会牺牲短期利润以保持和提高市场占有率,确保长期收益,即所谓"放长线钓大鱼"。为此,就要实行全部或部分产品的低价策略。这种定价目标比较适合于投产不久的新产品或不为市场熟悉的产品。

4. 以抑制或应付竞争为目标

有些企业为了阻止竞争者进入自己的目标市场,或者想打入别人的市场,故意将产品价格定得比竞争对手低。这种定价目标比较适合目标实现的可能性很大,而且实力雄厚的企业。

5. 以保持最优产品质量为目标

有的企业的经营目标是以高质量的产品占领市场,这就需要实行"优质优价"策略,以高价来保证高质量产品的研究与开发成本以及生产成本。这一定价目标比较适合市场美誉度好的知名产品。

6. 以保持良好的分销渠道为目标

为了保证分销渠道畅通无阻和中间商的利益,企业必须研究价格对中间商的影响,为中间商留出一定的利润空间,从而调动其销售本企业产品的积极性。这一定价目标比较适合那些大部分产品都由中间商销售的企业。

7. 以保持稳定的价格为目标

价格稳定可以有效地避免不必要的价格竞争。价格波动太大且较频繁,则容易造成市场紊乱,消费者无所适从,损害产品乃至企业在消费者心目中的形象。这种定价目标比较适合在行业中占主导地位的大型企业,这些企业往往后备资源丰富,主要着眼于长远发展,需要一个稳定的市场。

8. 以达到目标投资利润率为目标

投资利润率反映了企业投资效益的状况,任何企业都希望所投资金能够得到预期的利润回报,所以许多企业在制定价格时都以投资利润率为目标,其做法是在成本费用的基础上加一定比例的预期盈利。许多企业都是根据产品的成本水平和预定目标利润率来确定价格水平的。

9. 以维护企业形象为目标

企业形象是企业运用特定的市场营销组合在市场上形成的特定形象。为了维护企业形象，企业在制定市场营销组合方案时应根据自身需要和实际情况维持或重新确定适当的价格水平。

除上述定价目标外，企业还可有其他的定价目标。对于大多数企业来说，产品价格往往不是由单一定价目标决定的。在这些定价目标中企业可能会同时追求或兼顾几个目标，但其中各个目标的重要程度是不同的。企业在制定自身的定价目标时会遇到不同的情况和约束条件，每一个价格目标又可能包含多重要求，因此定价目标的设置是一种相当复杂的工作。为了提高企业定价的效果，企业决策者可以按照一定的科学程序来确定产品的定价目标。

二、汽车产品的定价程序

1. 明确汽车产品目标市场

在进行汽车定价时，首先要明确汽车产品目标市场。汽车产品目标市场就是汽车企业生产的汽车所要进入的市场。汽车目标市场不同，汽车的价格水平就不同。分析汽车目标市场一般要分析该汽车市场消费者的基本特征、需求目标、需求强度、需求潜量、购买力水平和风俗习惯等。

2. 分析影响汽车产品定价的因素

影响汽车产品定价的因素包括汽车产品特征、市场竞争状况、货币价值及政策和法规，汽车企业对汽车定价时不仅要了解一般的影响因素，更重要的是要善于分析不同经营环境下，影响汽车定价的最主要因素的变化状况。

1）汽车产品特征

汽车产品是汽车企业整个营销活动的基础。在确定汽车定价前，汽车企业必须对汽车产品进行具体分析，如分析汽车产品的生命周期、性能、质量、对购买者的吸引力、成本水平和需求弹性等。

2）营销组合

汽车产品价格的制定还受其他营销组合的影响。新建的中小型汽车生产企业，或者知名汽车企业的汽车产品处于导入期和成长期时，价格可定得高一些，处于成熟期和衰退期的汽车产品定价则应相对低一些；质量好、性能优、品牌知名度高的汽车产品的价格可以定高一些，反之，则必须定得低一些；当汽车企业用于广告或其他方面的费用支出较多时，价格应相应提高，反之，汽车产品的价格就可以定低一些。

3）市场竞争状况

在竞争的汽车市场中，任何汽车企业为汽车定价或调价时，必然会引起竞争者的关注。汽车在定价或调价前，汽车企业关于竞争者的分析主要包括：同类汽车市场中谁是自己的主要竞争者，其汽车产品特征与汽车价格水平如何，各类竞争者的竞争实力如何等。

4）货币价值

货币价值是汽车价值的货币表现，汽车价格不仅取决于汽车价值量的大小，而且取决于货币价值量的大小。

5）相关政策和法规

政府为了维护经济秩序或其他目的，可能通过立法或者其他途径对企业的价格策略进行干预，政府的干预包括规定最高、最低限价来限制价格的浮动幅度或者规定价格变动的审批手续以及实行价格补贴等。随着市场运行机制的不断完善，国家对企业定价的干预将越来越多地运用经济手段来实现，在现阶段，我国的商品市场价格不仅要受到国家相关价格政策的直接影响，而且国家的投资政策、科技发展政策、劳动工资政策、税收政策等也会对产品价格产生多方面的影响。因此，汽车企业在定价前一定要了解政府对汽车定价方面的有关政策和法规。

3. 确定汽车产品定价目标

汽车产品定价目标是汽车企业在对汽车目标市场和影响汽车产品定价因素综合分析的基础上确定的。汽车产品定价目标是合理定价的关键。不同的汽车企业、不同的汽车经营环境和不同的汽车经营时期，其汽车定价目标是不同的。在某个时期，对汽车企业生存与发展影响最大的因素通常会被作为汽车定价目标。

4. 选择汽车产品定价方法

汽车产品定价方法是在特定的汽车定价目标的指导下，汽车企业根据对成本、供求、汽车企业产销能力等一系列基本因素的研究，运用价格决策理论，对汽车产品价格进行计算的具体方法。汽车产品定价方法一般有三种：成本导向定价法、需求导向定价法和竞争导向定价法。这三种方法所适用的汽车定价目标不同，汽车企业应根据实际情况择优选用。

5. 确定汽车产品的价格

确定汽车产品价格时，汽车企业要以汽车定价目标为指导，选择合理的汽车定价方法。同时，也要考虑其他因素，如汽车消费者心理因素、汽车产品新老程度等。汽车企业经过分析、判断及计算为汽车产品确定一个合理的价格。

第二节　汽车定价的基本方法

产品价格的高低主要受市场需求、成本费用和竞争情况这三个方面因素的影响与制约，因此企业在定价过程中必须全面考虑到这些因素。但在实际工作中，企业通常侧重于考虑某一方面的因素来选择定价方法，此后再参考其他因素的影响对制定出来的价格进行适当的调整。因此，企业的定价方法可以划分为三大基本类型，即成本导向定价法、需求导向定价法和竞争导向定价法。

一、成本导向定价法

所谓成本导向定价法，就是企业以成本费用为基础来制定价格。汽车成本导向定价法包括汽车成本加成定价法、汽车加工成本定价法和汽车目标成本定价法三种。其特点是简便、易用。

1. 汽车成本加成定价法

汽车成本加成定价法是一种最简单的汽车定价方法，即在单台汽车成本的基础上，加上一定比例的预期利润作为汽车产品的售价。此定价法主要适用于汽车生产经营处于合理状态、企业供求大致平衡、成本较稳定的汽车产品。其计算公式为：

单位产品价格＝单位产品总成本×（1＋成本加成率）

由此可以看到，汽车成本加成定价法的关键是成本加成率的确定。在这方面，汽车企业一般是根据汽车行业或某种汽车产品已经形成的传统习惯来确定加成率。不过，不同的商品、不同的行业、不同的市场、不同的时间、不同的地点，其成本加成率往往是不同的，甚至同一行业中不同的企业也会有不同的加成率。一般来说，加成率应与单位产品成本、资金周转率以及需求价格弹性成反比（需求价格弹性不变时加成率也应保持相对稳定）。零售商使用自己品牌的加成率应高于使用制造商品牌的加成率。

汽车成本加成定价法的主要优点有：

（1）由于成本的不确定性一般比需求的不确定性小得多，定价着眼于成本可以使定价工作大大简化，不必随时依需求情况的变化而频繁地调整，因而大大地简化了汽车企业的定价程序。

（2）只要同行业企业都采用这种定价方法，那么在成本与加成率相似的情况下价格也大致相同，这样可以使价格竞争减至最低限度。

（3）对买卖双方都较为公平，卖方不利用买方需求量增大的优势趁机哄抬物价，因而有利于买方，固定的加成率也可以使卖方获得相当稳定的投资收益。

鉴于以上原因，这种方法应用得较为广泛。汽车成本加成定价法也存在着不足，主要是加成率一经确定就易于被固定化，从而导致汽车企业忽视市场需求、竞争状况和供求数量关系等方面的变化，使营销工作变得被动。这是汽车企业应该加以注意的。

2. 汽车加工成本定价法

汽车加工成本定价法是将汽车企业成本分为外购成本与新增成本后分别进行处理，并根据汽车企业新增成本来加成定价的方法。对于外购成本，汽车企业只垫付资金，只有汽车企业内部生产过程中的新增成本才是其自身的劳动耗费。因此，按汽车企业内部新增成本的一定比例计算自身劳动耗费和利润，按汽车企业新增制价值部分缴纳增值税，使汽车价格中的盈利同汽车企业自身的劳动耗费成正比，是汽车加工成本定价法的要求。其计算公式如下：

汽车价格＝外购成本＋汽车加工新增成本×（1＋汽车加工成本利润率）／
（1－加工增值税率）

汽车加工成本利润率＝要求达到的总利润/汽车加工新增成本×100%

加工增值税率＝应纳增值税金总额/（销售总额－外购成本总额）×100%

这种汽车加工成本定价法主要适用于加工型汽车企业和专业化协作的汽车企业。此方法既能补偿汽车企业的全部成本，又能使协作企业之间的利润分配和税收负担合理化，避免按汽车成本加成法定价形成的行业之间和协作企业之间利益不均的弊病。

3. 汽车目标成本定价法

汽车目标成本定价法是指汽车企业经过一定努力，以预期能够达到的目标成本为定价依据，加上一定的目标利润和应纳税金来制定汽车价格的方法。这里，目标成本与定价时的实际成本不同，它是企业在充分考虑未来营销环境变化的基础上，为实现企业的经营目标而拟定的一种预期成本，一般都低于定价时的实际成本，其计算公式如下：

汽车价格 = 汽车目标成本 × （1 + 汽车目标成本利润率）/ （1 − 税率）

汽车目标成本利润率 = 要求达到的总利润 / （目标成本 × 目标产销售量） × 100%

汽车目标成本定价法是为谋求长远和总体利益服务的，较适用于经济实力雄厚、生产和经营有较大发展前途的汽车企业，尤其适用于新产品的定价。采用汽车目标成本定价法有助于汽车企业开拓市场、降低成本、提高设备利用率，从而提高汽车企业的经济效益和社会效益。

企业在应用目标定价法时，若完全以主观推测的产品销售量计算并制定产品的单位价格，可能会偏离市场所能接受或所愿接受的价格水平，从而导致所产产品出现供过于求或供不应求的问题。为了避免这种问题的发生，企业在应用目标定价法时应借助需求函数、需求曲线这一分析工具来进行。

成本导向定价方法反映了基本的价格原理，即只有当产品的平均价格高于产品的平均总成本时，企业才能进行有效的再生产。这种定价方法的优点：

（1）简便、实用。

（2）将本变利，一般不大会诱发价格竞争。

其缺点是：

（1）定价过程脱离市场，闭门造车，所定价格可能会出现两种局面，一是高于市场可接受的价格（如企业生产成本较高时，所确定的价格可能会高于竞争对手），产品面临滞销风险，另一种是低于市场可接受价格，产品面临市场抢购和企业营销机会的损失。

（2）定价过程使得企业有利可图，企业缺乏技术革新、主动控制和降低成本的动力和压力。

需要指出的是，成本加成定价法有时会被认为是生产观念指导下的产物，但由于其简便易行、有效抑制价格竞争的显著优点，至今在很多企业得到了广泛的应用。

二、需求导向定价法

需求导向定价法包括感知价值定价法、需求差异定价法和反向定价法。

1. 感知价值定价法

感知价值定价法也称为觉察价值定价法，这是近年来企业越来越多地采用的一种方法。所谓感知价值定价法，就是企业按照购买者对产品价值的感知来制定价格的方法。感知价格定价与现代市场定位观念相一致。该方法的理论依据在于消费者对任何产品的性能、质量、服务、价格等都会形成一定的认识和评价。其关键在于准确计算产品提供的全部市场感知价值。如果价格大大高于感知价值，则消费者会感到难以接受；如果价格大大低于感知价值，则会影响产品在消费者心目中的形象。

这一方法的操作过程是：第一步，估计和测定购买者对产品价值的主观感知水平和需求强度；第二步，确定购买者能接受的价格限度并拟定初始价格；第三步，推测产品的销售量并估算产品的成本费用与盈利水平；第四步，确定产品的实际价格。

企业在运用感知价值定价法时,如果对购买者所承认的价值估计得过高就会导致定价过高,从而使销售量减少;如果对购买者承认的价值估计过低,就会导致定价偏低,这样虽然可以多销但收入会受到影响。企业在运用这一方法时,要注意利用市场营销组合中的非价格变数,如产品质量、服务特色、广告宣传、购物环境等来影响购买者,以便提高购买者对产品价值的主观认定水平和需求强度。

2. 需求差异定价法

需求差异定价法也称为区分需求定价法、价格歧视定价法,这也是应用得比较多的一种定价方法。所谓需求差异定价法,就是根据不同顾客、不同时间、不同地点及同一产品不同式样等的需求情况对一种产品制定不同的价格,而不是按照一种商品边际成本的差异来制定不同的价格。

3. 反向定价法

反向定价法是指企业依据消费者能够接受的最终销售价格,计算自己从事经营的成本和利润后,逆向推算出产品的批发价和零售价。这种定价方法不以实际成本为主要依据,而是以市场需求为定价出发点,力求使价格被消费者接受。分销渠道中的批发商和零售商多采取这种定价方法。

企业一般在两种情况下采用反向定价策略:一是为了应对竞争。价格是竞争的有力工具,企业为了同市场上的同类产品竞争,在生产之前应先调查产品的市场价格及消费者的反应,然后制定消费者易于接受又有利于竞争的价格,并由此决定产品的设计和生产;二是为了推出新产品。企业在推出新产品之前,通过市场调查,了解消费者的购买力,拟定市场上可以接受的价格,以保证新产品上市时能旗开得胜、销路畅通。

需求导向定价法的优点有:

(1) 考虑了市场需求对产品价格的接受程度,不会出现产品滞销或者损失盈利机会的风险。

(2) 能够为企业带来降低成本的压力和动力,从而提高企业的经营素质。因为消费者的感受价值既定时,企业的成本越低,实现的利润就越大。

但同时也应该看到,需求导向定价法也有一些缺点:

(1) 定价过程复杂,特别是各种价格下的市场需求量,难以做到准确估计。

(2) 由于技术等各种因素的限制,不一定总能做到将产品成本降到消费者的感受价值之下。

由此可见,需求导向定价法与成本导向定价法的优缺点刚好相反。

三、竞争导向定价法

所谓竞争导向定价法,就是企业充分考虑到自己的竞争能力,着眼于对付竞争者并且以竞争者的价格为基础来制定价格。竞争导向定价法有以下几种具体形式。

1. 随行就市定价法

随行就市定价法也称为流行水准定价法、通行价格定价法,是竞争导向定价法中较为流行的一种方法。所谓随行就市定价法,就是企业按照同行业的平均现行价格水平定价。在企业难以估算成本、打算与同行业竞争对手和平共处、另行定价时很难估计购买者和竞争者对本企业价格的反应,经营的是同质产品以及产品供需基本平衡时,采用这种定价方法比较稳妥,因为这样定价易于被消费者接受,可以避免激烈竞争以及由此产生的风险,同时可以保证适度的盈利。

2. 竞争价格定价法

这是一种主动参与竞争的定价方法,这种方法要求企业认真分析市场上竞争对手的定价情况,然后根据自己的优势制定出有竞争力的产品价格。

竞争价格定价法的具体形式有以下几种:

(1)以低于竞争者的价格定价。当一个企业在成本费用方面具有优势时,为了提高市场占有率或为了有效地渗入其他企业已经建立牢固基础的市场便可以采用这一定价方法。此外,小企业产销售量不大、竞争能力不强,为了在大企业竞争的夹缝中求得生存也可以采用这一方法。

(2)以高于竞争者的价格定价。当一个企业生产经营的产品,在性能、质量、服务和声誉等方面明显优于竞争对手或受到专利保护时,便可以采用这一定价方法。

3. 投标定价法

投标定价法是采购机构刊登广告或发函,说明拟购品种、规格和数量等的具体要求,邀请供应商在规定期限内投标。采购方在规定的日期内开标,选择报价最低、最有利的供应商成交并签订采购合同。某供应商如果想做这笔生意就要投标,即在规定的期限内填写标单,填明可供应商品的名称、品种、规格、价格、数量和交货日期等,密封好后送给招标人(采购方)。政治部门、企事业单位在大型商品或大批量商品采购等方面往往采用公开招标的方式。投标价格是供应商根据对竞争者报价的估计制定的,而不是按照供应商自己的成本费用或市场需求来制定的。供应商的目的在于赢得合同,所以在其他条件相同时其报价不应高于竞争对手(其他投标人)的报价。

企业参加投标竞争能否取得成功,很大程度上取决于报价水平的高低。一般情况下,企业不能为了赢得合同而将报价定得低于边际成本的水平,这样将导致其经营状况恶化;同时报价也不能远远高出边际成本的水平,这样虽然潜在利润增加了,但减少了得到合同的机会。因此,企业在报价时既要考虑实现一定的目标利润,又要结合竞争状况分析中标概率,以便找出目标利润与中标概率之间的最佳结合点来作为最佳报价。

第三节 汽车产品定价策略

企业在充分考虑了各种定价的影响因素后,采用适当方法所确定的价格还只是产品的基本价格。实际营销过程中,企业还应围绕基本价格,根据不同情况采取灵活多变的价格策略。

一、产品生命周期定价策略

产品生命周期包括导入期、成长期、成熟期和衰退期四个阶段。处于不同阶段的产品各有不同的特征，就必须采取不同的定价策略。

1. 导入期的定价策略

导入期的定价策略也称新产品的定价策略。一种新产品刚刚投放市场，它在技术上和经营上都具有一定的优势，但同时也面临很多问题，新产品面市迎合了一部分消费者求新求异的心理，但大多数潜在的消费者对产品都不太熟悉，故需要的促销费用较多。而且，新产品的产量也较少，销售增长缓慢，需求不稳定，营销成本高。在这种情况下，企业为达到不同的目的，会采取以下不同的策略。

1）撇脂定价策略

撇脂定价策略是一种高价保利策略。以汽车为例，其是指在汽车新产品投放市场的初期，将汽车价格定得较高，以便在较短的时期内获得较高的利润，尽快地收回投资。

撇脂定价策略的优点是：

（1）汽车新产品刚投放市场，需求弹性小，尚未有竞争者，因此，只要汽车新产品性能超群、质量过硬，就可以采取高价来满足一些汽车消费者求新、求异的消费心理。

（2）由于汽车价格较高，因而可以使汽车企业在较短时间内取得较大的利润，在短时间内收回投资。

（3）由于汽车定价较高，所以可以在竞争者大量进入市场时主动降价，以增强竞争能力；同时，也符合消费者对价格由高到低的心理。

撇脂定价策略的缺点是：

（1）在汽车新产品尚未建立起声誉时，高价不利于打开市场，一旦销售不利，汽车新产品就有夭折的风险。

（2）如果高价投放市场销路旺盛，很容易引来竞争者，那么会使汽车新产品的销路受到影响。

2）渗透定价策略

渗透定价策略与撇脂定价策略相反，是一种低价促销策略，是指汽车企业在把汽车新产品投放市场时将汽车价格定得较低，以便使汽车消费者容易接受，从而很快打开和占领市场。

它的优点是汽车企业可以利用低价迅速打开汽车新产品的市场销路，占领市场，从多销中获得更多的利润，低价可以阻止竞争者进入，有利于控制市场。缺点则是投资的回收期较长，见效慢，风险大，一旦渗透失利会给汽车企业造成巨大的损失。

2. 成长期的定价策略

在成长期，消费者的注意力不再单纯停留在汽车产品的效用上，他们开始比较不同汽车的性能和价格。因此，汽车企业可以采取汽车产品差别化和扩张市场的策略。一般来说，成长期的汽车价格最好比导入期的价格低。因为消费者对产品的了解度增加了，价格敏感性提高。但对于那些对价格并不敏感的市场，不应使用渗透定价策略。尽管这一阶段的竞争加剧，但行业市场的扩张能有效防止价格战的出现；然而，有时汽车企业为了赶走竞争者，也可能会展开价格战。

3. 成熟期的定价策略

这个阶段的企业一般实行竞争价格策略。产品进入成熟期后，虽然生产量和销售量都达到最大，但因大量竞争者进入市场，企业的产品销售肯定会受一定影响，而这一阶段的产品生产成本也进一步下降了，企业可以根据市场情况对产品作不同程度的降价，同时辅以一些非价格竞争的手段以扩大销售、获得利润。实行竞争价格时，掌握降价的依据和幅度十分重要。降价太多，虽然可扩大销售，但可能亏损；降低太少，不足以震撼市场，企业不能保证扩大销售量，也无法在竞争中取胜。企业在实行竞争价格策略时，必须对企业内外部情况进行综合分析，合理确定产品的竞争价格。通常产品需求价格弹性大时降价幅度宜大，需求弹性小时则降价幅度宜小。

4. 衰退期的定价策略

产品进入衰退期之后，新产品、替代品不断出现，消费者对老产品也逐渐失去兴趣，销售量直线下降，而且这个阶段的产品成本也会有所上升，利润减少，甚至出现亏损。这个时期的产品定价，主要着眼于最大限度提取收益和尽快回收占压资金，尽可能发挥产品在其市场寿命最后阶段的经济效益。衰退期的产品定价一般采用驱逐价格策略和维持价格策略。

（1）驱逐价格策略。这种策略是以产品的平均可变成本作为价格下限，大幅度降价，驱逐竞争者，阻止本企业产品销售下降，延长产品寿命。这种定价策略有较强的价格攻击力，但风险也较大，仅限于产品生命周期结束阶段应用，以便清仓出货，迅速转产。

（2）维持价格策略。即企业对老产品继续保持其在市场成熟期的价格水平。这种定价策略可以保持产品在消费者心目中的良好形象，不至于造成"淘汰产品"的印象。但容易使销售量大幅度减少，加快产品退出市场。因此要采取一些措施，如调整产品结构、缩减生产量、加强售后服务等来延长其市场寿命。

二、心理定价策略

心理定价策略即针对汽车消费者心理进行定价的策略，是一种根据汽车消费者心理要求而采用的定价策略。

每种品牌汽车都能满足汽车消费者某一方面的需求，汽车价值与其给汽车消费者的心理感受有很大关系。这就为汽车心理定价策略的运用提供了基础，使得汽车企业在定价时可以利用汽车消费者的心理因素，有意识地将汽车价格定得高些或低些，以满足汽车消费者心理的、物质的和精神的多方面需求，通过汽车消费者对汽车产品的偏爱或忠诚，诱导汽车消费者增加购买，扩大市场销售量，获得最大效益。

1. 整数定价策略

汽车企业在对高档汽车进行定价时，往往把汽车价格定成整数，不带尾数。汽车企业凭借整数价格来给汽车消费者造成汽车属于高档消费品的印象，提高汽车品牌形象，满足汽车消费者的某种心理需求。整数定价策略适用于档次较高、需求的价格弹性比较小的汽车产品。由于目前选购高档汽车的消费者都属于高收入阶层，所以会接受较高的整数价格。

2. 尾数定价法

尾数定价法指利用消费者对数字认识上的某种心理，在价格的尾数上"做文章"。如企业故意将产品的定价定带有尾数，让消费者感到企业的定价比较公平合理；又如，将尾数定为"9"，以满足人们"长长久久"的心理，将尾数定为"8"，以迎合人们"恭喜发财"的心理等。面向公共权力机关销售的汽车（如公务用车），在应用尾数定价策略时应特别注意，需将价格定在有关管理规定之内。尾数定价策略一般适用于档次较低的经济型汽车。经济型汽车价格的高低会对需求产生较大影响。

3. 分级定价策略

分级定价策略是指汽车企业在定价时，把同类汽车分为几个等级，对不同等级的汽车采用不同价格的一种汽车定价策略。这种定价策略能使消费者产生货真价实、按质论价的感觉，因而容易被消费者接受。而且，当这些不同等级的汽车同时提价时，对消费者的质价观冲击不会太大。采用分级定价策略时，等级的划分要适当，级差不能太大或太小；否则，起不到预期的分级效果。

4. 声望定价策略

声望定价策略是指汽车企业根据汽车产品在消费者心目中的声望、消费者对汽车产品的信任度和汽车产品的社会地位来确定汽车价格的一种汽车定价策略。声望定价策略可以满足某些汽车消费者的特殊欲望，如地位、身份、财富、名望和自我形象等，还可以通过高价格显示汽车的名贵品质。有报道称，在美国市场上，质高价低的中国货常竞争不过相对质次价高的韩国货，其原因就在于，在美国人眼中低价就意味着低档次。声望定价策略一般适用于具有较高知名度、有较大市场影响力的著名汽车品牌。

5. 招徕定价策略

招徕定价策略是指汽车企业将某种汽车产品的价格定得非常高或者非常低，以引起消费者的好奇心理和观望行为，从而带动其他汽车产品销售的一种汽车定价策略。如某些汽车企业在某一时期推出某种车型并降价出售，过一段时间后紧接着推出另一款车型，以此来吸引消费者时常关注该企业的汽车产品，促进降价产品的销售，同时也带动同品牌其他正常价格的汽车产品的销售。招徕定价策略常为汽车超市、汽车专卖店采用。

三、产品组合定价策略

对大型汽车企业来说，其产品并不只有一个品种，而是某种产品组合，这就需要企业确定一系列的产品价格，使产品组合取得整体的最大利润。这种情况的定价工作一般比较复杂，对于不同的产品，其需求量、成本和竞争程度等情况是不相同的。产品组合定价策略主要有两种。

1. 同系列汽车产品组合定价策略

1）产品线定价策略

在同一产品线中，各个产品项目是有着非常密切的关系和相似性的，企业可以利用相似性来制定同一条产品线中不同产品项目的价格，以提高整条产品线的盈利。如同一产品线内有 A、B、C 三种产品，分别定价为 a（高价）、b（中价）、c（低价）三种价格，消费者自然会把这三种价格的产品分为不同的三个"档次"，并按习惯去购买自己期望的档次的产品。

运用这一价格策略，能形成本企业的价格差异和价格等级，使企业各类产品定位鲜明，且能服务于各种消费能力层次的消费者，并能使消费者确信本企业是按质论"档"定价，给市场一个"公平合理"的定价印象。这一策略比较适合于广大消费者对本企业而非对某个具体产品的信念较好的情况。

企业在采用产品线定价策略时,首先须对产品线内推出的各个产品项目之间的特色、消费者对不同特色的评估以及竞争对手的同类产品的价格等方面的因素进行全面考虑;其次,应以某一产品项目为基点定出基准价;然后,围绕这一基准价定出整个产品线的价格,使产品项目之间存在的差异能通过价格差鲜明地体现出来。

2)附带选装配置的汽车产品组合定价策略

附带选装配置的汽车产品组合定价策略是指将汽车企业所生产的汽车产品与其附带的一些可供选装配置的产品看作一个产品组合来定价。例如,消费者可以选装该汽车企业的电子开窗控制器、扫雾器和减光器等配置。汽车企业首先要确定产品组合中应包含的可选装配置产品。其次,对汽车及选装配置产品进行统一合理的定价。如果汽车价格相对较低,而选装配置的价格相对较高,那么,既可以吸引消费者,又可以通过选装配置来增加企业利润。附带选装配置的产品组合定价策略一般适用于有特殊、专用汽车附带选装配置的汽车。

2. 产品群定价策略

为了促进产品组合中所有产品项目的销售,企业有时将有相关关系的产品组成一个产品群成套销售。消费者有时可能并无意购买整套产品,但企业通过配套销售,使消费者感到比单独购买便宜、方便,从而带动了整个产品群中某些不太畅销的产品的销售。使用这一策略时,要注意搭配合理,避免硬性搭配,硬性搭配(强制销售、捆绑销售)的销售行为在多数国家是不合法的。

四、折扣定价策略

折扣定价是应用较为广泛的定价策略。其主要的类型有:

(1)功能折扣,又称贸易折扣。即汽车企业对功能不同的经销商给予不同折扣的定价策略,其可以促使经销商执行各自的营销功能。

(2)现金折扣。即给予立即付清货款的客户或经销商的一种折扣。其折扣直接与客户或经销商的货款支付情况挂钩,当场立即付清时得到的折扣最多,而在超过一定付款期后,不仅得不到折扣,反而还可能要交付一定的滞纳金。

(3)数量折扣。即与客户或经销商的购买批量挂钩的一种折扣策略。购买批量越大,享受的折扣越大。我国很多汽车企业均采取了这种策略。

(4)季节折扣。即与时间有关的折扣,这种折扣多发生在销售淡季。客户或经销商在淡季购买时,可以得到季节性优惠。

(5)价格折让。当客户或经销商为汽车企业带来其他价值时,汽车企业为回报这种价值而给予客户或经销商的一种利益实惠,即折让。如客户采取"以旧换新"方式购买新车时,客户只要付清新车价格与旧车价格间的差价,这就是以旧换新折让,经销商配合汽车企业进行了促销活动,汽车企业则在与经销商清算货款时给予一定折扣,这种折扣就是促销折让。

(6)运费让价。即根据中间商或零售商所处的地理位置和距生产厂商距离的远近,在邮费上给予一定比例的折扣,其目的是鼓励远距离的中间商或零售商销售本企业产品,以扩大市场的地区覆盖范围。

五、价格调整策略

产品价格制定之后,由于市场环境的变化,企业需及时对产品的价格进行调整。产品价格的调整一般可分为主动调整和被动调整两种。

1. 主动调整

在市场营销中,企业出于某种营销目的,经常主动地对价格进行调整,包括主动降价和主动提价。

1) 主动降价

(1) 降价原因。企业降价的原因很多,有来自企业外部的因素,也有企业内部策略的转变等,主要有:

①产品供过于求,严重积压,运用各种营销手段(价格策略除外),仍难以打开销路。
②市场竞争激烈,需通过降价来提高市场占有率。
③企业的产品成本比对手低。
④产品的使用价值下降。
⑤市场需求进入淡季。
⑥政治、法律、环境的影响及经济形势的变化,特别是出现通货紧缩、市场疲软、经济萧条的宏观经济形势,或者出现币值上升、社会物价整体水平下降等情况。

(2) 降价方式。企业既可以选择直接降价,也可以选择间接降价。采用直接降价策略,可以刺激消费者的购买欲望,增加产品的销售量,但如果降价时机选择不当,降价方式不合适,宣传不够,则也会产生不良影响。一般来说,降价时消费者可能理解为:

①该产品可能被淘汰。
②产品有缺陷。
③产品已经停产,零配件供应将会有困难。
④降价还会持续,特别是小幅度连续降价时,最易引起消费者持币待购。
⑤企业遇到了财务困难。

因此,降价策略必须谨慎使用。

间接降价又称变相降价,可以缓解价格竞争、避免误导消费者、促进产品销售,是常用的降价方式。常见的间接降价方式有:

①增加价外服务项目。在美、日等国家,此种方法被大量采用,如对消费者提供低息贷款;赠送车辆保险或一定数量的燃油;免费送货上门;增加质量保修内容,延长保修期限或里程等。国内的汽车企业也大量采用这种方法。
②赠送礼品和礼品券。
③举办产品展销,展销期间价格优惠。如开展"销售优惠月"活动,优惠月内价格优惠。这种短期的降价活动有很强的促销作用。
④在不提高价格的前提下,提高产品质量,改进产品性能,提高产品附加值。
⑤给予各种价格折扣。

2) 主动提价

(1) 提价原因。企业调高价格的原因很多,主要有:

①产品供不应求。
②成本费用增加。
③通货膨胀，货币贬值，使原有价格低于产品价值，为了避免损失，必须提高价格。
④产品进行了改进，质量、性能都有所提高。
⑤政府为了限制某些商品的消费，可能会征收高额税收，导致价格提高。

产品提价通常会抑制需求，但有时会使消费者将提价理解为：
①此产品为走俏产品。
②该产品有新功能或特殊价值。
③可能还要涨价，迟买不如早买。

所以，如果提价时机好、促销广告宣传有力，提价有时反而会激发增强购买欲望，增加产销量。但要注意，提价时一定不能引起消费者反感。

（2）提价方式。在需要提价的情况下，企业为了不招致消费者的注意和反感，会采用间接提价策略。例如：
①在签订大宗合同时，规定价格调整条款，即对价格不作最后限价，规定在一定时期内（一般为交货时），可以按当时价格与供求行情对价格进行调整。
②减少系列产品中利润较少产品的生产，扩大利润较高产品的生产。
③减少某些服务项目，以降低生产和服务成本。
④开展价值工程研究，节约某些项目成本，以降低生产成本。

2. 被动调整

价格的被动调整是对竞争对手调整价格后做出的反应。如果竞争对手进行了价格调整，为了不让本企业失去商机，企业就要仔细研究以下问题：竞争对手为什么要调整价格？是为了夺取市场，还是其生产成本发生了变化？竞争者调价是长期的，还是短期的？是局部调整，还是全局调整？其他企业将会如何反应？如果本企业不予应对，其他企业是否会应对？如果本企业进行价格调整，竞争者又会有什么反应？

第八章

汽车分销渠道与物流策略

第一节 汽车分销渠道

对于一个企业来说，除了要有适销对路的产品和合理的价格，还需要通过适当的分销渠道，才能把产品从企业手中流通到消费者的手中，才能克服生产者与消费者之间存在的地点、时间、数量和所有权等方面的矛盾和差异，为消费者带来便捷，为企业带来利润，实现企业的最终价值。

一、分销渠道的内涵

分销渠道又称营销渠道、交易渠道、配销渠道，自20世纪60年代营销管理理论体系确立以来，学术界与企业界从不同的视角各自为分销渠道进行了定义，比较有代表性的有以下几种。

（1）美国市场营销协会（AMA）的定义委员会在1960年给分销渠道下的定义是："厂商内部和外部的代理商和经销商（批发和零售）的组织机构，通过这些组织，商品（产品和劳务）才得以上市行销"。

（2）肯迪夫和斯蒂尔给分销下的定义是："产品或者劳务从制造商向消费者移动的过程中，直接或者间接转移所有权所经过的途径"。

（3）美国著名营销学家菲利普·科特勒教授在《市场营销管理》一书中对分销渠道下的定义是："分销渠道是使产品或服务能被消费而配合起来的相互独立的组织集合"。

分销渠道通过其组织成员的协调运作，弥补产品或服务的生产与消费在消费形式、所有权转移、消费时间以及消费地点之间的差异，为最终消费者创造价值。一般说来，分销渠道具有以下特征：

首先，分销渠道反映某一特定产品（服务）价值实现全过程所经过的整个通道。

其次，分销渠道一群相互依存的组织和个人的集合。这些组织（个人）为解决产品实现问题各自发挥营销功能，因共同利益而合作，结成共生伙伴关系；同时也会因不同的利益和其他原因发生矛盾和冲突，需要协调和管理。

最后，分销渠道的实体是营销环节上的组织或个人。产品在渠道中通过或多或少的购销环节转移其所有权，流向消费者。中间环节包括中间商（他们取得所有权）和代理商（他们协助所有权转移）。在特定条件下，制造商可将产品直接销售或租赁给消费者，一次转移产品所有权或使用权。这时，分销渠道最短。但在多数场合，制造商要通过中间商转卖或代理专卖产品，在较长的分销渠道中多次转移产品所有权。

另外，分销渠道是一个多功能系统。它不但要通过在适当的地点，以适当的质量、数量供应产品和服务以满足需求，而且要通过渠道成员的促销活动来刺激需求。

综上所述，汽车分销渠道是指汽车产品或服务从制造厂商向用户转移过程中所经过的一切取得所有权（或协助所有权转移）的商业组织和个人，即汽车产品或者服务从制造厂商到用户的流通过程中所经过的各个环节连起来形成的通道。

二、分销渠道的结构与分类

根据不同的市场环境和条件，企业商分销渠道的类型多种多样，为了清楚地表述企业的分销渠道，一般使用渠道长度和宽度来对其进行描述。渠道长度是指产品（服务）在向消费者（用户）转移过程中所经历的环节（中间商）的多少，即一条渠道所包含中间商（组织或个人）数目的多寡，环节数目多，渠道就长。渠道宽度是指产品（服务）向消费者（用户）转移的渠道（通道）的多少，任何一条渠道（通道）都可以实现产品（服务）向消费者（用户）的转移功能。

按照渠道长度与宽度的不同，企业的分销渠道可分为不同的结构类型。

1. 企业分销渠道的长度结构

企业的分销渠道按其有无中间环节一般分为直接渠道和间接渠道两大类。

直接渠道也叫零层渠道，是指企业根据市场目标和市场条件的实际情况设立自有的销售机构，配备销售人员，将产品或服务直接销往消费者的渠道组织形式，是长度最短的分销渠道，此时企业与销售商可能是相互独立的法人，也可能是相互隶属或者同时隶属于一个法人集团。直销渠道适用于企业销售力量雄厚、产品技术含量高或作为工业品销售的企业。当新产品处于导入期时，为了更加有力地执行企业的市场政策，有时也使用直销渠道。间接分销渠道是指企业对产品和服务的分销是在中间商参与的条件下实现的，按照中间层次的多少又可分为：一级渠道、二级渠道、三级渠道等。根据企业与中间商合作方式的不同，间接渠道分为经销制与代理制。

1）经销制

在制造商与中间商双方协商的基础上，制造商以优惠的价格将产品卖给经销商，然后由经销商加价转卖给其他中间商或消费者，其加价部分形成经销商的经营毛利。经销制的根本特征是商品所有权发生了转移，即随着买卖行为的发生，销售风险由制造商转移给了经销商。作为风险补偿，制造商除对经销商提供较大的价格折扣或较低的出厂价以外，一般还对目标市场进行广告宣传等促销投入，以帮助经销商开发市场。

2）代理制

代理制是制造商通过合同等契约形式把产品销售权交给代理商，从而形成制造商与代理商之间长期稳定的代理关系。代理制作为产品分销渠道，其形式多种多样。从国外的实践看，按代理商与企业的交易方式，代理可分为两大类：佣金代理和买断代理，以上经销商、代理商等渠道成员，又统称为中间商。

2. 企业分销渠道的宽度结构

企业分销渠道的宽度结构类型，包括以下三种。

1）密集式分销渠道

密集式分销渠道指制造商在一个销售地区发展尽可能多的中间商销售自己的产品和服务，其优点是可以广泛占领市场，方便消费者购买，交货及时，但中间商市场分散，难以控制。

2）选择式分销渠道

选择式分销渠道即企业在特定的市场区域内有选择地发展少量几个中间商销售自己的产品和服务，其优点是企业对市场的控制较强、成本较低，既可获得适当的市场覆盖率又保留了渠道成员间的竞争，但渠道成员之间的冲突往往较多，企业协调的难度加大。

3）独家式分销渠道

独家式分销渠道即企业在一定的地区、一定的期限内只选择一家中间商销售自己的产品和服务，其优点是企业对渠道的控制力强，有利于统一市场政策和市场形象，渠道成本较低，但渠道成员缺乏竞争压力，企业在当地的销售受中间商影响大，市场覆盖率较小。

3. 系统结构

根据渠道成员相互联系的紧密程度，分销渠道还可以分为传统渠道系统和整合渠道系统两大类型。

1）传统渠道系统

传统渠道系统是指由独立的制造商、批发商、零售商和消费者组成的分销渠道。传统渠道系统成员之间的结构是松散的。由于这种渠道的每一个成员均是独立的，他们往往各自为政，各行其是，都为追求其自身利益的最大化而激烈竞争，甚至不惜牺牲整个渠道系统的利益。在传统渠道系统中，几乎没有一个成员能完全控制其他成员。

2）整合渠道系统

整合渠道系统是指在渠道系统中，渠道成员通过不同程度的一体化整合形成的分销渠道。整合渠道系统主要包括：

（1）垂直渠道系统。这是由制造商、批发商和零售商纵向整合组成的统一系统。该渠道成员或属于同一家公司，或将专卖特许权授予其合作成员，或有足够的能力使其他成员合作，因而能控制渠道成员行为，消除渠道冲突。垂直渠道系统又有三种主要形式：一是公司式垂直渠道系统，即由一家公司拥有和管理若干工厂、批发机构和零售机构，控制渠道的若干层次，甚至整个分销渠道，综合经营生产批发和零售业务。公司式垂直渠道系统要么是由大的制造商拥有和管理，采取工商一体化经营方式；要么是由大型零售公司拥有和管理，采取商工一体化经营方式；二是管理式垂直渠道系统，即通过渠道中某个有实力的成员来协调整个产销通路的渠道系统；三是合同式垂直渠道系统，即制造商与不同层次的独立的中间商，以合同为基础建立的联合渠道系统。如批发商组织的志愿零售店、零售商合作社特许专卖机构等。

（2）水平渠道系统。这是由处于渠道同一层次的两家或两家以上的公司横向联合，共同开拓新的营销机会的分销渠道系统。这些公司或因资本、技术、营销资源不足，无力单独开发市场，或因惧怕承担风险，或因与其他公司联合可实现最佳协同效应，组成共生联合的渠道系统。这种联合可以是暂时的，也可以组成一家新公司，使之永久化。

（3）多渠道营销系统。这是对同一或不同的细分市场，采用多条渠道的分销体系。

三、汽车产品中间商的类型与特征

普通商品的中间商，大体可以分为两大类，即批发商和零售商。批发商是从事以进一步转卖或加工生产为目的、整批买卖货物或劳务的经济活动者，其包括的主要类型有商人批发商（买断经营）、经纪人和代理商、制造商销售代表及其办事处。零售商是从事将货物或劳务批发购进，再零售给最终消费者或用户的经济活动者，主要包括商店零售和无门市零售两大类型，各自又包括很多的具体类型，在此不一一讨论。

就汽车产品的分销而言，常见的中间商形式有以下四种。

1. 经销商

经销商是指从事汽车交易取得商品所有权的中间商。它属于买断经营，具体形式可能是批发商，也可能是零售商。经销商最明显的特征是将商品买进以后再卖出，拥有商品所有权，独立承担商业风险，经销商往往制定自己的营销策略，以获得更大的效益。

国内外汽车产品的营销实践表明，这种形式基本上不适合汽车整车的销售，多见于面向汽车维修领域的配件营销。

2. 特约经销商

这是汽车整车销售的主要形式，它属于特许经营，即汽车制造商通过特许合约方式确立的汽车零售商。特约经销商是具有独立法人资格的汽车商业组织，具有汽车制造商产品的特许专卖权，在一定时期和在指定市场区域内对汽车制造商的产品进行买断经营（即不得因为销不出去而退货），并且只能销售被特许的产品，不能销售其他汽车厂商的相同或相近产品（即具有经营排他性）。

特约双方每一年度商定大致的销售量（一般签订年度销售合同作为考核目标），汽车制造商按特约经销商的要求分批发货（如按月订单发货），明确规定产品的出厂价，特约经销商用出厂价买断产品，按汽车制造商规定的市场限价（或价格波动幅度）售出产品，并承担市场风险（汽车制造商宣布产品降价除外，此时汽车制造商将对特约经销商手中尚未售出的降价产品，给予降价补贴）。

当汽车制造商在一定的市场区域内只选择一个特约经销商时，便构成"独家分销"（此时，特约经销商要履行更多的义务）。

3. 销售代理商

销售代理商多为佣金代理形式，是指受汽车企业委托，在一定时期和在指定市场区域及授权业务范围内，以委托人的名义从事经营活动、但未取得商品所有权的中间商。销售代理商最明显的特征是，寻找客户，按照汽车企业规定的价格向客户推销产品，促成交易，以及代办交易前后的有关手续。若交易成功，便可以从委托人那里获得事先约定的佣金或手续费；若商品没有销售出去，则也不承担风险。这种形式常见于二手车交易业务领域，在汽车保险等服务领域也经常被采用。

4. 总代理

总代理是指负责汽车制造商的全部产品的所有销售业务，多见于实行产销分离体制的企业集团。总代理商一般与制造商同属一个制造商集团，各自分别履行销售和生产两大职能。除了为企业代理销售业务外，还为制造商开展其他商务活动。我国上海大众汽车有限公司就没有设置销售部门，其所有产品都是由其总代理（上海上汽大众汽车销售总公司）负责销售。

综上所述，批发商是与零售商相对应的概念，而经销商是与代理商相对应的概念；经销商赚取商品的购销差价和制造商的销售奖励，代理商赚取的主要是佣金。

四、分销渠道的功能

作为连结制造商与消费者的分销渠道，应协助实物、信息、资金、所有权、促销五种营销流在制造商和消费者之间的传递，具体而言包含以下几个方面的功能。

1. 信息收集与传递功能

信息传递应是双向的，即各级渠道成员一方面既要把制造商、产品等信息传递给目标市场；另一方面要有意识地将营销环境中潜在消费者、竞争对手及下一级渠道成员对产品的需求反馈到制造商，使制造商按照市场需求来安排组织产品的生产。渠道成员高效的信息沟通可使制造商通过宣传的推力与市场宣传的拉力达到良好结合。

2. 促销功能

制造商的促销努力（如营业推广活动等）要通过中间商才能有效作用于终端市场。每一条分销渠道均有自己稳定的客源、广泛的市场联系、训练有素的营销队伍以及专业化的促销手段。分销渠道应发展和传播有关供应物的、富有说服力的、吸引消费者的报价沟通材料。

3. 谈判功能

分销渠道所承担的最本质的功能就是完成商品或服务从制造商到消费者的所有权转移，渠道成员协助交易双方尽力达成有关产品的价格和其他条件的最终协议，从而实现商品所有权或者持有权的转移。

4. 商品整理功能

由于社会化大生产条件下商品生产与消费在时间、空间上是背离的，为方便消费者购买与消费，分销渠道必须承担流转性商品储存和商品分类、分等、集合、组合、再包装、配送等商品整理功能，通过整理过程可以解决制造商单一的批量化生产与消费者多样的少量需求的矛盾。

5. 实现资金流动功能

分销渠道在资金流动方面的作用主要包括三方面内容：

（1）付款：即货款以各种形式从最终消费者流向制造商、渠道成员，从而使付款形式更加灵活多样。

（2）信用：即渠道成员（如特约经销商与制造商）相互提供的信用。

（3）融资：渠道成员凭借自己的实力和信用进行融资，实质上扩大了商品流通的资金来源，便于产品更有效的分销。

6. 服务功能

分销渠道连接产销，代表制造商发挥售前、售中和售后服务功能。随着产品科技含量的不断提高，特别是汽车产品，集成了现代机械和电子技术发展的最新成果，消费者需要在销售人员的指导下了解产品的使用及维护知识，以及制造商为其提供的必要服务。但因制造商与消费者空间距离较长，直接提供售后服务比较困难，这就要求由分销渠道代表制造商发挥售后服务的功能。

7. 分担风险功能

汽车产品和相关服务在实现其价值的过程中，因市场供求关系变化以及消费者分期付款、赊销等原因而具有一定的经营风险。但如果经销商的批量买断购进是即时付款或者远期承兑信用好，则实际上为制造商承担了一定的资金和经营风险。

8. 产品定位与企业文化宣传功能

随着市场竞争的发展和企业实力的扩张，竞争的层次由具体的产品转向企业文化层次，渠道成员由于直接面对消费者，就成为企业增强品牌亲和力、表达力的主要阵地。分销渠道对产品形象的提升是客观存在的，因此企业往往要求其渠道成员在店面标志、着装和语言习惯上达到统一，从而塑造出一个有机的形象整体和文化整体。

第二节 分销渠道的设计与管理

一、汽车企业分销渠道的设计

1. 汽车企业渠道决策的内容与一般程序

汽车企业在进行渠道决策时，一般要依次决策以下几方面的内容。

1）分析消费者需要的服务水平

分销渠道直接为消费者提供面对面的服务，它改变产品供给的品种组合、批量大小、实现供需在时间和空间上的匹配并提供实时的技术与服务支持。一般说来，提高服务产出水平意味着渠道成本的增加。汽车企业渠道设计的好坏将直接影响消费者所能获得的服务水准，其在进行渠道决策时就必须首先了解目标消费者需要的服务水平，在消费者消费预期、服务感知的时效和盈利性三者间找到最佳的平衡点。

2）建立渠道目标和结构

渠道设计应反映不同类型的中间商在执行各种任务时的优势和劣势，实现在满足消费者期望的服务水准的条件下，使渠道的成本最小化。

3）识别主要的渠道选择方案

制造商在确定了目标市场和所期望的定位后，接下来就要确定以下三个方面的内容：中间机构的类型、中间机构的数目与每种方案对应的每个渠道成员的条件及其责任。确定中间机构的类型与数目主要指选择何种形式的中间商和每个渠道层次使用中间商的数目（即选择专营性分销、选择性分销还是密集型分销）。渠道成员的条件和责任则由双方共同确定，主要包含价格政策、销售条件、分销商的地区权力及其他服务和责任。

4）对渠道方案进行评估

确定了基本的渠道备选方案后，应以经济性、可控性和适应性三种标准对每一方案进行评估，从中挑选最佳方案。

（1）经济性。这是最重要的评估，因为企业是追求利润，而不是追求对渠道的控制或渠道的适应性。经济效益的评估主要是考虑每一渠道的销售额、成本和利润的关系。企业既要考虑每个渠道的销售量，又要比较各条渠道的成本。一般说来，利用中间商的成本要比企业自销的成本小，但当销售额超过一定水平时，利用中间商的成本会越来越高，因为中间商通常要获取较大固定比例的价格折扣。但企业不能只计算这些看得见的直接效益，中间商为企业节约的间接成本也必须加以考虑，例如中间商在当地市场的影响力，其较强的销售实力等，都可以为企业节约很多诸如仓储费、信用往来费用、广告费、谈判交易费用等营销费用。总之，企业应围绕能够获得持久的经济效益这个中心去评估每条渠道。

（2）可控性。中间商是独立的商业组织，它必须关心自己的经济效益，而不是企业的利益。中间商总是对那些能获得持久利润的产品感兴趣，不愿或干脆拒绝销售那些企业希望重点推销的却没有利润的产品，只访问其认为对推销有利的消费者而忽视对企业很重要的消费者，无心研究产品的技术资料和促销资料，不能按企业的要求收集和反馈信息等，这些现象表明企业对渠道的控制力较低。通常，企业会制定一些奖惩条例和年终考评的办法来控制中间商，对按企业要求做得好的中间商进行奖励，对做得差的进行惩罚，直至取消中间商资格。这些办法固然必需，但企业还可以研究更好的办法。例如，企业不是直接给予10%的返利，而是这样支付：完成目标销售任务，返利5%；消费者满意，返利3%；信息反馈做得好返利2%。这样就可以将中间商以前认为是义务服务的工作，转化为是为自己争取效益的工作，从而使中间商的工作积极性得以提高，企业对中间商的控制弹性和控制手段也得到加强。

（3）适应性。虽然保持渠道的持续稳定，使之具有连续性，培育中间商的忠诚度，是企业需要的，但企业的分销渠道也要与企业的营销业务发展，或者经营环境的变化相适应，即分销渠道要保持一定的柔性，以便能够适时地增加、减少或撤换中间商。这主要是要求企业与中间商在签订长期合约时要慎重。因为在合约期间，企业不能随时调整渠道成员，这会使企业失去渠道的灵活性和适应性。所以涉及长期承诺的渠道方案，只有在经济效益和控制力方面都十分优越的条件下，才可予以考虑。企业可以从实力雄厚、销售能力强大、企业同其业务关系历史较长、双方已经建立信任感的中间商中选择一部分签订较长期的合约。如果中间商对本企业产品的销售业绩较差，企业不仅不可签订长期合约，而且应保留撤换的权利。

2. 分销渠道设计的影响因素

企业在进行分销渠道设计前，必须首先分析其分销渠道的设计，将会受到哪些因素的影响。影响汽车分销渠道设计的因素有以下几方面。

1）企业特性

各企业在生产规模、声誉、财务能力、产品组合、渠道经验等方面存在差异，因而其营销渠道就应存在差别。如相对小企业而言，大企业宜在市场上适当的地方设立一些营销子公司，而不是办事处。企业特性不一，对中间商具有不同的吸引力和凝聚力，从而影响企业对中间商的类型和数量的决策，如大型企业较容易得到各地有实力的中间商的加盟等。

2）商品特性

产品的产量、销售量、价值、需求、产品结构、储运及技术服务等方面的具体特点不同，要求分销渠道的形式、中间商类型会不同，因而分销渠道的设计应在兼顾辅助产品和未来发展产品需求的基础上，围绕主导产品的特点去组建，以利于企业主导产品的分销。如主导产品的用途是特别专业化的，则企业可能不需要中间商，而是直接采用人员推销的销售方式。

3）市场特性

产品销售的地理范围、购买者以及市场竞争特点的差异，也影响渠道设计。例如，市场集中就适合组建短渠道，市场需求分布较广，就要采取宽渠道。市场竞争激烈，宜采取封闭渠道成员。要研究竞争对手的渠道特点，分析本厂商的分销渠道是否比竞争者更具活力。

4）营销目标特性

企业的目标市场，决定了其分销渠道的具体特点。一般而言，企业应重视自己的传统市场区域的分销渠道的建设与管理，这是保证企业市场稳定的有效途径。同时，企业对拟开发的新兴目标市场，也应选用适当的分销商，以起到事半功倍的效果。

5）中间商特性

中间商的经济实力、资信等级、销售能力、服务能力、展示条件、存储设施及其交通方便性，都将影响到它的功能和作用，是发展分销渠道应重点考察考评的。

6）环境特性

地方的政策是欢迎还是排斥，企业在当地设立分销商，是否还有其他重要的环境因素需要考虑等，都是企业必须认真研究的。

二、汽车企业分销渠道的规划布局与组织管理

1. 汽车企业分销渠道的整体规划布局

汽车企业在确定了分销渠道的一般策略后，在具体实施前应根据实际情况对渠道的总体规模、地区分布等有关内容进行规划。制定这一规划的基本过程是：汽车企业根据其战略规划、市场营销计划、目标市场特性（需求规模、厂商份额、占厂商销售量的比例）等，将自己的产品销售规划或计划大体按目标市场进行分解，得到各个市场地区的大致销售规模；再根据中间商的平均销售能力，测算各个地区大体需要的中间商数目，得到初始布局；基于这个布局，分析各个区域市场的具体市场特点、竞争特点、中间商的类型搭配等因素的影响，确定正式的布局规划，并经厂商的营销主管领导审批后执行。

布局规划要保持一定的弹性，应根据企业的发展需要、市场需求的增长、各地市场相对份额的变化以及企业对中间商类型的调整，做好布局规划的适时修订。

2. 经销商的遴选

经销商、特约经销商或销售代理商的发展，必须依据一定程序和遴选标准，做到科学遴选。

1）汽车企业的分销渠道成员的遴选程序

（1）有意加盟的中间商，向所在地区的汽车企业设立的区域营销管理机构（如分销中心、大区、子公司等区域管理机构）提交正式的书面申请，并附上有关资质证明材料，如营业执照、法人代码、经营资格证明、资信证明、近期的财务决算书、当地市场基本数据或市场调查书、营业场所标定图及公司内外图纸或照片等。

（2）区域管理机构初步考察、评估。

（3）厂商营销总部审查，主要审查申请人的资质、销售能力以及是否符合渠道布局规划。通过后，通知申请人按相应的经销商等级的建设规范，进行硬件和形象建设。

（4）复审。申请人按建设规范施工完毕后，申请复审。复审通过，则审批、签约，纳入企业销售网点管理序列。

2）汽车企业分销渠道成员遴选的一般标准

渠道成员的市场能力直接决定了企业渠道的营销效率，因此企业必须依据一定的标准从众多申请者中挑选最有能力、最合适的候选人作为自己分销网络的成员。一般说来，企业可以从以下方面对申请者进行考察，并根据考察结果择优录取。

（1）向企业提供足够的市场信息。

（2）从事技术服务的人员素质。

（3）购买企业整个产品线的重要性。

（4）提供充分的地域覆盖能力。

（5）各地理区域的市场份额分配。

（6）维持足够存货的资金能力。

（7）在市场领域的道德声誉。

（8）维护企业定价政策的重要性。

（9）推荐和服务产品的能力。

（10）企业的产品线和竞争者的产品线对于经销商的重要性。

（11）仓库设施的充分性。

（12）市场增长的投资资源。

（13）经销商的综合财务能力。

以下是国内某汽车企业对网点申请者的一般要求。

（1）注册资金不低于200万元人民币。

（2）有可投入建设的资金（土地费用除外），不低于300万元。

（3）有轿车经营资格。

（4）有维修经营许可证，具有较强的维修能力。

（5）有固定的、有产权（或自申请之日起有效租赁期5年以上）的经营场所。

（6）新建展厅面积≥360平方米（或在部分非成熟及空白市场有可改建成展厅的现建筑）。

（7）新建车间面积≥1 200平方米（或在部分非成熟及空白市场有封闭维修区域用于改

造车间)。

(8) 资信良好、融资能力强,能够建立与销售计划相适应的一个月的整车库存。

(9) 新建或改造服务网点的场地应位于主干道旁。

3. 经销商的培训与激励

现代汽车产品技术含量日益提高,要不断改进对消费者的服务,就要求企业必须对其分销渠道成员进行不断的、全方位的培训,以提高服务水平和服务质量。培训的对象包括分销渠道中各层次的管理人员和业务人员;培训内容包括管理技巧、运营规范、有关车型的销售与技术服务知识及会计、财务、信息管理、配件等后勤业务知识等。

除了对渠道成员进行完善的培训外,企业要提高分销网络的运行效率,还必须采取适当的措施,激励渠道成员配合厂商的整体营销。一般情况下,企业可以应用以下几种类型的力量对渠道成员施加影响:

(1) 强制力量。在中间商不合作的情况下,企业可以以中止某些资源或合作关系作为条件,要求中间商提供合作。在中间商紧密依赖企业或中间商转移成本很高的情况下,这种方法是相当有效的,但有时也会使中间商产生不满。

(2) 报酬力量。是指中间商执行特定活动时,企业给予附加利益。一般情况下,报酬力量通常比强制力量效果好,但运用不当会带来营销成本的提高。

(3) 法律力量。指企业通过严格规定双方的权利、义务,依照合同,要求中间商采取适当行动。例如企业在与经销商签订特许经营协议时,可以要求经销商应保持一定的存货以作为授权协议的一个内容,一旦中间商认为企业在法律方面占据主导地位,法律力量就起了作用。

(4) 专家力量。企业总是具备一些有关车辆销售与服务的专门技术,而这些专门技术对中间商往往是十分有价值的,得不到这些专有技术,将会降低中间商的服务水平和盈利能力。企业可以通过为中间商提供专业培训的形式借以施加一定的影响。

(5) 相关力量。当企业在品牌、历史和声誉方面具有良好的口碑时,一些中间商往往以与企业合作借以提高自身的市场影响,这时企业就可以对中间商施加影响。

三、分销渠道的改进

企业分销渠道设立后,还应根据市场环境的变化和渠道成员的经营业绩,定期对分销渠道系统进行检查和改进,以保持分销渠道的活力和效率。渠道改进主要涉及两方面的工作:渠道成员的评价和分销渠道的调整与改进。

1. 渠道成员的评价

对分销渠道成员绩效评价有两类方法:一类是以产出为基础的定量测算方法,如销售额、利润、利润率和存货周转等;另一类是以行为为基础的定性测量方法,如服务质量、产品保证、顾客投诉、竞争能力和适应能力等。

1) 定量分析法

通过设立一些指标来考核评估分销渠道成员的绩效,主要有两种办法可供使用。

第一种方法是将每一中间商的销售绩效与上期绩效进行比较,并将整个中间商群体的平均升降百分比作为评估参考标准。对低于该群体平均水平的中间商，必须加强评估和实施促进措施，如果对后进中间商的环境因素加以调查，发现了一些可以原谅的因素，如当地经济衰退、某些顾客不可避免地失去、主力推销人员的丧失或退休等。而另有一些因素可以在下一销售周期采取补救措施，这时企业可以考虑暂不对经销商实施惩罚。

第二种方法是将各中间商的绩效与该地区的销售潜量（根据分析所设立的定额）相比较，即在销售期过后，根据中间商的实际销售额与潜在销售额的比率，将各中间商按先后名次进行排列。这样，企业的调查与促进措施可以集中于那些未达既定比率的中间商。

2）定性分析法

定性分析法即通过设置一些定性问题，借以考核和评估渠道成员。

2. 分销渠道的调整与改进

在对分销渠道成员进行客观评估的基础上，根据市场环境的变化，企业还应适时地对分销渠道系统进行调整。

1）分销渠道调整的原因

当分销渠道成员发生以下情况时，企业应考虑调整分销渠道系统。

（1）现有分销渠道未达到发展的总体要求。当企业分销渠道的总体设计存在问题或渠道成员选择不当或管理不力造成分销渠道系统的效率无法满足企业总体发展的要求时，企业就必须对其分销渠道系统进行调整。

（2）市场环境发生重大变化。企业面临的市场环境总是在不断变化的，有些变化将大大改变消费者的消费习惯和购买条件，使与原来环境相适应的分销渠道系统变得难以适应，因此企业有必要定期地、经常地对影响分销渠道的各种因素进行监测、检查、分析。另外，企业若能准确预测和把握某些影响分销渠道的因素发生变化，则应提前对分销渠道实施调整。

（3）企业的发展战略发生变化。任何分销渠道的设计均围绕着企业的发展战略，企业的发展战略发生变化，自然也会要求调整分销渠道。

2）分销渠道调整的步骤

首先，分析分销渠道调整的原因，分析这些原因是否是分销渠道调整的必然要求。其次，在对分销渠道选择的限制因素重新研究的基础上，重新界定分销渠道目标。接下来应对现有分销渠道进行评估。如果通过加强管理能够达到目标，则无须调整分销渠道；反之，则应考虑对现有渠道的设计或渠道成员做出调整，并进行成本—收益分析，以保证经济上的合理性。最后，组建新分销渠道并进行管理。

3）分销渠道调整的方法

分销渠道调整的最低层次是对渠道成员的调整，内容包括三个方面：一是功能调整，即重新分配分销渠道成员的功能，使之能最大限度地发挥自身潜力，从而使整个分销渠道的效率提高；二是素质调整，即通过提高分销渠道成员的素质和能力来提高分销渠道的效率。素质调整可以采取培训的方法，永久性提高分销渠道成员的素质水平，也可以采用帮助的方法，暂时性提高分销渠道成员的素质水平；三是数量调整，即增减分销渠道成员的数量以提高分销渠道的效率。

4）分销渠道调整的实施

当营销环境发生较大变化，造成现有分销渠道系统在满足目标消费者需要和欲望方面与理想系统之间出现越来越大的差距时，企业就要考虑对原有分销渠道进行调整。企业可借助损益平衡分析与投资收益率分析，确定增加或减少某些分销渠道或对整个分销渠道系统做出调整。具体可采用两种方法：一是对某个分销渠道的目标市场进行重新定位。如果现有渠道成员不能将企业产品有效送至目标市场时，则此时优先考虑的不是将这个渠道成员剔除，而是能否将之用于其他目标市场；二是重新选定某个目标市场的渠道成员。当目前已有的渠道成员不能很好地连接目标市场时，应考虑重新选择新的渠道成员来占领目标市场。

四、渠道冲突管理

无论对企业的分销渠道进行怎样的设计和优化，渠道中总会存在一些冲突，有些渠道冲突能产生建设性的作用，带来冲突各方激烈的信息沟通和对环境变化的适应性改变，但更多的渠道冲突是失调的，处理不善将会导致整个分销渠道系统效率的降低。完全消除渠道冲突是不现实的，企业应致力于合理地管理渠道冲突。

1. 渠道冲突的概念

渠道冲突是指分销渠道的成员之间，由于目标的不一致或认知上的差异，在行动上表现出的相互对立和斗争。当这种对立和斗争超出一定范围时，会最终影响分销目标和企业营销战略的实现，甚至造成企业整个内部渠道管理体系或整个外部分销系统的崩溃。

2. 渠道冲突表现形式

渠道冲突的表现形式主要有水平冲突、垂直冲突和多渠道冲突三类。

1）水平冲突

水平冲突是指某一公司的渠道系统中处在同一水平的不同中间商之间的冲突。水平冲突往往发生在划分区域分销的渠道系统。在我国目前的汽车市场上，多数渠道冲突都属于水平冲突，如经销商"越区销售"（或称为"窜货"），即经销商为牟取不当利润，会以低于所规定的协议价格向其辖区之外的市场倾销产品。"窜货"数量较大时会从批发环节上危害正常的市场组织和经营活动，或以低价直接杀伤目标市场原已确立的价格体系。"窜货"是现阶段国内大多数汽车企业渠道管理最棘手的难题。

2）垂直冲突

垂直冲突是指一条渠道中不同层次的渠道成员之间的冲突。如企业与代理商或与二级代理商之间就购销服务、商务政策、促销战略等方面发生矛盾就属于垂直冲突。

3）多渠道冲突

当企业拥有两条或两条以上的分销渠道向同一市场出售其产品或服务时，在其渠道之间既会产生水平冲突，又会出现渠道上的垂直冲突。

3. 渠道冲突的原因

导致上述渠道冲突的原因：一是渠道成员之间的目标不同，如制造商希望以低价获得快速的市场增长，经销商则希望制定高价以获取短期较高的毛利率；二是冲突各方的权力与义务不明确，如销售区域的划分不清，权限和责任的界定不明，不同类型渠道的功能和权力相互重叠等；三是冲突各方认知上的差异。如对经济走势的看法不一，制造商看好，希望经销商经营高档产品，但经销商看淡，不愿按照制造商的意志经营；四是中间商对企业过分依赖，如经销商的经营状况往往决定于制造商的产品设计和定价政策，由此会产生一系列冲突。

4. 渠道冲突的管理

渠道冲突有些是结构性的，需要通过调整渠道方法解决；有些则是功能性的，可以通过管理手段来加以控制。主要措施有：

（1）加强渠道成员间的合作。应确立和强化各个渠道成员的共同目标，如市场份额、服务质量、顾客满意等目标，特别是在受到外界竞争威胁时，强化共同目标是十分重要的；渠道成员之间应努力理解对方，多从对方的角度考虑问题；一个成员还须努力赢得另一成员的支持，包括互派工作人员、邀请对方参加咨询会议、董事会及根据对方意见合理修订本方政策等，以减少冲突。

（2）发挥行业协会等协调机构的作用。加强渠道成员之间的业务沟通，如通过行业协会，互相交换意见，促进各方做好工作。

（3）协商、调节、仲裁或诉讼。当冲突是长期性的或冲突非常尖锐时，冲突各方可以通过协商、调节、仲裁或诉讼的途径予以解决。协商是一方派人员或小组与对方进行面对面的沟通，双方人员或多或少的工作共识可以避免冲突激化；调解意味着由一位经验丰富的中立方根据双方的利益进行调和；仲裁是双方同意把纠纷交给仲裁机构，并接受仲裁决定；诉讼则是冲突各方依法寻求法律解决的途径。

第三节　国内外汽车分销渠道的发展和演变

一、汽车分销与汽车流通的联系与区别

在讨论汽车分销问题时，不可避免地会遇到汽车流通的概念，并经常引起混淆。由于二者都涉及汽车产品从制造商向用户的流动过程，因此汽车分销与汽车流通两个概念范畴既有联系，又有区别。

汽车分销与汽车流通具有相互联系或相同性质的一面，汽车分销可以被视为汽车流通的厂商行为，二者都离不开商品物流及其相关的商务活动，从总体上看，二者都属于汽车流通范畴领域，从企业运作看又都属于汽车分销的范畴领域。换言之，汽车分销与汽车流通基本是一个问题的两个方面，是不同角度和视野下的汽车交易及其物流活动。

当然，二者也存在明显的区别，表现在：

（1）角度不同。汽车流通从汽车交易及其物流活动的宏观总体上，研究制造商、流通单位（制造商）、甚至用户（消费者）之间的关系，如交易行为规范、保护合法利益、组织行业协会、引导行业健康发展等。汽车分销则是站在制造商的角度，从微观上研究其产品通往目标市场的最好通道，如前述的中间商的选择和利用问题，企业间采用商务手段解决各方的利益冲突，而不是行政手段，更不是法律手段。

（2）范围不同。汽车流通的范围涉及新车销售服务体系、旧车交易销售服务体系、报

废汽车回收解体体系，甚至汽车配件销售服务体系、租赁服务体系等内容，关注汽车流通交易各方行为的合法性及其商业道德，制定或协助制定有关政策，研究交易环境。汽车分销的范围主要涉及新车销售服务体系，研究汽车制造商的营销渠道策略，按照制造商的意志管理自己的分销渠道网络。

（3）物流流向及其相关的商流不同。汽车流通涉及的物流流向既有新车从制造商到用户的物流，又有报废汽车从用户向废旧汽车回收拆解单位的物流，相关商流则涉及流通企业之间的商流。汽车分销只涉及新车从用户到制造商的商流以及与方向相反的物流，不涉及其他商流和物流。

（4）对象不同。汽车流通涉及的对象主要是汽车流通单位（商业组织或个人），也涉及汽车企业，一般不涉及最终用户，且从总体上研究把握汽车交易各方的行为。汽车分销则从具体的营销指向，把握流通企业，看其是否能够履行渠道成员的职能，用户是汽车企业必须研究的对象。

所以，汽车流通与汽车分销的区别是客观存在的。从这种角度看，目前各地兴建的各种有形的汽车交易市场，由于只是一个汽车交易的场所，因此它的建设、规范和管理属于汽车流通的问题范围，而不是汽车分销的问题范围（交易市场本身不是一个中间商，只是中间商们活动的平台）。

二、国内外汽车分销渠道的特点及发展演变

1. 汽车工业发达的国家，其汽车分销渠道的特点

对于汽车工业发达的国家，尽管各国在经济发展过程和社会文化环境等方面存在一定的差异，汽车分销渠道各有特色。但总体上看，由于它们的市场经济发展时间较长，故汽车分销渠道的相似性很高。这些共性特点包括：

1）汽车制造商主导汽车分销渠道体系的建设和发展

汽车分销渠道体系的建设，无论是分销渠道类型的决策，还是对中间商的选择利用，均以满足汽车制造商的营销需要为中心。代理商、分销商和零售商的功能及其经营活动，都置于汽车制造局的指导、监督和管理之下，为维护厂商的声誉和扩大销售规模而工作。

2）分销渠道结构短而宽，呈现"扁平型"特征

由于汽车产品的结构、技术、服务、价值和市场等因素的特殊性，决定了汽车分销渠道不适合"长渠道"策略，只能采取短渠道策略。另一方面，为了提高市场覆盖率，减少市场盲点，在短渠道策略下必须增加渠道的宽度，缩小每个渠道商的市场服务区域范围，这样就使得汽车分销渠道具有非常明显的"短而宽"特征，呈现"扁平型"结构。通常，汽车分销渠道包括三种类型，即直接渠道（厂商自销）、一层渠道（零售商）、二层渠道（独立分销商、零售商），所以其渠道长度一般不超过两个环节，由厂商到独立分销商为一个环节，由独立分销商到零售商为第二个环节。一级网点数量较少，二级网点数量较多。对于多数商用汽车（特别是专用汽车），其渠道长度一般只有一层（代理商或特约经销商），甚至采取零层策略，直接由制造商直销。

3）广泛采用区域代理和品牌代理，实行市场责任区域分工制

汽车制造商把全国划分为若干个市场区域，每个大区选择一个分销商或者建立区域分销

机构。各大区又被进一步划分为若干市场小区，每个小区设有一个零售商（或代理商），实行区域销售责任制。多数零售商只服务于一个汽车制造商，甚至只服务于一个产品品牌，经营具有排他性。这种模式明确了各经销商的责任区域范围，保障了经销商的适度经营规模。

另一方面，汽车制造商及其地区分销商一般不直接面向普通消费者开展汽车零售业务，零售业务由零售商或代理商完成，即一级网点负责批发业务，二级网点负责零售业务。为了更好地服务于广大经销商，汽车制造商通常在各个市场大区设立地区协调机构。这种分工严密的机制可以维护各级经销商的利益和长期的合作关系。

4）零售商实行多功能一体化

零售商实行多功能一体化，以满足消费者需要为前提，最大限度地服务于消费者。面向消费者的零售商（主要是区域代理、品牌代理）大多都具有新车销售、旧车回收、配件供应、维修服务、信息反馈等功能，简称为"5S"功能。

5）金融机构积极参与汽车营销

金融机构积极参与汽车销售，为消费者提供购车贷款，或者协助开展分期付款等务。

6）分销渠道既相对稳定，又不断发展

各国的汽车分销渠道都经历了一个较长时期的发展过程，企业与流通企业之间相互适应，逐渐建立了比较稳定的合作关系。但是，随着汽车工业发展程度、市场需求状况等因素的变化，它们的汽车分销体系也在不断变化。如过去的零售店均为排他性的专卖店，但是目前有向兼营店方向发展的趋势，可以同时经营非竞争性产品（如同时经营几乎没有市场竞争的高级轿车和普及型轿车），以提高经销店的规模、水平。

汽车工业发达的国家的相关经验，对我国汽车制造商发展和完善自己的分销渠道体系，无疑具有重要的借鉴意义。

2. 我国汽车分销渠道的演变

改革开放以前，汽车生产与分配均在国家高度的计划经济机制下运行，汽车制造商没有自己的分销渠道体系，甚至未设立销售职能部门。

改革开放后，直到20世纪90年代中期，由于当时的时代背景或汽车制造商缺乏足够能力，我国汽车制造商没有或不能建立自己的分销渠道体系。这个阶段，汽车制造商的分销渠道是开放型渠道结构形式。其基本特点是，汽车制造商采取开放性策略，以国家物资流通渠道（中汽贸及各地方物资系统为代表）为主，广泛吸收其他各种形式的渠道成员。汽车制造商不了解国际汽车营销惯例，对自己的分销渠道体系缺乏规划和管理，自由发展，只要有人订货，汽车制造商就售卖产品，"一手交钱、一手交货"，汽车进入流通环节后便不受汽车制造商控制。当然，在这个阶段国家对汽车经营主体具有从业资格限制，且在大部分时间内，汽车一直是紧缺资源，汽车卖方市场特征十分明显，汽车在中间环节加价卖的现象比较普遍。那个时代的汽车中间商，在职能上基本只履行单一的整车销售功能，不履行诸如配件供应、维修服务、信息反馈等服务功能，汽车制造商不得不另外建立一套独立于销售网络的售后服务网站。

改革开放以后，汽车分销渠道的问题很多，如：

（1）渠道的可控制性极差。汽车制造商对分销体系缺乏规划，渠道成员盲目发展，致使渠道错综复杂；渠道既长又宽，汽车制造商对渠道体系基本没有控制力，销售政策难以贯彻。

（2）容易诱发各种矛盾。在产品畅销时，汽车制造商难以做到将汽车资源在各中间商之间进行合理分配，导致中间商感到汽车制造商厚此薄彼；当汽车滞销时，中间商又不积极进货，汽车销售合同履约率极低，导致汽车制造商与中间商的矛盾。另一方面，中间商之间也矛盾重重，中间商不是依靠市场手段开展经营，而是寻找各种非市场手段。

（3）汽车价格混乱，层层倒卖，加剧了最终购买者的经济负担。

（4）渠道功能分离的弊端突出，销售与服务两大渠道功能被割离开来，切断了生产、流通与消费之间的联系，汽车制造商、中间商、服务商均不能完整地了解消费者的需要，不能保障消费者的完整权益。

（5）难以建立风险共担机制。由于汽车制造商与中间商纯属于买卖关系，而不是战略伙伴关系，缺乏工贸合作机制或风险分担机制。

20世纪90年代中期，国家全面进入市场经济体制建设，汽车经营的宏观环境大不同于以往。一是汽车生产能力持续扩大，汽车买方市场全面形成；二是原有的汽车流通主渠道，因为难以适用市场经济需要，纷纷退出历史舞台；三是合资生产的轿车品牌，纷纷引进国际通行的汽车销售模式。这些综合环境的变化，使得我国汽车产品的销售模式发生了根本变革。汽车制造商开始学习发达国家，建立自己的分销渠道体系。汽车分销渠道，开始向着汽车制造商主导、规划控制、管理有序，并充分借鉴国际经验的方向发展，初步建立起汽车制造商控制型的渠道模式。

这种渠道体系的主要特点有：

（1）渠道结构短而宽。渠道类型有：直接渠道，即汽车制造商可以直接向政府、军需、大客户等特殊最终消费者销售汽车；一层渠道（特许经销商），经销商具有"多位一体"功能，向普通消费者销售汽车，这是最主要的渠道成员；二层渠道，一种情况是"总代理商—特许经销商"模式，这时总代理商的职能起到汽车制造商营销部门（子公司）的作用；另一种情况为"批发商—零售商"模式，仅限于少数低端产品或少数市场在建立特许经销商前的过渡阶段。

（2）渠道层次清晰，各自责任明确。汽车制造商营销部门及其各地分支机构的职能包括研究市场信息、规划网络发展、确立规章制度、制订销售政策、平衡营销计划、协调产销关系、管理售后服务以及对全网络实施监管、控制和协调等管理职能，其中汽车制造商的地区分支机构（其形式有销售子公司、分公司、分销中心或办事处）起到区域销售管理中心、物流中心、协调服务中心的作用；经销商专门面向所在地区的普通消费者从事汽车零售和维修服务。

（3）实行市场责任区制。各经销商在规定的市场责任区域内开展业务。

以上特点表明，我国汽车分销渠道体系是以汽车制造商为主导，按制造商的营销目标进行有规划、有控制地发展。事实上，这场变革是以我国的轿车合资汽车制造商率先发动的，它们于20世纪90年代初，首先对自己的分销体系进行了规划，并建立了以经销商为主体的单一层次的销售网络体系，进而对有条件的地区发展了部分代理制网点。在这些汽车制造商的带动下，其他汽车制造商也纷纷开始进行自己的分销渠道规划削减了渠道环节强化了渠道管理。20世纪90年代后期，一些中高级轿车合资厂商的起点更高，直接引进了国际上比较流行的品牌专营的区域代理制度。

展望我国汽车制造商分销体系的发展，将会表现这样的趋势：

（1）将会更多引入国际先进经验，彻底实现汽车营销与服务的国际接轨，以便适应汽车产业全面放开的国际竞争需要。

（2）分销体系的构建与调整，将以更好地满足汽车消费者（特别是私人消费者）的需要为导向，以适应私人消费主导汽车市场的新形势。因此，经销商能否实现服务创新，提高消费者的满意度将成为生存和发展的关键。经销商的职能将从传统的4S店，向综合服务商的角色转变，经营业务从传统的4S功能，拓展到物流配送、金融服务、进出口业务代理、旧车置换、保险代理、汽车租赁、汽车俱乐部和汽车文化服务等方面。

（3）开展业务的手段必须实现创新，以便顺应科技进步日新月异的发展。

总之，汽车分销服务体系将向着竞争高级化、业务综合化、手段科技化等方向发展。

第四节　汽车的销售物流策略

汽车的销售物流或者商品汽车的物流，直接关系到汽车商品从制造商到最终消费者的实物流动，关系到需求能否被及时满足，还关系到汽车营销的成本和费用，是汽车实物分销的重要工作，需要引起汽车营销者的高度重视。

一、物流概述

现代物流被重视，始于20世纪60年代，物流被认为是企业的"第三利润源泉"（日本的看法），成为继降低物化劳动消耗、活劳动消耗之后的第三个可以降低成本的领域。广义地讲，物流包括企业物流和社会物流两个部分，前者站在企业的角度研究生产物流，后者站在社会的角度研究商业物流。销售物流既是企业生产物流的延续，又是社会物流的重要组成部分。

1. 物流的概念

物流，过去长期被称为产品的实体分配。美国物流管理协会对物流的定义是："把产成品从生产线的终点有效地移动到有关消费者的广泛活动，也包括将原材料从供给地有效移动到生产线始点的活动"。现代物流被看作是"提高企业对用户的服务水平，进而提高企业竞争力"的有效手段（欧美国家的看法）。由此可见，物流是指通过有效地安排商品的储存、运输和管理，使商品在需要的时间到达需要的地点的经营活动。运输和储存是物流的两个最基本的活动，是物流的核心活动。

2. 物流的职能

物流有两职能：一是创造地点效用，即完成将产品由生产地到市场消费地的转移；二是创造时间效用，即完成将产品由生产时间保质保量地保管储存至消费时间的活动。销售物流作为市场营销的一部分，不仅包括产品的配送、运输、保管、装卸、包装，而且还包括开展这些活动所伴随的信息传播。它以企业的销售预测为开端，并以此规划物流的基础设施，物流活动直接影响企业的存货水平和成本占用，因此对企业的生产经营活动有重要影响。

3. 物流管理

物流活动的内容包括运输与配送活动、储存与保管活动、运输包装活动、装卸与搬运活动、必要的生产加工和流通加工活动、物流信息活动六个方面。这些物流活动往往组合形成一个项目或者一个工程。所谓的物流管理，就是对以上物流活动所开展的计划、组织、指挥、协调和控制等工作。

1）物流活动的策划

物流活动的规划与策划是物流管理最重要的职能。物流始于对整个物流活动的全面规划和策划，其基本内容就是要明确物流活动的目标，对物流活动的全过程进行安排和布置。特别是数量大、时间长的物流活动，一般要动用较多资源，涉及较多人、车、库和较多的部门单位，所以一定要做好事前的规划和策划，选择和实施最好的物流方案。物流规划要从各个不同的角度进行考虑、协调，最后确定一个整体最优方案。

从市场营销角度看，物流规划应从市场需要开始，将信息反馈到汽车企业的相关部门。汽车企业要考虑购买者对购买提货方便性的要求，制定一个综合的物流策略，包括产品的运输方式、仓库的存货水平以及仓库的布局分布，进而向目标消费者提供更好的服务。此外，物流策略还要考虑竞争者的服务水平，设法赶上或超过竞争对手。具体地讲，销售物流的目标包括消费者服务水平最佳和物流整体成本最低，兼顾二者的要求，求得二者的协调和统一。

从消费者服务水平看，影响消费者满意度的因素有产品的可得性（是否能够得到）、订货及送货速度、缺货率、送货频率（两次送货之间的时间间隔）、送货的可靠性（货损货差）、运输方式等。企业应根据市场竞争状况或竞争者的服务水平以及成本目标，确定自己的物流服务水平。

从物流成本的角度看，企业的物流成本规划不仅要考虑运输费用和仓储费用，还包括运送辅助费用、装卸费用、包装费用、保险费用、货损货差等损失费用，以及在整个物流环节滞留期间占用的资金成本。应当注意的是，不同成本之间的关系常常是反向作用的，如减少仓库的存货水平，虽然有利于减少仓储费用，却可能会增加送货成本；为了节约运输费用，可能会选择经济廉价的运输方式，但这样可能会增加货损货差的费用。所以物流策略的决策是一个非常复杂的过程。

2）物流活动的实施

物流规划和方案得以制定后，就要组织实施。这就需要对物流活动进行组织、指挥协调和控制。物流服务商是物流活动的具体承担者，面对物流市场服务对象的众多需要，甚至面对电子商务环境条件下的复杂物流需要，具体承担运输、配送、储存、保管、包装、装卸、运、物流信息等各种物流活动，必须对物流整体活动进行专业化服务和实施综合管理。

4. 物流服务模式

物流服务有四种基本模式。

1）第一方物流服务模式

第一方物流服务模式也称消费者自我服务模式。由买方使用自己的物流设施为自己提供物流服务的模式，是一种自给自足的物流服务模式。这种服务模式的社会化和专业化程度都很低，物流效率也比较低，基本不适合现代社会大多数商品分销服务的要求。

2）第二方物流服务模式

第二方物流服务模式即供应商提供物流服务的模式。由供应商使用他们的物流设施为消费者提供物流服务的模式。由于供应商可以同时为多个消费者提供物流服务，所以这种物流服务模式的集约化程度高于第一方物流服务模式。服务效率也相对较高，但是服务对象仍然局限于企业自己的顾客。

在这种物流模式下，供应商既是产品生产活动的组织者、实施者，又是企业物流活动的组织者、实施者。供应商对物流系统能够保持较好的控制权，便于实施物流管理和组织，能够掌握第一手的消费者信息和物流信息，有利于改善消费者服务水平。但是，随着供应商销售市场的扩大，物流业务组织和管理变得复杂，销往各个市场的产品往往会因数量的有限性而不能充分运用信息化、自动化和柔性化的物流手段，不能享受社会分工的专业化和集约化成果，从而降低总体物流效率。否则，供应商势必要加大对物流设施的投入，这样会增加供应商的资金负担，对供应商的物流能力要求很高。

3）第三方物流服务模式

第三方物流服务模式是由买卖双方以外的第三方物流服务企业使用自己的物流服务设施为买方或卖方提供物流服务的模式，它是现代物流社会化、专业化分工的产物。这种模式中的第三方物流服务企业需要从货主企业（买方和卖方企业）的利益和要求出发，代替货主从事物流作业和一定的物流管理工作。这种模式下，物流服务商为全社会提供专业化的物流服务，因为其服务对象更加广泛，物流服务业务较多，从而有利于提高物流设施的使用率，可以促进物流服务商投资建设作业效率更高的物流设备或设施，其结果使得全社会的物流效率更高，降低物流服务的收费水平，为物流需求企业节约成本。因此，它是一种效率和效益都比较高的现代物流社会化服务模式，也是目前我国汽车行业正在发展的一种物流服务模式。

第三方物流服务模式下，物流需求者只需要向物流服务商提出物流服务需求，做好货物发送和接收的衔接，而不必再对物流活动实施管理。使用这种物流模式，汽车企业在物流活动方面，只需要管理其生产物流，而将产品销售物流、原材料和配套件的供应物流交由物流服务商完成，从而有利于汽车企业集中精力做好产品的生产和经营。

4）第四方物流服务模式

第四方物流服务模式是在第三方物流服务模式的基础上，将物流管理和物流作业分离而产生的一种新型物流服务方式，即物流管理者（第四方）承接物流服务业务，为物流需求者提供物流解决方案，再通过招募和管理具有物流设施或设备的物流作业者（第三方）具体完成物流作业的模式。第四方物流服务模式是一种物流集成管理服务，物流服务企业利用自己物流管理的知识优势，无须自己投资兴建物流设施，同时又可以充分利用社会业已存在的物流资源（常常因为缺乏物流管理能力而不能发挥作用），这样各方各得其所。由此可见，第四方物流服务模式是物流专业化分工更细的结果。

二、商品车的物流组织与管理

商品车物流是汽车分销的重要环节，其主要工作任务包括订货、运送过程和仓储等。

1. 商品车物流概述

商品车物流是指待销售的成品汽车（商品车）从生产线下线后，通过火车、轮船、大型汽车等运输工具将商品车运往销售仓库、各地分销库和经销商，最终到达消费者手中的一系列物流储运活动。

国内商品车物流从20世纪80年代后期开始逐步形成规模，开始出现专业化商品车物流企业。20世纪90年代后期，第三方物流服务模式在商品车物流领域发展较快。目前，上汽集团、一汽集团、东风集团都拥有自己的商品车物流储运公司或部门，它们除了为本集团提供商品车、原材料和配套件采购物流服务外，还为其他汽车企业提供物流服务。其中，上汽集团下属的上海安吉天地物流公司是目前最大的商品车物流企业。较有影响的第三方商品车物流企业还有武汉中原发展汽车物流公司、吉林长久物流有限公司、重庆长安民生物流公司、北汽福田物流公司等。

2. 商品车物流的运作流程

这项工作涉及的管理内容主要有订货过程、运送过程和仓储过程等。

1) 订货过程

销售物流的具体业务是从用户订货开始的。企业的销售部门在接到订单和核准经销商的货款情况后，对需要发送的商品车开出发运单并交储运部门和物流企业，它们共同完成商品车的发送。我国汽车企业的整车产品，通常是按合约销售给经销商，即在每年的年初汽车企业的销售部门（或地区机构）要与各经销商商定年度销售计划，签订年度销售购销协议。在履约过程中，经销商按月（或周）向汽车企业发出订货临时订单，对所需要的车型、品种、数量、交车地点和交车时间等提出具体说明，并按当时的价格（或计价方式），以约定的支付方式、支付时间，将货款汇入汽车企业的开户银行。汽车企业在收到银行通知后（或见到经销商开户银行的货款汇出票样），即办理分车计划，满足经销商的订货需要，并通知发运。

2) 运送过程

汽车企业或者其物流服务商要做好新车的发运工作，必须要对可能利用的各种运送形式进行比较，选择最恰当的运送形式，以保证所选择的运送方式在运送成本和交车时间上的统一。一般来说，汽车产品的运送可以选择的方式主要有公路运输和水路运输和铁路运输。其中，公路运输又包括利用运输专用车进行运输和驾驶员将商品车直接开到经销商（或用户）地点两种方式。后一种方式主要限于大型商用汽车的运送。在上述运输方式中，一般以公路运输手续最简单，运送最快捷，转运环节最少，最容易保证交付时间，但其运输成本也最高。水路运输虽然成本低廉，但时间慢、周期长，且只能适宜于水路通航的地区。铁路运输的优缺点介于水运与公路运输之间，但铁路运输常常要求商品车发运必须具有一定的批量，交货周期也相对比较长。汽车企业在选择运输方式时，应根据具体订货数量以及商品车运输起点与终点之间具体的交通条件等因素，在保证交付时间的前提下，选择最经济的运输方式。

在新车发运过程中，汽车企业或其物流服务商要严格管理，建立完善的规章制度，发运部门内部各机构间分工明确，责任清晰，协调和谐，防止商品车运送过程中可能出现的质量损坏盗窃事故的发生,确保商品车在交付用户之前不被作为交通工具使用,对用户实行"0公里"交付(新车里程表里程数据显示一般不超过12千米)。

3)仓储过程

合理的仓储有利于消除商品车供给与用户购买需求在时间、地点和数量上存在矛盾。企业为了做到仓储成本最低和供应及时性的统一,必须做好下列工作:

(1) 合理规划好仓储地点布局(特别是商品车中转库的布局)。
(2) 确定合理的仓储规模。
(3) 做好仓储管理。
(4) 确立经济订货规模(包括中转库的进货规模)。

对汽车企业而言,由于市场在地理位置上的分散性,为了保证各地用户或经销商能够及时供货,同时又为了保证单位产品能分摊的运送成本最少,汽车企业必须要在分销渠道中设立中转仓库以储备一定规模的商品汽车。正确地决策好中转库的地理位置和库存规模,以使每个中转库的市场覆盖范围合理化。如果覆盖范围过大,则起不到中转库应有的作用;覆盖范围过小,则要增加仓库数量,增加建立和管理中转库的费用,同时还造成仓储规模过小,增加发运成本。因而汽车企业应根据本企业产品的市场地理分布特点及各区域市场的需求数量,做到仓库的地理布局合理。仓库的具体地理位置可以设在目标市场的中心且交通便利的地方。一般来讲,中转库的选址应依托汽车企业自己的区域销售机构建立,并由区域销售机构实施日常管理。建设中转库,不仅有利于保障对目标市场的及时供货,也有利于在滞销时分担商品车存储总库的压力,还有利于减少商品车的发运成本。当然,这也会增加中转库的管理成本,也要解决由此产生的二次物流问题(从中转库至经销商或用户的物流)。所以,汽车企业要对中转库的建设进行综合决策。企业有了合理的仓库布局和库存能力,还必须对仓储实施有效的管理。仓储管理工作涉及较多内容,其中最重要的内容包括:

(1) 保证商品车在库存期间的品质不发生变化。
(2) 合理确定存货水平和订货时间。
(3) 制定合理的库存方案和出入库制度,尽量减少资金占用。

保持库存商品品质就是要维护好商品车的使用功能,对汽车整车而言,应定期进行一定的维护作业,加注和更换润滑油和润滑脂等,起动汽车以保持汽车电气装置处于干燥状态,以及使各运动机件保持正常的运动状态等。仓储不光是储存物品,必须根据库存商品的自然磨损特点,有针对性地定期进行仓储作业,维护库存商品的使用功能。

决策好存货水平和订货时间是仓储管理十分重要的工作。因为存货过多,会增加企业流动资金占用,导致储存费用的上升;而存货过少,又可能导致脱销,而且会增加订货次数,增加订货费用(订货费用一般与订货次数成正比,而与订货量关系不大)。以上两种情况都可能会造成仓储综合费用上升,增加营销成本。仓库存货水平大小决定了每次订货的订货量,因而存货水平决策实质上就是订货量的决策。订货量的确定应综合考虑库存成本(包括占用流动资金的财务支出、物品功能成本维护费用等)和进货成本(包括进货人员差旅费、手续费、运输计划费、运费等),以综合成本最小的库存量作为订货量。仓库管理应根据仓储管理模型,科学地确定订货量。

进货时间的确定通常要综合考虑销售频率、办理订货手续的繁简、运送时间的长短以及其他情况（如意外情况、用户对交货的要求等）。它通常可按下式计算：

进货提前时间（天）＝日均销货量×进货时间＋安全时间（天）

上式中的进货时间应从订单发出的当天算起，至货物运达仓库所需要的时间（天），安全天数则是为了避免仓库脱销而考虑的保险系数，一般可根据统计经验确定，但应考虑目前的销货频率是否与日均销售量相符合。如果销货频率大于日均销售量，安全天数可以取大一些，反之，则可取小一些。当仓库物品剩余的数量达到进货点时，仓库就应及时办理订货业务。

仓储管理工作的科学化还包括仓库房屋或停车场地设计的合理化（如房屋应符合物品时密封、通风、防盗、采光等方面的要求）、设施齐全化（如应配备干燥、防盗报警、照明、防火温控、保修作业及货物架等设施设备）、存放规范化（如库存商品应分类分区存放等）以及改善软件工作（如加强仓库工作人员职业道德教育、出入物品及时登记、及时盘存、夜班执勤的科学组织、如何将长期积压的库存商品转化为经济效益）等。

三、汽车逆向物流

逆向物流是指与生产供应链物流方向相反，从恢复产品价值或合理处置出发，对原材料、中间库存品、最终产品等实物所实施的从消费者到原制造商的物质流动。其具体工作内容包括与逆向物流有关的计划、管理、控制和操作实施等过程。随着绿色经济、循环经济、持续发展、保护消费者权益等社会经济发展理念的普及，逆向物流被越来越受到重视。

逆向物流的产生，主要源于：

（1）消费者权益保护。产品因质量保修、召回、退货（售出的或未售出的）而产生逆向物流。

（2）再制造。在用产品尚未达到报废条件，产品的全部或部分零部件因需要返回到制造商那里恢复产品使用价值而产生逆向物流。

（3）资源回收。在用产品达到报废条件，但报废产品可作为资源再利用；或者生产供应链的各个环节所使用过的产品包装，因具有回收价值而回收，这种循环经济条件下进行的有目的的产品及其附属物的回收活动，也产生逆向物流。

现实生活中，逆向物流的类型包括：

（1）根据实施逆向物流行为主体的主被动关系，可将逆向物流划分为退货物流和回收物流。其中，退货物流是指不合格物品退货，按照有关规定，必须由制造商进行返修所引起的物流。我国规定，产品周转使用过的包装容器，制造商负责回收，这部分物流也属于退货物流范畴；回收物流是指经济活动中失去原有价值的物品，根据实际需要进行搜集、分类、加工、包装、搬运、储存等，并分送给专门处理场所而形成的物流。

（2）根据返回品是产品还是包装材料，可将逆向物流划分为产品的逆向物流和包装物的逆向物流。产品的逆向物流活动包括产品恢复和报废处理，其中产品恢复包括修理、修整、再制造、分拆产品和原料再利用等活动；包装物的逆向物流活动包括整修、回收物料、循环使用、填埋或焚烧等活动。

汽车作为典型的工业产品，其使用量多、涉及面广，无论是从保护消费者权益角度，还是从再制造或资源循环利用角度,都涉及逆向物流问题。例如,汽车质量保修或维修更换下来的废旧件需要运回原生产厂商;为消除产品设计或制造存在的质量隐患而实施的产品召回;汽车及其主要总成的再制造;汽车使用报废后经拆解而回收钢铁、有色金属、橡胶、工程塑料等。这些活动均产生逆向物流。所以,做好汽车产品的逆向物流十分重要。

汽车的逆向物流仍主要依靠汽车营销的渠道系统负责组织实施,涉及逆向物流货物收集、分类、整理、包装、储存、运输等工作内容,需要制定逆向物流工作方案。

第五节 汽车零配件的分销与物流

汽车在使用过程中涉及长期的维护和修理,需要零配件的供应保障。汽车零配件的分销主要有两个体系:一是整车厂商的销售服务体系;另一个是维修零售市场体系。分销管理的一般理论也适用于汽车零配件的分销,在此不再赘述,本节从实务的角度简单介绍汽车零配件的分销运作。

一、整车厂商销售服务体系中的配件分销

1. 整车厂商销售服务体系的配件采购流程

1)订货的形式

服务站/大用户/专卖店汽车配件订货的形式一般有两种,正常订货和紧急订货。

(1)正常订货:整车厂商的服务站/大用户/专卖店为满足正常维修、零售及基本库存储备的需要,每月向整车厂商提出一次订货。订货的品种、数量不限,同整车厂商的配件供应部门实现系统联网的服务站/大用户/专卖店,必须用订货专用系统进行订货。如果系统出现问题,则可把订货单拷贝在软盘里,邮寄给汽车配件部门,并标注服务站代码、发运形式(注意时时跟踪)。特殊情况下,可按照汽车企业配件部门提供的订单填写,可以用传真、特快专递发到整车厂商配件部门。

一般发货形式为铁路集装箱运输或自提。

(2)紧急订货:为满足用户的紧急需求而发生的订货。原则上,紧急订货的汽车配件只用于特定的事故车。如某汽车企业要求,紧急订货每月最多只能提出两次,订货品种不超过30种,订货时间不限,可采用传真、挂号信、特快专递等方式进行。

一般发货形式为铁路快件、空运、特快专递或自提。

2)订货的步骤及要求

(1)填写订单(或依照订货专用系统的要求)。按照汽车配件订单的格式由订货计划员或汽车配件经理填写,要求准确、清晰、完整,并加盖服务站/大用户/专卖店公章方能生效。订单中的汽车配件号应当按编号填写以便于查找。正常订货的订货数量,要以汽车配件部门提供的包装单位为依据,紧急订货例外。汽车企业配件部门计算机系统中,国产化汽车配件号与进口件均有替代关系,如果是服务站特指的订货(如该件虽已国产化但专门需要进口件),则可在备注栏中说明是否需要替换件,否则,一般情况下整车的配件部门将提供现有库存的汽车配件。车身、发动机、变速器等可以单独订货,维护件、易损件及玻璃等易碎件必须采用正常订货方式建立库存储备。按非标准订单形式填写的紧急订货,应详细写明

所修车辆的发动机号、底盘号及损坏情况，且必须有汽车配件订货计划员或汽车配件经理的签字，事故报告单可以作为紧急订货的附带说明。

（2）订单的寄发。可采用传真、挂号信、特快专递等方式进行，一式两份，正本发至汽车配件部门，另一份作为服务站订货记录存档备查。

（3）订货询价及汇款。对整车厂商的配件订货一般实行先付款后提货的原则（A 类服务站例外），故订单发出后，应先询价，后付款，然后整车厂商配件部门才发货。

（4）提货、发运及寄发单据。整车厂商汽车配件部门仓库人员根据销售发货清单（一式两份）进行提货，其中一份随订货发给订货单位作为装箱单。整车厂商配件部门根据装箱单的实际发出数量开出销售清单、增值税发票、出门证。整车厂商财务部门寄出增值税发票、销售清单及有关单据。

（5）汽车配件索赔。根据装箱单所发生的盈、亏、错、损等情况，提出索赔。

2. 配件的发运

1）配件发运的形式 整车厂商配件部门根据服务站/大用户/专卖店订货要求，由专人负责配件发运，一般的发运方式有铁路集装箱、铁路快件、特快专递、空运和自提等。

2）配件发运中的有关问题

（1）服务站/大用户/专卖店大批订货时，应采用铁路集装箱或自提。

（2）特快专递的质量应有限制（如某公司规定不得超过 15kg，长×宽×高的尺寸不得超过 60cm×60cm×90cm）。

（3）铁路快递的质量应有限制（如某公司规定不得超过 40kg，质量较重、体积较大的配件不能发铁路快车）。

（4）体积超大的配件不能发空运，如车身、发动机罩盖和后桥总成等。

（5）为确保发运质量和安全，油漆等易燃品、玻璃等易碎件必须采用特殊包装，并且只采用铁路集装箱发运或自提，如服务站提出其他的发运形式，后果由服务站自负。

（6）服务站/大用户/专卖店提出的发运形式如不符合规定要求或有特殊情况时，整车厂商配件部门有权改变发运形式。

（7）服务站/大用户/专卖店不能空运体积大、数量多的配件。

3）配件发运的几种单据

（1）陆路发运，包括铁路集装箱，铁路快件。常见的单据有包裹托运单、货物运单、铁路货物运输服务订单。

（2）航空发运。常见的单据如货物托运单。

4）汽车配件的验收

（1）服务站自提时，必须派人或指定专人当场参照装箱单进行验收。

（2）货物到站后，服务站/大用户/专卖店可以收到领货凭证；取货时，一定要认真清点验收，保证领货凭证上的件数与实际相符，要查看箱子（配件）是否破损、变形、丢失；要检查集装箱的锁、卡、封是否完整，有无变化；发现问题要立即与车站交涉，避免事后发生争议，引起不必要的麻烦。

（3）服务站/大用户/专卖店收到货物后，应立即根据随货发出的装箱单验收，如出现亏、错、损等情况，则应立即通知整车厂商配件部门并办理相应的索赔手续。

3. 汽车配件的结算

1）财务结算的注意事项

（1）服务站/大用户/专卖店必须建立独立的银行账号。

（2）服务站/大用户/专卖店在汽车配件经营管理中，必须有单独的财务进出明细账目。

（3）服务站/大用户/专卖店的账号和开户行变更时，应提前通知整车厂商配件部门。

（4）整车厂商配件部门及财务部门有权查阅服务站/大用户/专卖店的汽车配件经营账目，服务站应主动配合整车厂商配件部门及财务部门的巡访检查工作。

2）汽车配件结算办法

（1）服务站/大用户/专卖店向整车厂商配件部门订购汽车配件是根据汽车企业计算机系统规定的价格进行的。汽车配件结算一律采用转账方式，不再收取现金，也不接受任何第三方的垫付款。

（2）为了简化结算手续，缩短汇款时间，如果服务站没有特殊要求，其售后索赔款及首保款将直接转作汽车配件款。

（3）凡欠款单位在申请再发货之前，必须多支付该批货款一定的百分比，用来偿还欠款。

（4）A类服务站遵循先发货后付款的原则，但第二次订货时，必须将第一次订货的货款付清。无故拖延汽车配件款，整车厂商配件部门将停止供货，待欠款结清后，方可恢复供货。

（5）服务站到整车厂商配件部门自提汽车配件时，应遵循先付款后提货的原则，汇款可采用信汇、电汇、汇票等方式。

（6）服务站收到汽车企业配件部门发运的汽车配件时，如果出现品种、数量的差异或损坏等情况，不能拒付，应按发运金额承付，其差额可通过汽车配件索赔的方式解决。

（7）服务站的财务人员应以信函的形式一定时期（如每半年）与整车厂商财务管理部核对一次账目，如有必要可派人核对账目，以保证双方账目相符。

（8）服务站的汽车配件经理应对汽车配件来往账目及汽车配件结算负责。

二、零售市场的汽车配件分销

1. 汽车零、配件零售的销售方式分类

1）按汽车零配件的零售模式分

汽车零配件的零售模式多种多样主要有以下几种形式：

（1）专业店。其也叫专卖店。这种汽车配件销售店专门经营某一个汽车企业或某一种车型的汽车配件。国外多数汽车企业的配件都实行专卖。专卖店要么属于汽车企业，要么同汽车企业（或其他经销站、代理商）是合同关系。

（2）混合店。这种汽车销售配件店，一般直接从零部件制造商或汽车企业进货，经营品种涉及各个汽车企业各种车型的配件。

（3）大型汽车配件市场。这种市场不仅规模大、品种全、价格合理、知名度高，而且还从事批发业务，辐射力强。

从零售店的经营权看，一般零售店都是独立的，但有一类叫作"连锁店"，这类汽车配件经销店一般同汽车配件主渠道（汽车配件公司）连锁，由汽车配件公司对其进行规划、管理、技术指导、提供信息，并优惠供应汽车配件。连锁店可以挂汽车配件公司的牌子，但只能从汽车配件公司进货。

2）按零售店的集中程度分

其主要具有以下几种形式：

（1）分散形式。这类汽车配件零售店一般分散在各个地方，周围可能只此一家汽车配件经销店。

（2）汽车配件一条街。这种一条街在我国许多城市都存在，一般位于较有影响的汽车配件批发商附近，或在汽车贸易公司、汽车企业销售机构附近的地区。

从零售店的综合程度来看，多数零售店只是经营汽车或摩托车配件以及相关五金工业品，但也有综合性很强的大型零售店，有些类似于超级市场。这类大型店提供的服务不仅是经营各类汽车配件，还向客户提供加油、娱乐等多种服务。

2. 汽车配件门市销售的柜组分工

一个较大的汽车配件销售商往往在一个地区设立几个门市部，或跨地区、跨市场设立门市部。在有多个门市部时，相互间的分工至关重要。有的按车型分工，如经营桑塔纳、捷达、奥迪等汽车的配件；有的实行综合经营，不分车型；也有的二者兼有，即以综合经营为基础，各自又有几个特色车型。

1）门市销售的柜组分工形式

在一个门市内部，各柜组的经营分工一般有以下几种形式：

（1）按品种系列分柜组。指经营的所有汽车配件不分车型，而是按部件、系统、品名分柜组经营。例如，经营发动机系的柜组，叫发动机柜组；经营通用工具及通用电器的柜组，叫通用柜组。这种划分方式有利于店员深入了解商品的品名、质量、性能、材质、工艺、价格、互换性等商品知识。尤其在进口维修汽车配件的经营中，由于车型繁杂，而每种车型的保有量又不太多，宜采用品种系列分柜组。

（2）按车型分柜组。指按不同车型分柜组，如分成桑塔纳柜组、富康柜组等。每个柜组经营一个或两个车型的全部品种。在这种分工方式下，用消费者要在一个柜组便可全部购买同一车型的各种配件，无须分别到若干个柜台开票；另外按车型分工还可与整车厂商编印的汽车配件样本目录相一致。

2）门市橱窗陈列和柜台货架的商品摆放

对汽车配件门市来讲，商品陈列十分重要。通过陈列摆放样品可以加深顾客对汽车配件的了解，以便选购。尤其对一些新产品和通用产品，更能通过样品陈列起到宣传作用。

（1）门市的配件陈列，包括如下一些方式：

①橱窗陈列。是利用商店临街的门展示样品且有商业广告作用的一种陈列形式。橱窗陈列的商品一定要有代表性，体现出经营者的特色，陈列要美观大方，引人注目。

②平地陈列。是将商品陈列在营业场地地面上的陈列形式，适合陈列体积大、笨重、无法摆上货架或柜台的商品，如电瓶、发动机总成、离合器且成等。

③柜台、货架陈列，也叫商品摆布，是将商品陈列在柜台、货架上的陈列方式。它具有

陈列、销售的特点,是配件店中最主要的陈列方式,适合陈列小件配件如火花塞、皮碗、修理包、各类油封等。

④架顶陈列。架顶陈列就是在货架的顶部陈列商品的方式,其特点是占用上部空间位置,架顶商品陈列的视野范围较高,顾客容易观看。这种方式一般适合陈列维护护理产品,如全损耗系统用油、美容清洗剂等商品。

⑤壁挂陈列。其是在墙壁上设置悬挂陈列架来陈列商品的方式,适用于陈列质量较轻的汽车配件,如转向盘、皮带、内饰等。

(2) 配件的货架摆放。商品在货架上的摆放应注意以下事项:

①要方便顾客辨认各种配件商品。

②商品摆放要整齐、有条理、多而不乱、易于取货。

③要做到商品的"随销、随补""不断档、不空架"和"库有、柜有"以及"明码标价、有货有价"。

④要分类、分等摆放口应按商品的品种、系列、质量等级等有规律地摆放,以便消费者挑选。

⑤定位、定量摆放。摆放商品要定位、定量,不要随便移动,以利于货物取放、盘点。

⑥连带商品要一起摆放。即把使用上有联系的商品摆放在一起陈列,这样可以起到销售上的连带效应。

三、零配件物流管理现代化

物流管理现代化主要指运用现代化的信息管理手段,如条形码技术、电子数据交换技术、电子自动定货系统、销售时点信息系统等,优化零配件物流的运作过程。

1. 条形码技术

1) 条形码

条形码就是用一组数字来表示商品的信息。其按使用方式分为直接印刷在商品包装上的条形码和印刷在商品标签上的条形码;按使用目的分为商品条形码和物流条形码。商品条形码是以直接向消费者销售的商品为对象,以单个商品为单位使用的条形码。它由13位数字组成,最前面的两个数字表示国家或地区的代码,中国的代码是69,接着的5个数字表示生产厂家的代码,其后的5个数字表示商品品种的代码,最后的1个数字用来防止机器发生误读错误。物流条形码是物流过程中的以商品为对象、以集合包装为单位使用的条形码。标准物流条形码由14位数字组成,除了第1位数字之外,其余13位数字代表的意思与商品条形码相同。物流条形码第1位数字表示物流识别代码,其含义与包装集合体内的商品件数有关。

条形码是有关生产厂家、批发商、零售商、运输业者等经济主体进行订货和接受订货、销售保管、出入库检验等活动的信息源。由于在活动发生时能即时自动读取信息,因此有利于促进物流系统提高效率。另外,条形码与其他辨识商品的方法如 OCR(Optical Character Recognition,光学文字识别)、OMR(Optical Mark Reader,光学记号读取)比较,具有印刷成本低和读取精度高的优点。

2) 条形码技术应用

首先,条形码技术在订货系统中得到广泛的应用。在商品订货系统中,主订单式生产和销售方式的推广使条形码技术具有很大优越性，对传统物流产生了较大变革。订单方式要求生产企业必须建立以大型计算机系统为支持的技术系统，生产开发部门要开发出众多可供用户选装的部件和总成。这些部件和总成实现按需准时供货，均需要相关的自动化技术（如条形码技术、集装单元化技术等）支撑。

其次，条形码技术在库存室里得到广泛应用。条形码技术对库存管理的帮助很大。物品入库时，用扫描仪扫描条形码后，信息便会及时存入仓库管理系统；物品出库时，每一个托盘有一个条形码，如果一个托盘有几种零配件，每个小包装也加上一个对应的条形码，托盘装进集装箱，集装箱也有相应的条形码。条形码技术可以实现仓库物品进出的自动登记和自动存盘，不仅极大地提高了工作效率，节约人力，而且可以避免人工管理造成的差错。仓库规模越大，所存物品种类越多，这一技术的优越性越能显示出来。

2. 电子数据交换技术

1）电子数据交换技术

电子数据交换（EDI）技术是指在不同的企业之间，为了提高经营活动的效率，在标准化的基础上通过计算机联网进行数据传输和交换的方法。EDI 的主要功能表现在电子数据传输和交换、传输数据的存证、文书数据标准的转换、安全保密、提供信息查询、提供技术咨询服务、提供信息增值服务。电子数据交换最初由美国企业应用在企业间的订货业务活动中，其后电子数据交换的应用范围从订货业务向其他的业务扩展，如 POS 销售信息传送业务、库存管理业务、发货送货信息和支付信息的传送业务等。近年电子数据交换在物流中广泛应用，被称为物流电子数据交换。

所谓物流电子数据交换，是指货主、承运业主以及其他相关的单位之间，通过电子数据交换系统进行物流数据交换，并以此为基础实施物流作业活动的方法。物流电子数据交换的参与单位有货主（如生产厂家、贸易商、批发商、零售商等）、承运业主（如独立的物流承运企业等）、实际运送货物的交通运输企业（铁路企业、水运企业、航空企业、公路运输企业等）、协助单位（政府有关部门、金融企业等）和其他的物流相关单位（如仓库业者、专业报关业者等）。杂志评选出的全球 500 家大企业都应用电子数据交换系统与它们的主要顾客和供应商交换商业信息。

2）电子数据交换系统在汽车物流中的应用

以戴姆勒－克莱斯勒公司的物流项目为例，该项目涉及的整车生产厂家、汽车部件生产厂家、零部件供应商、物流企业都受令于其物流总部的数据公共平台 MECC 系统——以电子数据交换技术为基础搭建的数据处理系统。各单位通过该系统接受总部的生产计划与配送订单，并能及时反馈执行情况。对境内物流项目而言，物流公司把境外采购或加工的汽车零部件通过仓库这个平台，用准时配送的方式对整车厂配送。对境外的物流项目，境外的零部件供应商向汽车物流中心仓库发货，物流中心再根据总部的生产计划向境外分公司仓库配送，再由境外分公司向整车装配厂实施配送。参与各方有效利用电子数据信息交换系统，实现信息的即时交换和资源共享。

第九章

汽车促销策略

凡是在买方市场条件下,企业适时开展的促销活动,对于传播营销信息、宣传企业产品、建立消费者信念、树立企业形象都是具有积极意义的,促销策略与产品策略、价格策略、分销渠道策略配合应用,对提高市场营销绩效会产生显著效果。促销能力是企业市场营销能力的重要组成部分。

第一节 促销策略概述

一、促销策略的概念及作用

促销是指企业营销部门通过一系列的方式,将产品信息及购买途径传递给目标消费者,从而激发消费者的购买兴趣,强化消费者的购买欲望,甚至创造消费者的购买需求,从而促进企业产品销售的一系列活动。促销的实质是传播与沟通信息,其目的是促进销售、提高企业的市场占有率、增加企业的收益。

为了沟通市场信息,企业可以采取两种方式:一是单向沟通,即"卖方→买方"的沟通,如广告、陈列、说明书、宣传报道等;或者是"买方→卖方"的沟通,如用户意见书等。二是双向沟通,如上门推销、现场演示促销等方式,即买卖双方相互沟通信息和意见的形式。

现代市场营销将各种促销方式大体归纳为四种基本类型,即广告、人员推销、营业推广和公共关系。这四种方式的运用搭配称为促销组合。促销组合策略就是对这四种促销方式组合搭配和运用的决策。

促销活动对企业的生产经营意义重大,是企业市场营销的重要内容。促销的作用不仅对不知名的产品和新产品意义深远,而且对名牌产品同样重要,那种"好酒不怕巷子深"的观念已经越来越不能适应现代市场竞争的需要,是应当摒弃的落后观念。在现代社会中,促销活动至少有以下重要作用:

（1）提供商业信息。通过促销宣传，可以使消费者知道企业生产经营什么产品，有什么特点，到什么地方购买，购买的条件是什么等，从而引起消费者注意，激发并强化消费者的购买欲望，为实现和扩大销售做好舆论准备。

（2）宣传产品特点，利于竞争。通过促销，宣传企业的产品特点，提高产品和企业的知名度和美誉度，让消费者加深对产品的了解和喜爱，增强信任感，提高企业和产品的市场竞争力。

（3）树立良好企业的形象，巩固市场地位。恰当的促销活动可以树立良好的企业形象和产品形象，能使消费者对企业及其产品产生好感，从而培养和提高消费者的忠诚度，形成稳定的消费者群，可以不断地巩固和扩大市场占有率。

（4）影响消费者的购买倾向，刺激需求。其尤其适用于企业新产品的推广。企业通过促销活动引导需求，有利于新产品打入市场和建立声誉。促销也有利于挖掘潜在需求，为企业赢得持久的市场需求提供了可能性。

总之，促销的作用就是花钱买市场。但企业在促销组合决策时，应有针对性地选择好各种促销方式的应用和搭配，兼顾促销效果与促销成本的关系。

二、汽车产品的基本促销方式

不同的促销方式各有不同的效果，它是企业进行促销组合决策必须考虑的因素。汽车产品常见的促销方式有以下几种。

（1）人员推销。即企业通过派出推销人员与一个或几个以上的潜在购买者交谈、介绍和宣传产品，以扩大产品的销售。

（2）广告。广告就是通过报纸、杂志、广播、电视、网络、广告牌等广告传播媒体向目标消费者传递信息。采用广告进行宣传，可以使广大消费者对企业的产品、品牌、服务等加强认识，并产生好感。其特点是可以比较广泛（如推销人员到达不了的地方）地宣传企业及其产品，传递购买信息。

（3）营业推广。营业推广由一系列短期引导性、强刺激性的战术促销方式组成。它一般只作为人员推销和广告的补充方式，其刺激性很强，吸引力很大，包括免费样品、赠券、奖券、展览、陈列、折扣、津贴等；它可以鼓励现有顾客重复购买，并争取潜在顾客，还可鼓励中间商增加销售。与人员推销和广告相比，营业推广不是连续进行的活动，只是一些阶段性或临时性的促使顾客迅速产生购买行为的措施。

（4）公共关系。使公众理解企业的经营活动符合公众利益，并有计划地加强与公众的联系，建立和谐的关系、树立企业信誉的一系列活动即属于公共关系。其特点是不以短期促销效果为目标，公共关系能使公众对企业及其产品产生好感，并树立良好企业形象。它与广告的传播媒体有些类似，但又是以不同于广告的形式出现，因而能取得比广告更深刻的效果。如报告文学、电视剧、支持社会公益活动等公共关系手段的效果就很好。企业公共关系的目的不仅在于促销，更主要的目标是为企业的生产经营创造更为和谐的营销环境。

（5）销售技术服务。汽车产品本身在技术、结构和使用方面具有如下特点：

①汽车产品价值高，组成复杂，不同的汽车产品具有不同的结构形式，也具有不同的汽车性能。

②不同品种的汽车有不同的使用条件，而不同的使用条件对汽车性能的发挥有十分明显的影响。

③汽车在使用过程中需要经常性地维护与调整，维修时又常常需要专用设备（如检测设备）和专业性知识，而一般用户又往往缺乏汽车的产品知识和使用知识，也缺乏维修检测技能及相关设备条件。

④买卖交易手续复杂（如办牌照等）。在销售汽车产品时，向用户介绍汽车产品特征、提供有关技术说明、培训用户掌握合理的使用知识、提供销售过程中的一条龙服务以及为质量保修提供配件和维修服务等，对促进汽车销售影响很大。这些售前、售中和售后服务工作统称为销售技术服务。其主要特点是专业性强，是用户购车考虑的首要因素之一。所以，优质的销售技术服务对促进销售、增强企业竞争能力效果十分明显。

三、促销组合决策

促销组合决策实质上就是对促销预算如何在各种方式之间进行合理分配的决策。企业在做这些决策时，除了要考虑每种方式的特点与效果外，还要考虑以下因素：

（1）产品的种类和市场类型。例如，专用汽车用途比较单一，市场比较集中，因而人员推销对促进专用汽车的销售效果较好；而普通汽车由于的市场需求比较分散，所以广告对促进这类汽车销售的效果更好。总之，市场比较集中时，人员推销的效果最好，营业推广和广告效果次之。反之，市场需求分散时，广告的效果较好，营业推广和人员推销则次之。

（2）促销的思路。企业促销活动的思路有"推动策略"与"拉引策略"之别。所谓推动策略，就是以中间商为主要促销对象，将产品推向销售渠道，进而推向用户。拉引策略则是以最终用户为主要促销对象引起并强化购买者的兴趣和欲望，吸引用户前往渠道商那里购买。显然，在"推动"思路指导下，企业会采用人员推销方式向中间商和大客户促销，拉引策略则会广泛采用广告等来吸引最终用户。

（3）产品生命周期的阶段。当产品处于导入期时，需要进行广泛的宣传，以提高知名度，因而广告的效果最佳，营业推广也有良好作用。当产品处于成长期时，广告和公共关系仍需加强，营业推广则可相对减少。产品进入成熟期时，应增加营业推广措施（如折扣），因为此时大多数用户已经了解了产品，在此阶段应大力进行人员推销，以便与竞争对手争夺用户。产品进入衰退期时，某些营业推广措施仍可适当使用，广告则可以停止。

总之，企业在充分了解各种促销方式的特点，并考虑影响促销方式的各种因素的前提下，才能做出最佳的促销组合决策。

第二节 人员推销

人员推销既是一种最常用、最富有技巧的促销方式，也是成本相对较高的营销沟通工具。

一、人员推销的概念及特点

1. 人员推销的概念

人员推销是指通过推销人员深入中间商或消费者进行直接的宣传介绍活动，使中间商或消费者采取购买行为的促销方式。

2. 人员推销的形式

汽车产品人员推销主要有两种形式：上门推销和会议推销。上门推销的好处是推销人员可以根据消费者的具体兴趣特点有针对性地介绍有关情况，并容易现场成交。而会议推销具有群体推销、接触面广、推销集中、成交额大等特点，只要有消费者带头订货，就易形成订货气候，容易实现批量交易。我国汽车企业经常采用会议推销。

3. 人员推销的特点

人员推销的优点有：

（1）推销的针对性强。人员推销就是推销人员直接向消费者推销产品，推销人员成为消费者和产品生产者之间最直接的桥梁，由于推销人员对产品比较熟悉，可根据消费者对产品的不同欲望、要求、动机和行为，采取不同的解说和介绍方法，从而可实施针对性较强的推销，有利于促成消费者购买。

（2）推销的成功率高。由于人员推销事先拟定了推销方案，研究了产品的市场动态，确定了推销的对象，因此推销人员可以把精力有选择地集中在那些真正的"可能"上，使可能的失败降到最低限度。在市场竞争激烈、产品价格较高、产品技术复杂、购买批量较大等情况下，特别适合采取人员推销策略。

（3）综合职能强。推销人员与消费者保持直接联系，在促销过程中可以直接展示产品，进行操作表演，帮助安装调试，并根据消费者反映的情况，灵活地采取必要的协调措施。此外，推销人员在促销的同时，尚可兼做许多相关性的工作，如服务、调研、情报搜集等。

（4）有利于信息反馈。人员推销的双向沟通方式，使得企业在向消费者介绍产品，提供信息的同时，及时得到消费者的信息反馈，使企业及时掌握市场动态，修正营销计划，并促进产品的更新换代。

当然，人员推销也有其缺陷。最主要的缺陷就是人力成本过高，因为推销人员需要出门拜访客户，有时需要去外地出差，在开发潜在客户和维系现有客户上要花费大量的时间和精力。汽车企业对工业用户、集团用户、经销商等大规模客户或者经常性购买的特殊客户采用人员推销往往可以取得销售效率和营销成本的一致。

二、人员推销的功能及步骤

1. 人员推销的功能

在现代营销活动中，人员推销不仅仅是出售现有的产品，还要配合企业的整体营销活动来适应、满足和引导消费者的需求。人员推销的功能包括以下四个方面：

（1）开拓市场。派出推销人员访问消费者是企业开拓市场的常用手段。为此，推销人员必须掌握相关的资料，了解国际、国内市场状况的发展趋势。推销人员必须具备一定的观察能力和良好的沟通技巧。国际市场营销人员还必须精通当地的文化和语言。

（2）搞好售后服务。推销人员除推销产品外，还必须为客户提供一定的售后服务工作。如免费上门安装、咨询服务、技术协作、及时办理交货事宜等。

（3）信息沟通。推销人员通过向消费者介绍企业和产品，在消费者心目中树立产品品牌形象和信誉。可见，人员推销承担着广告相似的功能，他们不仅销售产品，还承担着传递和反馈信息的任务，参与市场营销的各项活动。

（4）进行市场研究。推销人员通过市场调研，收集市场信息，并及时反馈给企业，为企业决策服务。例如，日本汽车企业的推销人员往往亲自深入现场取得第一手资料，他们与中间商座谈，获得有关企业、产品的信息；通过与消费者的接触，了解消费者的消费态度、消费观念以及消费者意见等。这些信息的收集为企业下一步制定营销策略提供帮助。

2. 人员推销的步骤

市场营销研究者对人员推销提出"公式化推销"理论，将推销过程分成七个不同的阶段。

（1）寻找顾客。这是推销工作的第一步。

（2）事前准备。推销人员必须掌握三方面的知识：

①产品知识，即关于本企业、本企业产品的特点、用途和功能等方面的信息和知识。

②消费者知识，即包括潜在消费者的个人情况、消费者购买产品的目的和用途、消费者的性格特点等。

③竞争者的知识，即竞争者的能力、地位和他们的产品特点。同时还要准备好所推销产品的样品（或图片）、介绍说明材料，选定接近消费者的方式、访问时间、应变语言等。

（3）接近。即开始登门访问，与潜在客户开始面对面的交谈。

（4）介绍。在介绍产品时，要注意说明该产品可能给消费者带来的好处，如消费者充分认识其产品价值，要注意倾听对方发言，判断消费者的真实意图。

（5）克服障碍。推销人员应随时准备应对不同的意见，处理各种意外的交易障碍。

（6）达成交易。具体磋商交易条件，如成交价格、交货地点、结算方式、服务保障等，抓住成交机会，促成交易。

（7）售后跟踪。如果推销人员希望客户满意并重复购买，则必须坚持售后追踪。推销人员应认真执行订单中所保证的条件，例如交货期、售后服务、安装服务等内容。

三、人员推销的基本方法和技巧

推销人员应根据不同的推销气氛和推销对象审时度势，巧妙而灵活地采用不同的方法和技巧，吸引消费者，促其做出购买决定，达成交易。

1. 人员推销的基本方法

推销人员必须掌握的基本推销方法有：

（1）试探性方法。如果推销人员对消费者还不甚了解，则可以使用事先设计好的能引起消费者兴趣、刺激消费者购买欲望的推销语言，投石问路，进行试探，然后根据其反应再采取具体的推销措施。面对较陌生的消费者，推销时要重点宣传产品的功能、风格、声望、感情价值和拥有后的惬意等。

（2）针对性方法。如果推销人员对消费者需求特点比较了解，则可以事先设计好针对性较强、投其所好的推销语言和措施，有的放矢地宣传、展示和介绍产品，使消费者感到推销人员的确是自己的好参谋，真心地为己服务，进而产生强烈的信任感，最终愉快地成交。

（3）引导性方法。推销人员要能唤起消费者的潜在需求，要先设计出鼓动性、引导性强的购买建议（但不是诱骗），诱发消费者产生某方面的需求，并激起消费者迫切要求实现这种需求的强烈动机，然后抓住时机向消费者介绍产品的效益，说明所推销的产品正好能满足这种需求，从而引导消费者购买。如果不能立即促成交易，那么能改变消费者的态度并形成购买意向，为今后的推销创造条件，也是一种成功。推销人员要始终注意自己所提建议的成功性，言辞要有条理、有深度，语气要肯定，不能模棱两可，更不能有气无力，避免说服的一般化，要以具体事实作后盾。这就要求推销人员应掌握较高的推销艺术，设身处地为消费者着想，恰如其分地介绍产品，真正起到引导作用。所以一名合格的推销人员应具有丰富的产品知识和管理学、社会学、心理学等知识。

2. 人员推销基本技巧

推销人员在掌握一定的推销方法后，还必须掌握一些推销技巧。

（1）建立和谐的洽谈气氛的技巧。推销人员与消费者洽谈，首先应给消费者一个良好的印象，懂礼貌、有修养、稳重而不呆板、活泼而不轻浮、谦逊而不自卑、直率而不鲁莽、敏捷而不冒失。

（2）洽谈的技巧。在开始洽谈阶段，推销人员应巧妙地把谈话转入正题，做到自然、轻松。

（3）排除推销障碍的技巧。推销人员如果不能有效地排除和克服所遇到的障碍，则会功亏一篑。因此，要掌握排除下列障碍的技巧：

①排除消费者异议障碍。如果发现消费者欲言又止，则推销人员应自己少说话，直截了当地请消费者发表意见，以自由问答的方式真诚地同消费者交换意见和看法。对于消费者的偏见，可以举例加以纠正，或者转换话题。

②排除价格障碍。应充分介绍和展示产品特点，使消费者感到"一分价钱、一分货"，物有所值。

③排除消费者习惯障碍。实事求是地介绍消费者不太熟悉的产品，并将其与他们已经习惯的产品相比较，让消费者乐于接受。还可以通过相关群体的影响使消费者接受新的观念。

（4）与消费者会面的技巧。一是要选好见面的时间，以免吃"闭门羹"；二是可采用请熟人引荐、名片开道、同有关人员交朋友等策略，赢得消费者的欢迎。

（5）抓住成交机会的技巧。推销人员应善于观察消费者的情绪，在给消费者留下好感和信任时，应抓住机会发动进攻，争取签约成交。

一个好的推销人员，除了掌握上述方法与技巧外，其推销业绩还与推销人员的良好个性有关。例如，口齿要伶俐，脑子要灵活，反应要敏捷，洞察要准确，性格要温和，耐心要持久。

四、人员推销的管理决策

企业要制定有效的措施和程序，加强对推销人员的挑选、训练、激励和评价。

1. 推销人员的选拔

从人员挑选来讲，不管是从企业内部选拔，还是社会公开招聘，都应严格进行考试与考查，择优录用。考试包括必要文化知识和必要智力水平（如反应能力、思维能力等）的测试。前者一般采用笔试，考察应聘人员知识的广度与深度，后者一般采用口试，重点考察应聘人员的语言表达、口才、理解记忆力、分析判断、灵活应变、仪表风度乃至个人形象等。经过这两个环节后，还应考察应聘人员的责任感、工作态度、工作作风、职业道德、敬业精神、创新精神等。

一般而言，优秀的推销人员必须具备以下素质：

（1）良好的语言表达能力。语言要富有激情、鼓舞性和感染力。

（2）较强的社交能力。具有较强的沟通能力，能够取得消费者的充分信任。

（3）敏锐的洞察能力。善于察言观色，能够准确判断消费者的购买欲望和对供应商的选择倾向。

（4）快捷的应变能力。应做到思路清晰，言谈符合逻辑，适应能力强，遇事不惊，沉着应变。

（5）高超的控制能力。推销人员应按需要引导谈话走势，灵活处理异议，把握洽谈的主动权，控制好交易气氛。

2. 推销人员的培训

推销人员的培训应围绕推销人员的推销方法与技巧、职业道德与敬业精神、企业特色等几个内容进行训练与教育。就企业知识培训而言，主要是要求推销人员熟悉产品、懂得技术、了解市场、心有用户、勇于竞争、勤于服务。使推销人员能够向用户介绍产品和工厂的情况，供其所需，释其所疑；不但要让用户了解产品，还要让他们了解生产产品所用材料的优质性、技术的先进性、设备精密性、工艺稳定性及试验检测的严格性，使用户对产品放心。为此，对推销人员的培训必须使其熟悉以下情况和知识：

（1）公司的历史，包括历届负责人和一些较出色的经营人员等史实，以增加老用户的认同感。

（2）生产工艺和设备，以利于回答用户的问题和接受用户的咨询。

（3）服务政策与服务内容，以消除用户的后顾之忧。

（4）产品投放等销售政策，以利于推销人员明确企业的目标市场，产品和市场定位战略等。

（5）市场竞争特点，以便让推销人员知己知彼，正确面对市场竞争。

（6）产品的使用知识，以便让推销人员向用户充分介绍产品的使用价值。

此外，对推销人员的培训，还应包括市场营销相关法律知识、推销人员守则、考核与奖惩制度、公司销售管理等内容。

在销售队伍建设中，尤为重要的是，要以在市场上能驰骋自如的销售专家，作为销售队伍的业务带头人。因而，企业对推销人员的培训应有层次地进行。从层次来讲，推销人员的培训应包括：

（1）基础性培训。这种培训主要是针对新职员进行的，培训的主要内容是让推销人员掌握基本的推销技能和有关基础知识，让推销人员了解卖车程序、手续等。

（2）完善性培训。这是一种对经过基础性培训，实际从事过一段时间推销工作的初级推销人员的培训。

（3）骨干培训。这是一种针对推销人员骨干拟提拔作为带头人或者担任基层推销领导人的培训。

推销人员培训除了上述按层次有步骤地综合培训外，还有专门化培训。如针对企业某种新产品的上市专门进行的推销人员培训。此类培训则主要围绕新产品的技术、使用以及市场特点进行。又如，企业为了打入一个新市场而进行的专门培训。此类培训则应主要围绕目标市场的特点进行。

培训推销人员的形式应采取课堂教学、模拟实验和现场训练（一般安排在工作岗位上并指定有经验的推销人员负责指导）相结合的方式，可以结合电化教学，将公司销售以及模范推销人员的推销活动的全过程播放给学员观摩。推销人员培训结束时，一般应采取书面与实战演习相结合的方式进行结业考试，并将考试成绩与推销人员的岗位安排或待遇适当挂钩。

有些企业为了适应对推销人员培训的要求，建立了专门的培训学校。学校既可以作为培训推销人员的基地，也可以作为销售部门业务培训或研习的场所。例如，雪铁龙集团就开办了一个商业培训国际中心（CIFC）。CIFC承担了雪铁龙集团海内外各成员企业的新旧车销售、售后服务、顾客服务、信息技术、汽车技术、理财等一整套培训任务。为实现培训的现代化，CIFC还建立了培训管理系统（通过该网络安排和管理培训工作）和推销人员业务能力考评系统。

3. 推销人员的组织与管理

推销人员组织与管理的内容包括企业对推销人员队伍总体规模、组织结构、工作制度、奖惩与考核等制度的确立。

1）推销人员规模的确定

确定推销人员规模的方法有两种。

（1）销售能力分析法。通过测量每个推销人员在不同范围、不同市场潜力区域内的推销能力，计算在各种可能的推销人员规模下，企业的总销售额及投资收益率，以确定推销人员的规模。

$$公司总销售额 = 每人销售额 \times 推销人员数目$$

$$投资收益率 = （销售收入 - 销售成本）/ 投资额$$

（2）推销人员工作负荷量分析法。根据每个推销人员的平均工作量及企业所需拜访的客户数目来确定推销人员的规模。即

$$推销人员总数 = 客户总数 / 平均每个推销人员应拜访的客户数（在某一时间和某一区域内）$$

2）推销人员的组织范围

其组织结构共有三种可供选择的形式。

（1）区域性结构，将企业的目标市场分成若干个区域，让每个（或组）推销人员负责一定区域内的全部推销业务，并定出销售指标。采用这种结构有利于考查推销人员的工作绩效，激励其工作积极性，有利于推销人员与消费者建立良好的人际关系，有利于节约交通费用。国外多数汽车企业对推销人员都是按此组织的。

（2）产品型结构。将企业的产品分成若干类，每个推销人员（或推销组）负责推销其中的一类或几类产品。这种结构适用于产品类型较多并且技术性较强，产品间缺少关联的

情况。

(3) 消费者型结构。按照目标消费者的不同类型（如所属行业、规模大小、新老用户等）组织推销人员，即每个推销人员（或组）负责某一类消费者的推销活动。采用这种结构有利于推销人员更加了解同类消费者的需求特点。

3) 工作制度

企业从上到下都有严密的工作制度，对推销人员更是如此。如推销人员分工负责哪一区域、它的主要职责是什么、表格如何填写和送交、如何建立客户档案、何时汇报与检查、目标是什么、紧急情况如何处理与报告等。明确的工作制度是提高工作效率的组织保证。目前，国外汽车企业对订购新车或维修车辆的消费者，规定交付时间，一旦误期，则负责向用户提供使用车辆，或者承担用户的交通费。显然，没有严密的工作制度，这些汽车企业便难以履行对用户的承诺。

4) 奖惩与考核

企业应将推销人员的工作情况做出公平合理的考核，根据推销人员的业绩给予奖励或惩罚。惩罚是必要的手段，但一般是以激励为主。实施激励办法，对于开创销售工作的生动局面很有意义。丰田公司的销售实力之所以很强，与该公司管理有方不无关系。丰田公司在严密的工作制度和激励机制作用下，涌现出一批杰出的推销人员。例如，功勋推销人员椎名保久访问消费者的最高记录是150户/天，他平均每天要递出数百张名片。在与消费者交往中，他专心致志同消费者谈话，向对方提供详细的信息和咨询意见，甚至帮助消费者寻找长期停放汽车的位置。对于没有驾驶执照的消费者，他则告诉消费者到哪里学习最合适，若遇到讨厌汽车的消费者，就引导他开车兜风，以使其对汽车发生兴趣。至今，丰田公司仍将上门推销作为其推销人员必须掌握的销售技术之一。

在对推销人员进行评价时，一是要考察推销人员的销售业绩，包括完成的销售数量、完成目标任务的情况、销售业绩额增长情况、资金的回收情况等。对不同特点的市场，企业在制定目标任务和选择考核指标时应有所不同。例如，对原本销售量不大的市场，考核推销人员的销售业绩增长率就比绝对销售量更有意义。二是要考核消费者对推销人员的满意度。可以通过消费者走访调查、建立消费者意见收集制度（如定期对消费者抽样，进行问卷函调）、建立消费者投诉机制等方法，获取消费者对推销人员工作的满意度情况。

第三节　广　告

广告即广而告之，是企业为品牌、产品、服务或创意，建立社会关注度和知名度最有效的工具。一条适时得体的广告对企业和产品的宣传具有重要作用，企业要善于利用广告把自己的真诚、敬意和合作传递给目标顾客。广告策略是企业促销组合重要的组成内容。

一、广告的概念与作用

广告有公益广告和商业广告之分。其中，公益广告是社会公共服务机构或者拥有广告媒体资源的机构。出于公益目的而非商业目的，向社会公众发布的广告，旨在倡导社会文明风尚、关注和贡献社会公益事业、促进社会和谐、引导社会文化进步方向等，如中央电视台经常播放的精神文明广告、关注环保广告、关爱弱势群体广告等,都属于公益广告。本节只讨论商业广告。

关于商业广告的含义,美国市场营销协会委员会将其定义为:"由特定广告主以付费方式对于产品或劳务进行的非人员方式的介绍及推广活动";《中华人民共和国广告法》将其定义为:"产品经营者或者服务提供者承担费用,通过一定的媒介和形式直接或间接的介绍自己所推销的产品或所提供服务的活动"。由此可见,所谓商业广告,是指确定的广告主,按照有偿原则,通过适当的传播媒介,针对商品或劳务向特定前目标受众所开展的非人员方式的介绍和推广活动,旨在促进目标消费者实施广告主所期望的行动(如购买)。

商业广告(以下简称"广告")是商品经济的产物。自1841年美国费城出现世界最早的广告公司以来,广告已发展成为集商业、艺术、美学、摄影、音乐等因素于一体的综合信息传播手段,现代广告活动的主体包括广告主、广告受众、广告媒体、广告经营者四个类别。

随着市场经济的发展和买方市场的形成,广告越来越显示其促销的优势。现实生活中,广告已成为人们了解商品信息不可缺少的重要渠道。美国一位总裁指出,世界上经济越发达的地方,广告越发达,人们的生活水平越高。就汽车营销而言,汽车广告备受汽车企业的重视,汽车广告的费用不断攀升,如日本的汽车广告每年达数千亿日元,欧洲和美国分别达数十亿欧元或美元,我国目前也达到百亿元人民币。汽车广告成为广告商们重要的业务来源。

广告的商业作用有以下几方面。

1. 传播信息,引导消费

广告的主要功能就是通过各种媒体形式传播产品和购买信息,吸引消费者关注,让目标消费者了解能够满足其需要的理想产品是什么,产品的实际利益是什么,通过什么渠道可以得到产品等,从而引导人们的消费。

2. 刺激需求,扩大销售

广告是一种说服性很强的沟通活动,能激发消费者的潜在购买意识,改变消费偏好,影响消费者的购买行为。广告有利于提醒老用户继续关注本企业产品,刺激新的消费者加入购买者行列,说服处于决策徘徊的消费者做出购买决定,促使抱有偏见的消费者改变固有信念等,从而有利于巩固和创造市场需求,增加产品的销售量,提高市场占有率。

3. 增加认同,强化竞争

广告也是企业树立产品形象、品牌形象的有效途径。通过广告,大力宣传企业在产品品质、服务质量、技术实力、经营理念、企业责任、商业信誉等方面的形象,强化正确的舆论导向,有利于消费者建立对企业及其产品的认同感,提升企业的品牌形象,增强品牌的美誉度和品牌的资产价值,提升和巩固企业的市场竞争优势地位,为企业的持续发展积蓄力量。

二、广告策略

广告策略系指对广告促销各项活动的整体决策,以提高广告促销活动的效果。其主要内容包括确定广告目标决策、广告定位决策、广告费用预算、汽车广告媒体、广告设计策略等方面。

1. 广告目标决策

所谓的广告目标，是指企业通过广告活动完成的特定任务或使命。很多企业认为广告的目标就是要促进企业增加产品销售量，但现在营销理论界认为，广告还要服务于企业的品牌资产增值。广告只有实现销售量增长和品牌增值，才能是成功的；否则，只顾及眼前的销售量增长，没有对品牌资产积蓄力量，将会抵消广告效果，不能为企业的持续发展做出贡献，使企业落入广告陷阱，一旦企业减小了广告力度，消费者就会遗忘企业及其产品。因此可以说，销售量增长和品牌增值是广告的两个基本目标，任何顾此失彼的广告都是不成功的广告。

企业在决策广告的具体目标时，要综合考虑企业的经营战略、经营方针、营销目标、市场定位、产品特点、生命周期、营销组合等企业内部因素和目标消费者特性、市场竞争特性等外部因素。广告目标的具体化包括：

（1）告知信息。旨在提高产品的知名度，一般适合新产品的上市营销。

（2）促进沟通。需要明确沟通什么内容和沟通到什么程度。

（3）建立偏好。通过宣传企业长期一贯的产品和服务质量，帮助消费者理解企业的经营理念和社会责任，增加美誉度，建立消费者的选择偏好，为企业的品牌资产增值服务。

（4）增加销售。宣传企业新的营销政策，让消费者认识可能获得的新利益，以增加产品的市场销售量。

2. 广告定位决策

所谓的广告定位，就是期望广告在目标消费者心目中塑造一种怎样的形象，以服务于广告目标。广告定位包括产品实体定位和消费者心理定位两种策略。

1）产品实体定位

产品实体定位又被称为功能定位，指从产品本身的特点出发进行定位，主要包括功能定位、质量定位和价格定位，分别突出宣传产品功能、质量、价位的特色和独特价值。这是汽车产品最常采用的一种广告定位策略，汽车企业借助传播媒介，把其产品在结构技术、质量性能、制造工艺、材料选用、功能用途、品牌价值、销售服务、整体利益等方面的特点，以富有感染力的形式传播给消费者，使消费者感到物有所值、物超所值。

实体定位围绕产品的功能价值展开，强化功能特色，并给人以清晰的印象。例如，沃尔沃公司在进军北美市场时所作的广告，在长达 30 分钟的时间内列举了一系列沃尔沃轿车在有关事故中损害极小的数字，并设计沃尔沃轿车保险杠撞进墙内后，驾驶员和乘客顺利脱险的场景，以此证明沃尔沃轿车在安全方面的优良性能，让消费者对沃尔沃汽车的安全性印象深刻。事实上，沃尔沃公司在长达几十年的时间内，都始终突出其产品的安全性，已经深入人心，被世界各地消费者称道。

相比较而言，我国一些汽车企业，由于不解营销之道，常常存在这样一些问题：

（1）定位模糊不清。让消费者感到不知所云，使消费者对广告没有明确印象。

（2）定位不准确。如某微型轿车的广告强调其产品内部空间宽敞，厂家也许认为该款微型车能够做到内部宽敞，是一个值得大书特书的卖点。但是消费者会认为，一款微型车，再宽敞又能够宽敞到哪里去呢？这表明消费者对厂家的定位不认可。又如，某微型车宣称其产品集"越野车、商务车、休闲车、旅行车"等功能于一身,试想对这样一款区区几万元的车,消费者能够相信它是"集多功能于一体"的吗?

2)消费者心理定位

消费者心理定位又被称为情感定位,指从消费者的心理特点而不是企业的产品特点出发进行定位,它突出宣传拥有本企业品后的美好感觉,或者宣传缺乏产品而引起的各种情感缺失,而让消费者具有鲜明的认同感。消费者心理定位主要包括:

(1)正向定位。主要是宣传拥有本产品后的情感收获。例如某私家车宣传一家三口周末开着某某品牌的汽车郊游时的那种家庭温馨和浪漫氛围。美国营销学专家韦勒曾说过一句话"不要卖牛排,要卖烧烤牛排时的嗞嗞声"。他深刻揭示了正向心理定位的特点。他认为广告在介绍产品时,应赋予一种美好的想象,对于嗜好牛排的消费者来说,想象一下烧牛排时嗞嗞作响的场景,也许就会激发食欲。

(2)逆向定位。主要是唤起用户的同情和支持,例如美国一家处于第二位的出租汽车公司,在广告中反复宣传"我们是第二,所以我们更加努力啊!"这样,既强化了自己与第一的关系,又表明了自己处于弱者的位置,更易引起人们"同情弱者"的共鸣。

(3)是非定位。广告没有明确宣传是非观念,但消费者看了广告后,自然就会产生有利于企业所期望的价值判断。例如,雪佛莱公司一则获得大奖的电视广告——将长达一分钟的广告时间全部用来展示美国的国旗、国徽、名山、胜水以及美国人生活和工作的情景。显然,这种以爱国主义为主题的联想广告,对于素有美国国民车之称的雪佛莱轿车起到了有利的宣传作用。总之,广告定位不论采取何种策略,均要让消费者在心目中形成鲜明印象,能够唤起消费者的美好联想。

3. 广告费用预算

美国广告学者肯尼斯·朗曼曾经对广告投入成本和销售额的关系进行实证研究。他认为,任何产品的销售额都有一个最低和最高销售临界点。其中,最低临界点表示企业不做任何广告的最低销售额;最高临界点表示企业不受广告投入限制的情况下,增加广告投入产品所能够达到的销售额。

广告的确可以起到促进销售的作用。这时产品的销售量和广告费用成正向变化,即广告投入增加,会使得产品销售量也增加。但是,由于受到市场因素影响,产品销售量在达到一定水平后,便不再有显著增长。理想的广告策略应该控制在销售量接近最高临界水平时所对应的广告投入为宜,此时可以避免无谓的广告成本增加。因此,那种一味增加广告投入,希望以高额的广告投入保持销售量的持续增长和建立品牌形象的想法是不切实际的。广告的投入产出效率可以使用投入回报率指标进行评价。广告的投入回报率是指单位广告花费所带来的销售量(销售额)增量。其数学表达式为

广告的投入回报率 = 广告投入后的销售量(销售额)增加值/广告投入额

企业在决策广告投入时,需要考虑的因素有:

1)产品所处的生命周期阶段

对处于导入期的产品,由于目标市场上消费者还不了解产品,品牌知名度还没有建立,这就需要较多的投入,以提高消费者对产品的认知程度。这时,广告主要是信息型广告,侧重点应放在介绍产品、价格、功能、品牌、产地、售后承诺等方面,灌输企业经营观念,以

提高产品知名度和可信度,激发购买欲望。对处于成长期的产品,由于前期的广告投入较多,市场建立了一定知名度,且企业已经建立销售网络,市场上竞争对手也不多,因此广告活动频率可以适当降低,节约广告费用。这时,广告的重点应转向个性诉求,引起目标消费者的观念认同,争取回头客,培植品牌忠诚度。

对处于成熟期特别是成熟期后期的产品,由于市场上竞争产品和替代产品大量出现,它们都会有较大的广告力度,因此企业应增加广告投入,以便强化竞争优势,维持其市场地位。

对处于衰退期的产品,自主增加广告投入,市场销售量也不会得到改善。这时,企业已经开发出新产品,故对原有产品没有必要保持较高投入,反而应该节约广告费用,将广告投入重点转向新产品。

2) 市场份额

一般而言,市场份额大的产品,广告投入应多一些;市场份额小的产品,广告投入可少一些。

但是,如果企业希望扩大市场份额,就必须增加广告投入。通常情况下,保持现在市场占有率的广告费用远远低于扩大市场占有率的广告费用。如果品牌属于领导型品牌,由于它有较高的市场知名度和成熟的销售网络,其广告只是为了维持老顾客的重复购买,企业就没有必要大规模增加广告投入。如果品牌处于挑战者地位,则较大规模的广告投入是不可避免的。

3) 竞争程度

在一个有很多竞争者和广告开支很大的汽车市场上,一种汽车品牌只有不断加大宣传力度,使其高于市场的干扰声才能使人们听见,这种措施很容易形成恶性循环。另外,广告效果的好坏,在很大程度上取决于广告的创意是否新颖,成为取得目标市场注意的核心因素。

4) 广告频率

把汽车产品传递给消费者的重复次数,即广告的频率,也会决定广告预算的大小。

5) 广告的替代性

当一家汽车制造商或者经销商打算在汽车市场众多竞争者品牌中树立自己与众不同的形象,宣传自己可以提供独特的物质利益和特色服务时,广告预算也要相应增加。

4. 汽车广告媒体

汽车广告媒体的种类繁多,功能各有千秋,只有选择好适当的广告媒体,才能使汽车企业以最低的成本达到最佳的宣传效果,对汽车的销售起到推波助澜的作用。

1) 报纸

灵活、及时,本地市场覆盖面大,信息容量大,提供完整的产品信息,可以使用特别设计的版面(如跨版广告来展示产品细节),保存性差,复制质量低,传阅者少,印刷质量不高。

2) 杂志

地理和目标客户可选性强,可信并有一定的权威性,复制率高,保存期长,传阅者多,精良的印刷品质增强视觉冲击力。

3) 广播

大众化宣传,地理和目标客户的选择性强,收听灵活,成本低,只有有声音,不如电视那样引人注意,对声音设计和处理要求高。

4）电视

电视越来越成为人们获取信息和休闲娱乐的主要平台，在百姓的日常生活中占有重要的地位，因此电视广告具有得天独厚的优势。电视广告的优点有：

（1）能够综合利用各种艺术形式，声形并茂，色彩绚丽，动感直观，视觉冲击效果明显，表现力强，传播的信息量大。

（2）覆盖面广，如果选择的广告时间合适，则收视率会很高。

（3）传播速度快。

其局限性有：

（1）广告费用高。广告制作费用和电视广播收费都较高，特别是在主流电视台的黄金时间和主打节目前后时间内做广告，费用更高。

（2）广告信息不能保存。错过播出时间，观众就没有接触广告的机会，而且观众在收看广告节目时往往心不在焉，因此企业只有大量购买电视的广告时间，反复播出，才能产生广告效果。

电视广告尽管存在一定缺陷，但相对其优势而言，它仍然是企业理想的广告媒介，这也是电视广告越来越多的原因。由于电视广播的时间资源有限，随着电视广告的增加，企业通过电视做广告的成本也在增加。

5）互联网

互联网是发展最快，正在成为最活跃、最富有前景的广告媒体形式。从广告角度看，互联网具有的优势包括：

（1）广告表现力强。具有电视广告的优点，而且其感染力超过电视广告。

（2）网络资源丰富，广告内容可以无限拓展。目标消费者可以查询产品价格、品牌、车型、质量、性能、供应商、购买途径的信息，还可以延伸到消费信贷、维修、美容、配件、保险、使用知识等信息。只要属于消费者关心的任何信息，广告主都可以将其放在网上。

（3）广告信息的可保持性好。只要网络运营商不删除广告信息，那么它都存在于网络中，消费者可以再次阅读。

（4）不受时间限制。消费者可以在任意时间阅读广告信息。

（5）信息开放。互联网广告一般没有目标受众的限制，任何人都可以阅读广告信息。

（6）交互式和可视化营销。在产品定制化的营销模式中，消费者还可以登录企业网站，与企业讨论定制需求，追踪自己定制产品的生产过程。

（7）"一对一"营销。通过网络营销，企业可以实现产品对最终用户的直接营销，而不再依靠中间商。

（8）广告成本较电视收视低。

互联网广告的缺陷有：

（1）目标受众的规模有限。目前，上网的人数的规模尚不够多，但这个数字在逐年增加。

（2）消费者的信息选择权太大。互联网广告只能对上网的潜在消费者，或者只能对点击广告信息的消费者具有广告效果，这虽然避开了以上媒体信息传播的强迫性，但也减少了广告信息受众的人数，而且他们上网阅读广告信息的频次也不高。

以上各种广告媒体的优缺点，只是从基本面而言的。企业一旦选择某种媒体后，还需要做出更细致的决策,特别是广告时间的决策。广告在不同时间宣传,会产生不同的促销效果。这一决策包括何时做广告和什么时刻做广告。前者是指企业根据其整体市场营销战略,决定自什么时候至什么时候做广告。是集中时间做广告,还是均衡时间做广告;是季节性广告,还是节假日广告等。后者则是决定究竟在哪一时刻做广告,如是在黄金时间做广告,还是在一般时间内作广告,是否与某一电视栏目相关联等。此类决策几乎在每类媒体都会遇到。

总之,企业在选择广告媒体时,应充分评估各种媒体的广告效果和广告成本,兼顾二者的平衡和统一。

5. 广告设计策略

确立了广告的媒体之后,还必须根据不同媒体的特点,设计创作广告信息的内容与形式。广告要做到创意独特、新颖,表现形式要生动、具体,广告词要易记忆,宣传重点要突出;广告要富有联想空间,便于消费者树立良好的产品形象和企业形象。切忌别人看了广告后,却不知道广告要表达的是什么产品的什么内容和什么特点。广告应达到讨人喜欢、独具特色和令人信服之效果,或者说要达到引起注意、激发兴趣、强化购买欲望并最终导致购买行为,并有利于企业建立品牌形象。

第四节 营业推广

营业推广可加速新产品进入的过程,抵御和击败竞争者,刺激消费者和向消费者灌输对本企业有利的信念。

一、营业推广的概念及特点

1. 营业推广的概念及形式

美国市场营销协会定义委员会认为,营业推广是指:"除了人员推销、广告宣传和公共关系以外,刺激消费者购买行为和经销商效益的各种市场营销活动,如陈列、示范表演、展览以及推销努力。"

在汽车市场营销过程中,营业推广的对象主要包括目标消费者和汽车企业两类。对目标消费者的营业推广,目的主要是鼓励消费者试买、试用,争夺回其他品牌的消费者。其形式主要有服务促销、价格折扣、质量折扣、展销、卖方信贷等。对汽车企业的营业推广,目的主要是鼓励多买和大量购进,并建立持久性的合作关系。其主要形式有批量和现金折扣、展销业务会议、推销奖励、广告补贴、商业信用、价格保证、互惠等。

2. 营业推广的目的

营业推广的目的包括引导消费者试用或直接购买新产品,起到消费示范的作用,刺激现有产品销售量的增加或减少库存鼓励经销商采用多种措施扩大产品销售,配合与增强广告与人员推销等。在国际市场上,绝大多数企业都运用营业推广工具。目前,市场营销中营业推广的总费用有超过广告费的趋势,原因是营业推广具有强烈的刺激作用,对激发需求有立竿见影的效果。同时,由于长期的"广告轰炸",人们对广告产生了"免疫力",广告效果相对减弱。在实践中，如果能将销售推广与广告结合使用，则效果更佳。

3. 营业推广的特点

（1）促销效果的直接性。作为一种促销方式，营业推广见效快，可以在短期内刺激目标市场的需求，使之明显增长，特别是对一些优质名牌或具有特色的产品效果更好。

（2）营业推广是一种非经常性的促销活动。广告和人员推销则是连续性、常规性的促销活动。营业推广方式灵活多样，规模可大可小。企业往往可以根据销售的实际情况采取促销的新方法。

（3）营业推广的刺激性很强，是理想的短期或阶段性的促销措施。营业推广往往是企业短期或阶段性的促销行为，不会对企业的长期营销政策产生实质性影响。

二、对最终用户营业推广的主要形式

对最终用户的主要促销形式有以下几种。

1. 服务促销

通过周到的服务，使消费者得到实惠，在相互信任的基础上开展交易。主要的服务形式有售前服务、订购服务、送货服务、售后服务、维修服务、供应零配件服务、培训服务、咨询信息服务等。以下是一些汽车企业的服务促销措施：

大众汽车公司在德国的 4 000 多个经销店和服务站，都可随时接受用户订车。宽敞明亮的展厅、醒目的指示牌、齐全的产品样本和价目表、布置得体的洽谈室以及考虑周到的停车场，为用户创造了良好的购车环境。在那里，用户不仅可以喝上可口的咖啡、热茶，而且用户的小孩还可到展厅的游戏角去尽情玩耍。大众汽车公司的经销商给用户提供全方位服务，服务项目包括旧车回收、二手车交易、维修服务、提供备件、附件销售、车辆租赁、代办银行贷款、代办保险、车辆废气测试、用户紧急营救等。经销商的销售业务有现货即期和远期交易两种，对于现货购买，用户一般在 2～3 天内即可得到汽车，而且注册牌照等手续也代为办妥，对于想购买装有各种特殊装备的用户，经销商通过计算机订货系统查询后，向用户提供价格、交货期等详细情况，一切购车手续在几分钟之内即可完成。用户在合同上签字后，经销商即向大众公司订货，安排生产。交货期一般为 6 周，用户订的车辆在生产线上一直被监控着，经销商随时可查看该车的生产进度。

奔驰公司采取了一系列扩大服务、促进销售的措施，如成立卡车租车公司长期出租卡车；在欧洲实行卡车用户协议办法，持卡者可免费在公司设在欧洲的 2 700 个维修点维修车辆和增配零件，开设了以旧换新服务项目，建有旧车销售网和旧车销售情报中心，为用户免费提供咨询，为出租车、救护车等专用车采购大户提供特别服务；实行奔驰机场修车和维护服务，消费者可利用出差、度假时间，在机场交出车辆进行维护。

宝马汽车公司在世界各地的销售商都必须就宝马车的买卖、选型、运转功能、成本、保险甚至车用移动电话等特殊装备等细节问题，向用户进行内容广泛而深入的答疑和咨询服务，宝马汽车公司十分重视对中间商就用户的特殊服务和全面服务进行培训。除了境内众多的培训中心外，宝马汽车公司在近东、远东以及拉美都建有培训点。销售商直接与用户接触，宝马汽车公司认为，销售商是它的形象代表，经常对用户展开有奖调查，以发现销售商是否符合公司的要求。宝马汽车公司还设有 24 小时巡回服务，行驶在世界各地的宝马车，一旦出现故障，只要一个电话，就近的巡回车就会赶到现场迅速排除故障。宝马汽车公司还对用户报废车进行回收，建有拆卸旧车试验场，既为用户带来好处，又符合环保要求。

本田公司十分注重提高经销及技术服务人员的素质，连他们的举止仪表都有具体规定，目的是为用户提供优质服务。例如该公司设于泰国的一个经销商，规定管理人员每两个月要到五星级宾馆进行一次接待礼仪方面的研修，定期为女职员开设美容及选择服装方面的讲座。此外，为了提醒用户，该公司在定期车检之前，通常还采取信函方式通知用户前来接受服务，并对用户的合作表示谢意。修配厂还设有娱乐设施并免费提供饮料，即使用户开来了其他公司的车，他们也一样服务周到，让用户满意而去。

2. 开展汽车租赁业务

对用户而言，开展汽车租赁业务可使用户在资金短缺的情况下，用少部分现钱而获得汽车的使用权。汽车投入使用后，用户用其经营所得利润或其他收入在几年内分期偿付租金，最终还可以少量投资得到车辆的产权，可以使用户避免货币贬值的风险；对我国运输经营者而言，汽车租赁业务可使用户享受加速折旧、税前还贷、租金计入成本、绕过购车手续等优惠。对于汽车生产企业来说，可以拓宽销售市场，增加汽车的生产。对于汽车中间商而言，开办汽车租赁业务也能够取得比进销差率更好的经济效益。用 3~5 年的时间，不断收回车款、用户延期付款的利息及手续费、租赁业务利润等，而且在租赁期满后，仍然拥有产权，可按名义货价卖给用户，再一次获利。

据介绍，20 世纪 90 年代欧洲汽车市场连年萧条、各汽车企业竞相推出"租借"销售法。虽然各公司在做法的具体细节上有所不同，但基本原则都是一致的。这种方法的租借期一般为 2~3 年，公司计算出三个基本要素：

（1）租赁押金，一般为新车价格的 30%。

（2）每月租赁费。

（3）租赁期满时汽车的价值（以限定里程数为基础计算），即 MGFV（Minimum Guaranteed Future Value）。

每月租金等于新车价格减去押金、MGFV，加上利息。用户期满后有三种选择：一是付出 MGFV，买断这辆汽车；二是如果用户认为汽车价值超过 MGFV，则可将其卖掉，并归还租赁商 MGFV；三是归还汽车。这种销售方法，对暂时无力购买新车的用户来说，每月租赁费并不高，比从银行贷款一次性买断新车合算，而汽车企业也可从中赚取更多的利润，有利于满足更多的喜欢新车的用户要求，有利于促进新车销售。

3. 分期付款与低息贷款

针对用户购车资金不足，除租赁销售方式外，分期付款和低息贷款也是汽车促销的重要方式。分期付款是用户先支付一部分购车款，余下部分则在一定时间内，分期分批支付给销售部门，并最终买断汽车产权；低息信贷则是用户购车前先去信贷公司贷足购车款，然后再购车，用户的贷款由用户与信贷公司结算，汽车销售部门则在用户购车时一次收清全部购车款。信贷业务与汽车销售业务相互独立。至于信贷公司，则既可以由企业、中间商或银行分别办理，也可以由他们联合办理。

分期付款与低息贷款销售法在西方国家十分盛行。如克莱斯勒汽车公司每年要向数10万名用户发放卖方贷款，用户的贷款可在两年内分18次偿还；福特公司不仅给予用户400～4 000美元的价格折扣，而且给予2.9%的低息贷款；丰田公司实行按月付款销售；现代公司的用户购车时只需付20%～25%的车款，余下部分在十几个月至几十个月内付清。我国很多汽车公司也在推行分期付款销售。

4. 鼓励职工购买本企业产品

国外汽车企业普遍对自己的职员优惠售车，它们将此种方式称为购买"自家车"，并以此唤起职工对本公司的热爱，激发职工的主人翁感和荣誉感，较好地将汽车销售与企业文化建设结合起来。例如，大众汽车公司规定职工每隔9个月可以享受优惠购买一辆本公司的轿车，每年大众汽车公司以此种方式销售的汽车近10万辆。近年来，我国部分轿车公司也在推行这种销售方式，加快了轿车进入家庭的进程。

5. 订货会与展销

订货会是促销的一种有效形式，可以由一家企业举办，也可以由多家企业联办，或者由行业及其他组织者举办。订货会的主要交易方式有现货交易（含远期交易）、样品订购交易，以及进出口交易中的易货交易、以进代出贸易、补偿贸易等。展销也是营业推广的有效形式，通过展销可起到"以新带旧、以畅带滞"的作用。同时，企业在展销期间，一般会给予用户优惠，短期促销效果很明显。展销的主要类型有以名优产品为龙头的展销、新产品展销、区域性展销等。

6. 价格折扣与价格保证促销

折扣销售是生产企业为了鼓励中间商或用户多买而在价格上给予的优惠，包括批量折扣、现金折扣、特种价格折扣、用户类别折扣等。这些办法都能促成中间商或大用户扩大进货量，并有助于促进双方建立长期友好合作关系。

这种推销法实际上是"薄利多销"策略的一种表现形式，其目的是刺激用户的购买兴趣，卖方并不吃亏，为了留有打折的余地，厂商总是先把车价订得稍高一些，使打折扣后仍有利可图，同时也给用户一种"占了便宜"的印象。例如通用公司在20世纪80年代将×型轿车零售价调至比批发价高26%，雪佛兰调高20%，然后分别以削价100美元和500～700美元的折扣出售，终于打开了销售局面。克莱斯勒总裁说过，各厂家你争我斗，价格是决定性因素之一。所谓优惠促销正是价格竞争的产物。该公司在20世纪80年代中后期，给用户的折扣分别为300～1 500美元不等。该公司还曾两次举办过"谢谢您，美国"活动，给1979年以来买过该公司车的人和数百万潜在买主发放"新车优惠购买证书"，持此证者可享受更多的优惠。实践表明，这种做法确实起到了促销作用。

价格保证则是针对用户持币待购，处于观望心理而推行的促销的方法。公司对用户发放价格保证卡，如果公司的产品在保证期限内出现了降价，那么用户可持卡去公司领取当时价格与购买价格的差额。这样就可以消除用户持币待购的现象，打破销售的沉闷局面。推行此种销售方法，由于增加了即期需求，价格可能反而不会下降。这种价格保证促销方法，我国汽车企业完全可以采用，它在汽车市场滞销时有利于用户打破"买涨不买落"的心理作用。

7. 产品试用或试销

这种促销方法是企业先将汽车产品交付用户使用，使用一段时间后，用户满意则付款购买，如不满意则退回企业。

8. 以旧换新

"以旧换新"销售方法在汽车工业发达国家十分流行。这种方法是汽车企业销售网点收购用户手中的旧车（不管何种品牌），然后将企业的新车再卖给用户，两笔业务分别结算。企业将收来的旧车经整修后，再售给那些买二手车的用户。据介绍，此种销售方法能满足用户追求新异的心理，又能保证车辆的完好技术状态，有较好的经济和社会效益。

9. 精神与物质奖励

企业为了对推销成绩优异的推销人员进行鼓励，充分发挥他们的能动性，可采取各种物质奖励和精神奖励的形式，激励推销人员为企业的促销作更大的努力。企业也可以对使用本产品的用户，给予物质和精神奖励，以培养用户对本企业汽车产品的忠诚度。

10. 竞赛与演示促销

企业根据目标市场的特点，对经销人员和单位组织各种形式的竞赛，以刺激和鼓励经销者和推销人员努力推销本企业的产品，树立良好企业形象。对用户可以采取知识竞赛，驾驶水平竞赛等。演示促销可提供现场证明，增强客户的信任感，激发购买欲望等。汽车产品还可通过举办汽车拉力赛将竞赛与演示结合起来。企业可以利用这些比赛充分展示企业产品的性能、质量和企业实力，以建立和保持产品形象和企业形象。

对汽车最终用户的营业推广方式还有多种。例如，神谷正太郎针对20世纪60年代很多日本人不会开车的事实，在丰田公司创办了汽车驾驶学校。任何人都可以去那里免费学习汽车驾驶，这一举措吸引了不少的驾驶学习者，凡来参加学习的人员，不仅很快学会了驾驶技术，而且培育了驾驶乐趣和爱好，强化了他们的汽车理论和占有欲望，不断地为丰田汽车培养忠诚客户。

三、对中间商的营业推广方式

上述对最终用户的促销方式，有些方式也可用于对中间商促销，如会议、展销、激励、奖励和价格保证等促销方式。总体上讲，生产企业对中间商的促销一般应围绕给予中间商长远的和现实的利益进行，具体方式可以在贸易折扣、建立牢固的合作机制、资金融通、广告补贴、商业信用等方面展开促销。

从贸易折扣方面看，生产企业可以从以下多个方面给予中间商贸易折扣。

1. 现金折扣

这种促销方式系指如果中间商提前付款，则可以按原批发折扣再给予一定折扣。如按规定，中间商应在3个月内付清货款。如果中间商即期付款，则给予3%折扣；如果在1个月付款，则给予2%的折扣；如果在3个月内付清款项，则只给予1%的折扣；如超过3个月，则不再给予折扣；显然，这种促销方式有利于企业尽快回收资金。

2. 数量折扣

数量折扣是对于大量购买的中间商给予一定的折扣优惠，购买量越大，折扣率越高。数量折扣可按每次购买量计算，也可按一定时间内的累计购买量计算。在我国，通常称为之"批量差价"。

3. 功能折扣

这种折扣形式是企业根据中间商的不同类型、不同分销渠道而提供的不同服务，并给予不同的折扣。例如，美国制造商报价："100元，折扣40%及10%"，表示给零售商折扣40%，即卖给零售商的价格为60元；给批发商再折扣10%，即54元。

有些汽车企业还根据中间商的合作程度给予不同折扣，如我国某汽车企业曾与经销商建立了一种利润共享、风险均担的机制。其具体内容是：

（1）凡在市场疲软时，保持或增加对本公司汽车订货额的经销商，在市场畅销时，有优先保持和增加汽车资源的权利。

（2）在市场疲软时不要求增加价格折扣的经销商，在市场畅销时相应增加其价格折扣。

（3）在市场疲软时，合同外增购的汽车将享受较大的价格折扣。

（4）对市场疲软时减少订货的经销企业，在畅销时也将减少资源供应量。当然，这种机制的前提条件是经销商要对制造商的产品在未来存在畅销机会抱有预期。

从建立稳固的合作机制方面看，企业还可以同中间商就服务、广告补贴、送货、运费、资金融通等方面达成长期协议。如采购支持就是制造企业为了帮助中间商采购，节省采购费用和库存费用而采取的一种方式具体即指自动订购系统的采用。

企业向中间商提供订货的各种单据、表格，中间商通过网络向生产企业传送订单，企业一旦收到订单，立刻供货。这种方式是以前库存支持采购与网络的结合。有利于减少沟通的费用，节约时间，使中间商实现零库存。

第五节　公共关系

在现代社会化大生产中，任何组织在其业务活动和营销活动中都必须与其有关的公众打交道，发生各种社会关系、物质关系、经济关系和利益关系。对企业来说，在日常营销活动中，要和企业外部的原材料供应商、产品经销商、代理商、消费者、政府管理部门、各种公众团体打交道，要和企业内部的合伙人、股东、董事、职工等内部公众打交道，因而存在错综复杂的公共关系。

一、公共关系的概念及职能

1. 公共关系的概念

首先，公共关系是领导者为获得事业的成功而确定的一系列指导思想、路线和政策；其次，其作为一种管理职能，要指挥和依靠专门既定的人员为贯彻既定的公共关系政策去进行一系列有计划的活动，目的在于不断调整本单位和公众中树立本单位的良好形象，在为社会谋福利益，为本单位谋利益的基础上，建立双向或多项沟通的，有利于相互了解和支持的良性交往关系。

2. 公共关系的职能

公共关系与广告、营业推广的基本功能都在于传递信息，都要利用传播媒介和传播技术进行信息沟通。但是，公共关系又与其他促销手段有所不同，并且其功能也不仅仅局限于促销。一般来说，公共关系的职能有：

（1）宣传企业。利用大众传播媒介，如报纸、杂志、广播、电视等，为企业进行宣传，以建立企业良好的形象。宣传报道的内容针对性强，消费公众感觉它比广告更可信。

（2）加强和社会各方面的沟通和联系。企业通过与当地政府、经销商、社会、消费者联系，增进了解，加深感情。

（3）意见反馈。建立与公众之间的联系制度，答复他们的各种询问，提供有关本企业情况的材料，对任何来访、来电、来信的人，迅速有礼、准确、友好的接待和处理。美国一家公司提出并坚持"24小时接待服务"和定期访问消费者的制度，在社会公众中产生了良好的影响，效果极佳。

（4）应付危机，消除不利影响。当企业的国际市场营销战略发生失误，或出现较大问题时，可以利用公共关系给予补救；对不利于本企业发展的社会活动和社会舆论，要运用公共关系进行纠正和反驳。如美国通用公司就有过这种经历。美国新闻界曾公开了一位消费者的控告：通用公司的"卡瓦"牌汽车在任何速度下都不安全。几年后，该车型在市场上消失。通用公司为防止因"卡瓦"牌汽车的失误而导致整个企业的信誉下降和销售量锐减，就在国际市场上广泛开展公共关系活动，同时加强产品质量和售后服务工作，通过新闻媒介和其他方式做好企业宣传，重新在社会公众中树立自己的形象。

需要说明的是，在社会发生突发事件后，或者全社会都在高度关注某项公益事业时，如果企业的反应不敏捷，或者反应不恰当，则往往会诱发企业的公共关系危机。例如，2008年四川汶川发生地震后，一些汽车企业迟迟没有捐赠行动，也没有派出志愿者服务，引起网民在互联网上的强烈指责，网民指责这些企业没有社会责任心，与企业实力或企业形象不相称等。目前，国内外都在探讨企业的社会责任问题，有的企业从企业经营理念上认为，在非常情况下不能适用市场原则，当社会需要企业付出时，企业应该勇于回报社会。为此，企业设立专门的非盈利事业管理部门负责管理此类事务，将非盈利事业作为企业的一项战略，纳入日常管理，给予经费预算，明确企业非盈利事业的发展方向，如将非盈利事业的重点是放在关爱孤寡老人方面，还是放在关心希望工程方面，是在拯救自然灾害方面做贡献，还是在化解公共事件矛盾方面做贡献，回报社会的具体方式是捐款捐物呢，还是投入人力组建工作队等。无疑，这些企业对待非盈利事业管理的理念及其实施措施，都值得学习和推广，避免企业在非常时期成为社会舆论指责和议论的焦点。

各个企业要根据不同时期不同市场的情况，确定公共关系具体内容、任务和方法。公共关系的作用虽然很大，但它不能弥补产品和企业本身的缺陷，更不能取代人员推销、广告、营业推广的作用。

二、汽车企业公共关系活动的对象

公共关系工作的对象是公众，是一些群体，这些群体的共同利益被某一个机构的行动和政策影响，反过来这些群体的行动和意见也影响着这个机构。一般来说，公众可以分为内部公众和外部公众；现在公众、潜在公众和将来公众；重要公众、次要公众和边缘公众等。

汽车企业的公众有着自己的特点。首先，作为汽车行业的厂家，其有众多的原材料、零部件供应厂家和配套单位,产品用户也遍布各行各业;其次,对中外合资企业而言,还涉及各投资方、政府涉外部门和许多外国组织和个人;再次,汽车企业一般在规模和影响方面较大,它的许多事务涉及各个方面、层次的政府部门、企事业单位;最后,同其他企业一样,汽车企业需要新闻、法律方面的工作,需要商业、服务业等方面的配合支持,同时也有着员工、家属等各种社会关系。

日本的企业在内部公共关系的建设上很值得借鉴。日本公司成功地创造了一种合作精神。组织内的每一个人都在营销,都需要另外的与日常工作不一定相关的信息。内部关系的基础是由公司的公共关系部门或广告部门创办和编辑的员工刊物、电子邮件、电影、录像、碟片等媒体。

三、企业公共关系活动的主要方法

汽车企业公共关系活动的方法主要有:

(1) 创造和利用新闻。企业公共关系部门可发布有关新闻,或举办活动创造机会以吸引新闻界和公众的注意,利用这些机会邀请企业的领导人参加活动,发表演讲,展示他们的人格魅力,宣传介绍企业的发展成绩,提高企业的知名度。

(2) 参与公益活动。通过参与公益活动(如赞助文化体育活动、捐资助学、扶贫、救灾等),企业可以树立良好的公众形象,表明自己的社会责任态度,赢得公众的信任,培养与公众的友好感情,从而提高企业的美誉度。

(3) 策划特殊活动。企业可以安排一些特殊的事件来吸引公众的注意,例如召开新闻发布会、研讨会或展览会,或举行各种庆典活动,主办有奖竞赛、演讲比赛等,通过丰富多彩的活动展示企业的实力和形象。现在许多世界著名的汽车企业都十分注重在中国的公关工作,有目的的组织策划一些有意义的活动,如北京现代、东风本田都对高等学校开展过助教活动。

(4) 编写和制作各种宣传资料。其包括介绍企业和产品的业务通信、期刊、录像、幻灯片或电影公众喜闻乐见的宣传品。

(5) 导入企业形象识别系统(CIS)。即综合运用现代设计和企业管理的理论、方法,将企业的经营理念、行为方式及个性特征等信息加以系统化、规范化和视觉化,塑造具体的企业形象。企业将这种视觉的企业形象印制在企业的建筑物、车辆、制服、业务名片、办公用品包装、文件、招牌等方面,便于企业改善对外交流形象。

(6) 设立公共关系热线电话。通过热线电话,在社会公众与企业之间建立一条方便、快捷和便宜的信息沟通渠道。这些热线电话,主要不是处理用户投诉,而是服务于企业的公共关系。

总之,企业要善于运用公共关系手段做好公共关系的目标设计,建设公共关系的平台和载体,选择和决策恰当的公共关系方法,定期审视和评估公共关系的实施效果,为企业的生产经营营造良好的内外部发展环境。

第十章

信息化营销模式

　　信息化营销是企业发展的关键，同时也是打造产业链的捷径，可以增加商品附加价值。信息化营销已经成为现代营销的主流模式，它是以产品销售过程为原型，充分运用信息数据分析，建立的新营销模式。信息化营销贯穿企业市场营销的整个过程。就产品销售过程来看，每一个环节都显现信息化营销的魅力。同时，在信息化大背景下也衍生出了新的营销理论，如网络营销、关系营销、体验营销等。

第一节　汽车信息化营销相关概念

一、信息与信息化

1. 信息

　　随着人类社会步入信息化时代，物质、能源与信息已成为社会发展的三大资源。信息技术是当代人类最活跃的生产力，正在对经济和社会的发展产生巨大而深远的影响。信息化水平的高低已成为衡量一个国家现代化水平和综合国力的重要标志。

　　关于信息的含义有许多种说法，一种通俗的解释是：信息是人们所关心的事情的情况。例如，对于汽车企业来说，汽车产品的市场需求和销售利润的变化就是重要信息；对于汽车消费者来说，汽车产品的功能及市场价格是重要信息。因此，关于某事物的同一情况对于不同的个人或群体具有不同的意义，某事物的情况只有被人关心或需要时才能称为信息。

　　但是，不同学科对信息的定义也有所不同。在经济管理领域，通常认为信息是提供决策的有效数据；在数学领域，认为它是概率论的发展；通信工程领域则把信息看成是不确定性的描述，是可以通信的知识。在汽车营销中，我们认为信息既是可以通信的数据和知识，又是管理和决策的重要依据。

信息在国民经济中具有以下作用：

（1）信息改变了经济发展结构。信息的应用直接带动了服务行业的发展，并且推动服务行业不断延伸和扩展。譬如计算机软件、网络编辑以及计算机处理系统等改变了传统产业结构，信息技术极大地改善了产业模式，提高了生产效率。

（2）信息是客观事物（或系统）的表征。企业的生产经营情况正是通过其产品结构、产值、产量、经营总额、利税总额等信息来体现的。

（3）信息为经济发展提供有利条件。21世纪是一个信息的时代，掌握信息就是掌握财富，信息在经济发展中的地位越来越高。

（4）信息是联系客观事物（或系统）各部分的纽带。一个企业正是通过其物流（原料、半成品、成品等）、能量流（水、电、风等）和信息流（物流、能量流的量、质及控制信息等）的紧密联系，才构成一个有机的整体。

（5）信息是客观事物（或系统）管理与控制的依据及实现手段。企业领导者正是通过掌握企业生产、经营的有关信息来判断目前生产、经营状态是否正常，从而做出有关调整的决策并加以实施，以便使生产、经营活动正常进行。

2. 信息化

20世纪90年代以来，信息技术的广泛应用带领全球进入一个数字化和信息化时代。信息化是近年来世界各国都非常关注的并具有深远影响的战略课题。信息化是反应信息技术应用水平的一个概念。十七大报告中指出"全面认识工业化、信息化、城镇化、市场化、国际化深入发展的新形势、新任务，深刻把握我国发展面临的新课题、新矛盾，更加自觉地走科学发展道路，奋力开拓中国特色社会主义更为广阔的发展前景。"信息化被提到与工业化、城镇化、市场化、国际化同等重要甚至更为重要的位置。信息化指加快信息高科技发展及其产业化，提高信息技术在经济和社会各领域的推广应用水平，并推动经济和社会发展前进的过程。它以信息产业在国民经济中所占比例，信息技术在传统产业中的应用程度和国家信息基础设施建设水平为主要标志。信息化是我国《国家中长期科学和技术发展规划纲要》中制造业科技发展的重点方向和任务，也是《2006—2020年国家信息化发展战略》的重要任务。持续推进国民经济信息化是应对经济全球化、提高国际竞争力的迫切需要。

信息化是通过信息技术的广泛革新和渗透应用来改变现有经济技术格局和生产方式的过程，其本质在于解决信息的供需矛盾。信息化要解决的供需矛盾具有其特殊性：

（1）从生产上讲，信息化主要是增加产品的信息含量，提供新的附加值，以满足消费需求。

（2）从市场上讲，信息化主要是解决市场均衡问题，为供需双方提供信息，以减少交易成本。

（3）从管理上讲，信息化主要是解决管理效率问题，准确、及时地获取和传递信息，以提高决策效率。

（4）从技术上讲，信息化主要是解决信息的有效传递，并利用信息技术融合集成、互联互动。

二、汽车企业营销信息化

1. 汽车企业营销信息化

汽车企业营销信息化就是指汽车企业将因特网技术和信息技术应用于汽车产业生产、营销、技术、服务及经营管理等领域，通过信息资源的深入开发和广泛利用，获取信息经济效益，不断提高生产、经营、管理、决策、服务的效率和水平，进而提高汽车企业经济效益和企业竞争力的过程。实质上是将汽车企业的生产过程、物料移动、事务处理、现金流动、客户交互等业务过程数字化，通过各种信息系统网络加工生成新的信息资源，提供给各层次的人们洞悉、观察各类动态业务中的一切信息，以做出有利于生产要素组合优化的决策，使汽车企业的资源合理配置，以使汽车企业能适应瞬息万变的市场经济竞争环境，取得最大的经济效益。具体到一个汽车企业，汽车企业信息化就是要实现该企业生产过程的自动化、管理方式的网络化、决策支持的智能化和商务运营的电子化。

汽车企业信息化从发展程度看分为三个层面或三个不同发展阶段。

第一是初步利用计算机技术应用于汽车企业生产、经营管理的部分子系统，以单机或小型局域网为主，以减轻劳动强度、提高业务处理的效率和准确率为目的的孤立的信息处理系统。

第二是部分或全部集成的信息系统，以先进的管理思想为基础，将电子信息技术、现代管理技术和先进的制造技术紧密结合，应用于汽车产品的全生命周期的各个阶段，通过信息集成、过程优化和资源、组织优化，实现物流、信息流和价值流的集成和优化运行，实现人（组织）、技术和经营管理三要素的集成，以新产品研制和产品生产上市快、质量优、成本低、服务好、保护环境和提高企业竞争力为目的，实现汽车企业的现代化管理。

第三是利用互联网实现汽车企业之间、汽车企业与政府之间、汽车企业与其他组织之间的广泛的信息交流与信息集成，并广泛地开展电子商务，实现企业的设计、制造、管理和贸易的无纸化、网络化、智能化。

2. 汽车企业营销信息化

汽车企业营销信息化是指采用现代信息技术，把汽车市场营销的整个过程建立在对信息的搜寻、加工、处理的基础上，将营销活动的商流、物流、现金流与信息流统一起来，以实现汽车企业营销对消费者需求的准确把握以及对市场信息的敏锐洞察，并为消费者提供优质服务。

传统的汽车营销方式是建立在庞大的物理销售网、遍布各地的销售人员和铺天盖地的广告攻势的基础之上的，但是越来越多的汽车企业已经意识到信息在现代企业竞争中的重要作用，所以信息反馈已成为汽车企业营销渠道的重要功能之一，利用各种信息进行营销决策，制订、评估、调整营销策略和计划，从而提高营销绩效是现代汽车企业经营管理活动中的常态。要实现这一过程或目的，需要解决三个方面的问题，即企业需要解决什么营销问题、解决问题需要哪些信息，以及从何处采用何种方式来获取这些信息并如何对信息进行分析，这决定了汽车企业营销信息化建设的内容。从营销信息化建设内容看，汽车企业营销信息化可分为硬件部分建设（一般是汽车企业内部网络的建设）和软件部分建设（一般是信息系统的建设）；从应用类别看，汽车企业营销信息化又可分为汽车制造企业营销信息化和汽车服务企业营销信息化。

汽车企业实施营销信息化的目标一般包括：通过提高信息透明度以及信息链处理速度，减少计划生产车辆的数量，降低库存及物流成本；通过提高产品的可配置性以及加快响应速度来满足终端客户的需求；加强从分销渠道获得市场变化、反馈、确认等信息；减少业务流程的衔接端口以及职责重组；业务流程标准化；避免在分销渠道降价竞争；提高经销商管理水平，以更好地支持经销商的运作等。为达到以上目标，我国汽车企业除了建设企业级营销管理信息系统外，往往还会进行汽车电子商务，或采用网络营销模式，或进行客户关系管理。

第二节　汽车网络营销

一、网络营销概述

1. 网络营销产生的背景

网络营销和电子商务是伴随着信息技术的发展而发展的。网络技术的发展和应用改变了经济体系中信息的分配和接收方式，改变了人们生活、工作、学习、合作和交流的环境，企业必须相应地积极利用新技术变革企业经营理念、经营组织、经营方式和经营方法。目前信息技术的发展、特别是通信技术的发展，促使互联网络成为一个更强、更新的媒体。分析这种媒体可以为企业经营利用的有利因素，使之成为新经济时代所有企业新的策略。

2. 网络营销的定义

网络营销就是大量的消费者通过互联网，找到某网站、商铺，查看商品卖点，通过电话、邮件、即时通信软件等方式联系到卖家或者厂家，将一个潜在消费者变成有效消费者的过程。也可以理解成：网络营销就是以企业实际经营为背景，以网络营销实践应用为基础，从而达到一定营销目的的营销活动。其中，还包括 E-mail 营销、博客与微博营销、网络广告营销和视频营销等。总体来说，凡是以互联网或移动互联网为主要手段开展的各种营销活动，都可称为网络营销。

3. 网络营销的特点

网络营销在实践中表现出的特点有以下几个。

1）跨时空性与实时性

营销的最终目的是最大限度地占有市场份额。互联网能够超越时间约束和空间限制进行信息交换，使得营销活动跨越时空限制进行交易成为可能，企业有了更多时间和更大的空间进行营销，可每周 7 天、每天 24 小时随时随地地提供全球性营销服务。在信息传递方面，互联网比传统营销所采用的信函、传真等手段具有更大的规模和速度优势，可以完全跨越时空的限制；在信息获取方面，互联网提供了高效的搜索引擎以及各种综合网站信息平台，使企业或消费者能够获取实时的市场信息。

2）多媒体交互性

信息通过互联网被设计成可以传输的形式，如文字、声音、图像等，从而使营销人员的创造性和能动性得以体现。同时，通过互联网展示商品图像、查询商品信息资料、进行产品或服务测试与消费者满意度调查等，可以实现供需互动与双向沟通。

3）个性化

网络具有一对一的互动特性。网络营销不仅是一对一的、理性的、消费者主导的、非强迫性的、循序渐进式的营销活动，而且是一种低成本与人性化的营销，避免了传统强势营销带来的干扰，并通过信息提供与交互式交谈，与消费者建立长期良好的关系。

4）整合性

一方面，网络营销可实现从提供商品信息、收取货款至售后服务的一站式服务。同时，企业也可以借助互联网将不同的营销传播活动进行统一设计规划和协调实施，以统一的传播资讯向消费者传达信息，避免因传播的不一致性而产生的消极影响；另一方面，互联网是一种功能相当强大的营销工具，符合整合营销的未来趋势。

5）高效经济性

计算机可储存大量的信息，可传送的信息数量与精确度远超过其他媒体，且能根据市场需求的变化，及时更新产品或调整价格，及时有效地了解并满足消费者的需求。通过互联网络进行信息交换来代替传统的实物交换，一方面可以免除印刷与邮递费用和店面租金；另一方面可以减少由于传统的多次运输交换带来的损耗。

6）技术与价值的融合性

网络营销是建立在以高技术作为支撑的互联网基础上的，因此企业实施网络营销必须改变传统的组织形态，加强技术投入和技术支持，提升信息管理部门的功能。但是，网络消费又是一种信息消费和娱乐消费，据不完全统计，有超过80%的上网者是为了搜寻对自己有用的资讯和享受网络所特有的娱乐和休闲方式。因此，企业需要通过网络技术努力将产品所附加的服务和相关信息价值进行有效剥离，使其成为一种相对独立的、有丰富内涵和娱乐特性的信息产品。

二、网络营销与传统营销的比较

1. 网络营销与传统营销的相同点

网络营销与传统营销的相同点主要体现在以下三个方面。

（1）两者都是企业一种经营活动，涉及的范围不仅限于产品生产出来之后的活动，还要扩展到产品生产之前的开发活动。

（2）两者都需要通过组合发挥功能，不是单靠某种手段去实现目标，而是要通过整合各种手段来开展具体的营销活动。现代企业的市场营销目标已不仅仅是实现某个目标，更重要的是要追求某种价值的实现。而要实现预计所要达到的目标需要启动多种关系，需要通过整合各种营销手段来制定营销策略。

（3）两者都把满足消费者需求作为一切活动的出发点，都认为消费者的需求不仅是现实需求，还包括潜在需求。

2. 网络营销与传统营销的不同点

1）对消费者认识的不同

传统营销中的消费者是指与产品购买和消费直接有关的个人或组织。虽然网络营销所面对的消费者与传统营销所面对的消费者并没有什么太大的区别，但在互联网中，面对全球数百万个站点，每个网上消费者都不得不依靠搜索引擎来获得自己需要的站点。因此，搜索引擎成为企业从事网络营销的"特殊消费者"，企业在设计广告或发布网络信息时，不仅要研究网上消费者及其行为规律，还要掌握各类搜索引擎的搜索规律。

2）对产品认识的不同

完整的产品是由核心产品、形式产品和附加产品构成的，这是整体产品的概念。网络营销一方面继承了上述整体产品的概念，另一方面更加注重和依赖信息对消费者行为的引导，因而将产品的定义扩大，用五个层次来描述整体产品的构成：核心产品、形式产品、延伸产品、期望产品和指示产品。

3）对营销认识的不同

在网络营销过程中，营销组合的概念会因产品性质的不同而不同。对于知识性产品，企业可直接在网上完成其经营销售过程，在这种情况下，营销组合发生了很大的变化：传统市场营销组合中的产品、渠道、促销，由于摆脱了对传统物质载体的依赖，已经完全电子化和非物质化；价格不再以生产成本为基础，而是以消费者意识到的产品价值来计算；消费者对产品的选择和对价值的估计，很大程度上受网上促销的影响；由于网上消费者群体具有高知识、高素质、高收入等特点，因此，网上促销的知识、信息含量要比传统促销大。

4）对企业组织运作认识的不同

网络营销带动了企业理念的发展，也带动了企业内部网络的发展，形成了企业内外部沟通与经营管理均以网络作为主要渠道和信息源的局面。因而，企业对组织进行再造显得尤为迫切。在企业组织再造的过程中，销售部门将衍生出一个负责网络营销和与公司其他部门协调的网络营销管理机构。该机构的主要职责是解决网上疑问，解答新产品开发以及网上消费者服务等事宜。同时，企业内部网的兴起，将改变企业内部的运作方式以及员工的素质。

三、网络营销的方式

（1）搜索引擎营销。通过开通搜索引擎竞价，让消费者搜索相关关键词，并单击搜索引擎上的关键词链接进入网站、网页，进一步了解所需要的信息，然后通过拨打网站上的客服电话、与在线客服沟通或直接提交页面上的表单等来实现自己的目的。

（2）搜索引擎优化。即通过对网站结构、三要素描述、高质量的网站主题内容、丰富而有价值的相关性外部链接进行优化而使网站为消费者提供的搜索引擎更加友好，以获得在搜索引擎上的优势排名，为网站引入流量。

（3）电子邮件营销。即以订阅的方式将行业及产品信息通过电子邮件的方式提供给所需要的消费者，以此建立与消费者之间的信任与信赖关系。

（4）即时通信营销。即利用互联网即时聊天工具进行推广宣传的营销方式。

（5）"病毒式"营销。"病毒式"营销来源于网络营销，是运用消费者口碑相传的原理，通过消费者自发进行的、费用较低的营销手段。

（6）BBS 营销。如个人站长到门户站论坛"灌水"的同时留下自己网站的链接，每天都能带来几百个访问 IP。

（7）博客营销。博客营销就是建立企业博客或个人博客，用于企业与用户之间的互动交流以及企业文化的体现，一般以诸如行业评论、工作感想、心情随笔和专业技术等作为企业博客的内容，使用户更加信赖企业，从而深化企业的品牌影响力。

（8）微博营销。微博营销是指通过微博平台为商家、个人等创造价值而采用的一种营销方式，也是指企业或个人通过微博平台发现并满足用户各类需求的商业行为方式。

（9）微信营销。微信营销是网络经济时代企业营销模式的一种创新，是伴随着微信的火热而兴起的一种网络营销方式。微信不存在距离的限制，用户注册微信后，就可与周围同样注册微信的"朋友"形成一种紧密的联系，用户订阅自己所需要的信息，企业通过提供用户需要的信息，推广自己的产品，从而实现点对点的营销。

（10）视频营销。以创意视频的方式，将产品信息移入视频短片中，被大众吸收，不会造成太大的用户群体排斥性，也容易被用户群体接受。

（11）软文营销。顾名思义，软文广告是相对于硬性广告而言的，是由企业的市场策划人员或广告公司的文案人员负责撰写的"文字广告"。与硬性广告相比，软文广告精妙之处在于一个"软"字，好似绵里藏针，收而不露，克敌于无形。它追求的是一种春风化雨、润物无声的传播效果。

（12）体验式微营销。体验式微营销是指以用户体验为主，以移动互联网为主要沟通平台，配合传统网络媒体和大众媒体，通过有策略、可管理和持续性的 O2O 线上线下互动沟通，建立、转化或强化顾客关系，实现客户价值的一系列过程。

（13）O2O 立体营销。它是指基于线上、线下全媒体深度整合营销，以提升品牌价值转化为导向，运用移动化信息系统，帮助品牌企业打造全方位渠道的立体营销网络，并根据市场大数据分析制定出一整套完善的多维立体互动营销模式，针对受众需求进行多层次分类，选择性地运用报纸、杂志、广播、电视、音像、电影、出版、网络和移动通信等传播渠道，以文字、图片、声音、视频和触碰等多元化的形式进行深度互动融合，涵盖视、听、光、形象和触觉等人们接受资讯的全部感官，对受众进行全视角、立体式的营销覆盖，帮助企业打造多渠道、多层次、多元化、多维度和全方位的立体营销网络。

四、网络营销的基本模式

按照交易对象分类，网络营销可分为四类。

1. 企业—企业模式

企业—企业模式（Business to Business，B2B）的网络营销是指企业和企业之间进行的网络营销活动。从目前看，企业是网络营销最热心的推动者，并且将是今后网络营销中的重头戏。因为相对来说，企业和企业之间的交易是大宗的，是最能在网络营销中获取大量利益的。

在互联网出现之前，企业—企业的网络营销主要是通过 EDI 方式进行。所谓 EDI，简而言之，就是按照商定的协议，将商业文件标准化和格式化，并通过计算机网络，在贸易伙伴的计算机网络系统之间进行数据交换和自动处理。EDI 的应用领域很广泛，主要内容包括贸易中供应商与客户的文件交换、运输文件交换、报关、订货、零售分配中心、电子竞争等。它的主要用户有进出口公司、运输公司、银行、制造商、供应链、跨国公司、大中型企业等。互联网出现后，可以以互联网作为互联手段，同 EDI 的技术结合，为大中小企业进行网络营销提供更廉价的服务环境。

2. 企业—消费者模式

企业—消费者模式（Business to Customer，B2C）的网络营销是指企业为满足消费者的个性化的需求而进行的网络营销活动。随着互联网的飞速发展，全球网民的增多，使得这类网络营销得到了快速发展。互联网提供的快速和便捷的搜索浏览功能和多媒体界面，使得消费者很容易寻找和深入了解所关心的商品。因此，企业—消费者模式的网络营销具有巨大的潜力，是今后网络营销发展的主要动力。

3. 企业—政府模式

企业—政府模式（Business to Government，B2G）的网络营销是指企业与政府机构之间进行的网络营销活动。政府与企业之间的各项事务都可以涵盖在此模式中，包括政府采购、税收、商检、管理条例的发布等。如政府的采购清单可以通过互联网发布，企业可以以电子信息的方式回应。这里，政府有两重角色：通过网络进行电子商务的使用者，进行购买活动，属商业行为；通过网络进行电子商务的宏观管理者，对企业进行电子商务活动起着扶持和规范的作用。

4. 消费者—政府模式

消费者—政府模式（Customer to Government，C2G）的网络营销是指政府与个人之间的网络营销活动。例如，社会福利基金的发放以及个人报税等。这类网络营销活动目前还没有真正形成。但随着企业—消费者以及企业—政府网络营销的发展，各国政府将会对个人实施更为完善、便利的电子方式的服务活动。

五、国内汽车网络营销的发展现状

1. 当前中国汽车销售市场的结构状况

目前，我国拥有 100 多家汽车整车生产企业，几千家汽车零部件生产企业，可谓是世界上汽车生产企业最多的国家。虽然我国全国汽车年产销总量自 2010 年起已经超过 1 880 万辆，跻身于世界第一大汽车市场，但我国汽车工业生产集中度很低，仍然处在"散、乱、差"的状态下。这种"散、乱、差"的汽车生产局面，直接导致了汽车销售市场的散乱状态。

目前，中国以各大汽车整车生产企业为中心向周围辐射形成了几个区域性汽车市场。东北以一汽集团为中心形成了东北汽车市场；华东以上汽集团为中心形成了华东汽车市场；华中以东汽集团为中心形成了华中汽车市场；华北以天汽、北汽为中心形成了华北汽车市场等。当然，各企业集团的产品销售在各个区域的市场中都互有渗透，而且各大汽车集团在全国主要地区和城市都布有自己的销售服务中心和销售服务网点。再加上其他汽车整车生产企业和零部件生产企业在全国设置的汽车销售网点，以及为汽车使用维修服务的汽车零配件商店、汽车修理厂，总数以 10 万计。这里除了少数以大企业为中心的区域性汽车市场已形成了"整车销售、零配件供应、售后服务、信息反馈"四位一体结构之外，其余都是分散的、功能单一的汽车市场结构。当然，随着汽车生产企业的兼并重组和强强联合，汽车销售市场也将得到重新治理和整合。在这一过程中将构建合理的汽车市场结构模式。

2. 国内汽车营销模式的发展

20世纪90年代初期之前，由于我国尚处于计划经济主导的市场模式，汽车产品长期供不应求，也无所谓汽车产品的市场营销。但从20世纪90年代中期开始，随着我国社会主义市场经济体制的建立与发展，汽车市场实现了由卖方市场向买方市场的转变。顺应这种形势，各大城市形成了一批以店铺经营、集中交易为主要特色的集中型汽车交易市场。基于集中型汽车市场所面临的一系列问题，某些城市建设了汽车工业园区。汽车工业园区拥有功能的多元化、管理的体系化、服务的标准化和经营的规模化等优势，但它也要求有更先进的营销模式、多元功能设置和国际商务水准，需要大量的资金投入和成熟的发展过程。尤其是资金问题，其制约了汽车工业园区在全国的普及。

另外，汽车厂家也在不断致力于建立自己的营销体系。自20世纪90年代中期开始，我国出现了以汽车厂家为中心，以区域管理为依托，以特许或特约经销商为基点（专卖店），受控于厂家的营销模式——汽车专卖制度。这一制度可以较好地满足用户对汽车品牌档次与服务质量的要求，实现了汽车企业经营观念的转变和营销管理的现代化，而且还产生了分散经营所无法实现的规模效益。

随着信息社会和电子化时代的到来，网络技术已渗入当今社会和经济的各个方面，电子商务、虚拟现实等网络技术已经走向实际应用，汽车营销也顺应这一潮流而进入网络化。网络营销可以在营销活动的很多方面如资源配置、产品研发调研、市场调查、达成交易、商品配送、客户沟通等方面，发挥传统营销模式所没有的优势。美国三大汽车公司也发现，市场营销需要把经销商和网络紧密结合起来，从而实现多元化经营。

目前，我国网络营销存在如下一些问题：

（1）网络营销的发展策略缺乏系统研究。

（2）网络营销赖以生存的品牌基础有待继续夯实。

（3）网络营销的具体业务还处在初级阶段。

（4）网络营销人才缺乏。

（5）物流网络不完善。

（6）网络消费群体尚未形成。

（7）政府的指导作用需要加强。

汽车网络营销的发展对策：

（1）帮助消费者转变交易观念。

（2）努力培养网络营销人才。

（3）认真研究发展网络营销的具体策略。

（4）完善网络基础设施。

（5）提高网上交易安全性。

（6）健全物流配送系统。

（7）发挥政府扶持和宏观调控作用。

(8) 建立健全网络营销的法律法规体系。

第三节　汽车关系营销

一、关系营销产生的原因

关系营销的产生具有较为深刻的时代背景，是后工业社会市场经济和人类文明高度发展的客观要求。

1. 社会经济迅速发展

随着社会生产力的发展，物质产品日益丰富，市场形态已经明显转向买方市场，企业之间的竞争更加激烈，竞争手段也就更加多样化。同时，先进技术使产品之间的差异减小，企业很难通过产品、渠道、促销等传统营销手段取得竞争优势。而且企业之间营销活动的效果相互抵消使传统营销活动的效果越来越不明显，促使企业与消费者保持良好的关系，以形成稳定市场。同时，企业之间的交流也因为竞争的加剧而显得更加迫切。

2. 消费观念的变化

由于人们的消费观念向外在化、个性化、自然化的方向发展，精神消费和心理消费的程度越来越高，企业与消费者之间迫切需要以更多的交流来相互实现各自的需要与利益，这促进了营销方式的变革。与此相适应的是，生产方式的转变同样需要营销方式的转变。工业社会的生产主要表现为少品种、多产量的生产，企业之间的竞争形式整体表现为争夺消费者的"零合竞争"，企业为了获取竞争的优势把更多的注意力放在竞争者身上，而忽视了同竞争者之间的情感交流。相反到了后工业社会，由于计算机、机械及制动方面的各项高新技术的广泛应用，生产工艺更加柔性化和敏捷化，对市场的细分化程度也更加深入，生产形式更多地表现为多品种、少批量的生产。企业之间的竞争形式转向为一种"win – win game"（双赢游戏），并且企业更加注重消费者的实际要求。

3. 信息技术的发展

信息技术的发展使得人与人之间的距离相对缩短，企业与企业之间、企业与消费者之间的依赖性、相关性也越来越强，彼此之间的交流和协作更加便利。作为企业，对这种时代特征不可漠然视之，尤其是在营销策略方面，要处理好这种"互动关系"，形成持续发展的基础和动力，达成企业战略目标。

二、关系营销的内涵

关系营销是企业为实现其自身目标和增进社会福利而与相关市场建立和维持互利合作关系的过程。首先，这个定义提出关系营销的目的是双重的，包括社会宏观目标与企业微观目标。企业作为社会的一部分，除了其自身的目标外，还应该关注社会总体利益与目的；其次，关系营销的对象是相关市场。相关市场可以包括企业所有利益相关者，如消费者、供应者、员工媒体、政府部门等；再次，关系营销的手段是互利合作关系。互利是合作的前提，没有互利，很难有进一步的合作，缺乏合作的营销也不能成为关系营销。最后，关系营销是动态的过程，而不是静态的状态。

由上述可知，关系营销是把营销活动看成是一个企业与消费者、供应商、分销商、竞争者、政府机构及其他公众发生互动作用的过程，核心是建立和发展与这些公众的良好关系。关系营销与传统的交易营销相比，在对待消费者上的不同之处主要在于以下几点。

（1）交易营销关注的是一次性交易，关系营销关注的是如何保持消费者。

（2）交易营销较少强调消费者服务，关系营销则高度重视消费者服务，并借消费者服务提高消费者满意度，培育消费者忠诚。

（3）交易营销往往只有少量的承诺，关系营销则有充分的客户承诺。

（4）交易营销认为产品质量应是生产部门关心的，关系营销则认为所有部门都应关注质量问题。

（5）交易营销不注重与消费者的长期联系，关系营销的核心就在于发展与消费者的长期、稳定关系。关系营销不仅将注意力集中于发展和维持与消费者的关系，而且扩大了营销的视野，它涉及的关系包含了企业与所有利益相关者间所发生的所有关系。

三、关系营销与传统营销的区别

1. 经营哲学方面

传统营销学包含了五种经营哲学：生产导向、产品导向、推销导向、营销导向和社会营销导向。五种经营哲学都是从企业的立场出发，实现单个企业的经营目标，其核心是达成交易，只是到了社会营销导向时才对原有的经营思想有了一点突破，达成交易的同时兼顾社会利益。而关系营销完全突破了传统的经营哲学，其核心是与相关利益者建立良好的关系，所以关系营销思想是企业经营管理新的指导思想，也是一种新的经营哲学。

2. 组织结构方面

传统的营销部门的职责就是完成企业的营销任务，其他的部门各司其职，很少直接参与企业营销活动。现在奉行关系营销思想的企业，其营销任务不仅仅只由营销部门完成，许多部门都积极参与，参与和各方建立良好的关系，营销部门成了各个部门的协调中心。

3. 营销实质方面

传统的营销实际上是以生产者为导向，企业进行营销的目的是达成交易，提高企业销售额，实现企业的经营目标，消费者在营销过程中处于被动地位。采用关系营销策略使营销目标从达成交易转化到与消费者建立良好关系，在营销过程中始终以消费者为中心。通过营销为企业赢得了宝贵的资产——稳定的消费者群，与相关利益者建立稳定关系，大大扩大了企业的可支配资源，增强了企业对市场的反应能力，这又在一定程度上增加了企业资产。

4. 营销组合方面

传统营销理论认为，企业营销的实质是利用内部因素（产品、价格、渠道、促销等），对外部市场产生作用，使外部市场做出积极的动态反应，实现销售目标的过程。这样的营销思想忽视了人的作用，而关系营销思想认为要提高营销组合的应用价值和效率必须增加人力资源的作用，所以扩大了营销组合的概念，又增加三个要素：顾客服务、人员和管理进程。

5. 市场范围方面

传统的营销通过市场细分确定消费者群,而关系营销的市场范围比传统的市场扩展了很多,它不仅包括消费者市场,还包括供货商市场、中间商市场、劳动力市场、影响者市场和内部市场。关系营销仍然把消费者关系作为关注的焦点,并把它放在建立各种关系的首要位置。但同时也非常重视与扩大市场的良好关系,企业与供货商市场、人力资源市场、金融市场、内部市场都建立了良好的关系。

四、汽车关系营销的实施

1. 实施汽车关系营销的原则

汽车关系营销的实质是在汽车市场营销中与各关系方建立长期稳定的相互依存的营销关系,以求彼此协调发展,因而必须遵循以下原则:

1)主动沟通原则

在汽车关系营销中,各关系方都应主动与其他关系方接触和联系,相互沟通信息,了解情况,形成制度或以合同形式定期或不定期碰头,相互交流各关系需求变化情况,主动为关系方服务或为关系方解决困难和问题,增强伙伴合作关系。

2)承诺信任原则

在关系营销中各关系方相互之间都应做出一系列书面或口头承诺,并以自己的行为履行诺言,以赢得关系方的信任。承诺的实质是一种自信的表现,履行承诺就是将誓言变成行动,是维护和尊重关系方利益的体现,也是获得关系方信任的关键,是企业与关系方保持融洽伙伴关系的基础。

3)互惠原则

在与关系方交往过程中,必须做到满足双方的经济利益,并在公平、公正和公开的条件下进行成熟、高质量的产品或价值交换,以使双方都能得到实惠。

2. 实施汽车关系营销的方法

汽车关系营销的核心是建立和发展汽车营销网络,培养顾客忠诚度,降低顾客转移率。从汽车营销理论和实践看,汽车关系营销的实施方略包括以下七个方面。

1)提高消费者忠诚度

有关研究报告指出,只要减少5%的顾客流失,公司就能增加25%~85%的利润。此外,忠诚的消费者对同一厂家提供的产品延伸和其他新产品也乐于接受,对竞争者的营销努力采取漠视或抵制的态度,对其他顾客还有很强的示范效应,是同一消费群体的意见领袖。其次维持老顾客的成本大大低于吸引新顾客的成本。因此,怎样防止顾客流失,进行"反叛离管理"就成为关系营销管理的重要内容之一。

2)适当增加顾客让渡价值

顾客让渡价值是指顾客总价值与顾客总成本之差。其公式表述为:

$$顾客让渡价值 = 顾客总价值 - 顾客总成本$$

式中,顾客总价值是指顾客购买某一产品与服务所期望获得的一组利益,它包括产品价值、服务价值、人员价值和形象价值等；顾客总成本是指顾客为购买某一产品而付出的时间、精神、体力以及支付的货币资金等，它们构成货币成本、时间成本、精神成本和体力成本等。

由于顾客在购买产品时，总希望把有关成本（包括货币、时间、精神和体力等）降到最低限度，而同时又希望从中获得更多的实际利益，以使自己的需要得到最大限度的满足。因此，为了提高顾客让渡价值，企业应考虑以下三个方面的问题：其一，要求企业深入细致地分析各个因素，寻找降低成本、增加顾客总价值的途径，从而用较低的生产成本和市场营销费用为顾客提供具有更多让渡价值的产品；其二，不同的顾客群对产品价值的期待以及对各项成本重视程度不同，企业应根据不同顾客群的需求特点，有针对性地设计和增加顾客总价值，降低顾客总成本，以提高产品的实用价值；其三，企业在争夺顾客，追求顾客让渡价值最大化时，结果往往会导致成本增加、利润减少。因此，在市场营销实践中，企业应适度增加顾客让渡价值，以确保顾客让渡价值所带来的利益超过因此而增加的成本费用。

3）提升企业——顾客关系层次

企业与顾客之间的关系可分为依次递进的三个层次，即财务层次、关系层次和结构层次。企业选择的关系营销层次越高，获得的潜在收益和提高竞争力的可能性越大。

财务层次指企业与顾客之间，建立以商品为媒介的财务利益层次上的关系。建立在这一层次上的营销，通常采用价格优惠、有奖销售、折扣等手段，刺激顾客购买本企业的产品或服务。在企业与顾客的交往中，财务利益是最基本的行为动因。在金钱之外，人们之间的关系显得比较冷漠。

关系层次也称社会层次，指购销双方在财务层次基础上，建立起相互了解，相互信任的社会联系，并达到友好合作关系。在这个层次上企业不仅重视传统的营销工作，更重视交往营销，主动与顾客联系，了解其需求和愿望，并想方设法满足顾客的需要。关系层次上的营销，体现了相互了解、信任和默契，但各企业的做法不尽相同，不易被竞争对手模仿比财务层次上的营销前进了一步。

结构层次是指企业利用资本、资源、技术等要素组合，精心设计企业的生产、销售、服务体系，提供个性化产品和服务，使顾客得到更多的消费利益和顾客让渡价值，这是关系营销的最高层次。同时，结构层次也提高了企业的技术壁垒，增加了顾客转移的成本和难度。顾客若改变供应商则会提高顾客总成本，丧失优质服务，因而顾客会自愿维持与企业的合作关系。

三个层次对企业都是不可缺少的，可以选择其中的一个，也可以几个兼有。问题的关键是企业的营销人员要树立层次结构的思想，在使用某一层次时，尽可能提升层次结构。

4）建立垂直营销系统

垂直营销系统是一个实行专业化管理和集中计划的组织网络，在此网络系统中，各个成员为了提高经济效益，都不同程度地采取一体化经营和联合经营，分销商、供应商、代理商联合在一起，使之成为利益共同体，即一荣俱荣一损俱损的垂直营销系统。企业要注意的是，垂直市场营销渠道系统不仅要兼顾合作者的利益，还应当考虑消费者的利益。

5）建立柔性生产体系

随着生产技术的进步，消费信息的迅速传播，人民生活水平的提高，顾客的消费差异化、个性化显著增强。新型网络经济加剧了这种趋势，顾客轻点鼠标就能随心所欲地购买所需商品，顾客转移随时都会发生，与此同时，市场细分的规模越来越小，有时小到"一对一"的地步。为了适应形势的需要企业就要根据顾客的不同需要设计生产具有差异性、个性化的产品，即建立柔性生产体系。这是一种既能适应"多品种、小批量"订货的要求，又能保持大批量流水作业的先进生产体系，即大规模个性化生产。现在汽车和一些家用电器都采用了柔性生产体系。

6）建立既有竞争又有合作的同行关系

同行是生产、销售相同或相似产品（或服务）的企业，同行之间是相互竞争的关系。如何处理与同行的关系，是关系营销的又一重要方面。企业面对竞争者应该有四种可供选择的策略：

（1）强压，满足自己的利益，不给对方任何好处。

（2）妥协，牺牲部分利益，和竞争对手平分秋色。

（3）撤退，放弃自己的利益，满足对方的需要。

（4）竞争双方都采用自信合作的态度，通过合作取得"双赢"。

7）建立顾客关系管理系统

顾客关系管理（CRM）系统为企业提供全方位的视角，赋予企业更完善的客户交流能力，取得最大化的客户收益率。建立顾客关系管理系统，就是对企业和顾客的有关信息进行搜集、储存、传输，以便企业主管人员能全面准确地了解客户关系状况，采取相应的营销措施，使企业从顾客那里获得最大的利益。

实施关系营销时应注意的两大问题：一是莫让关系营销步入"拉关系、走后门"式的庸俗交往关系这一误区，二者有本质的区别。二是企业不要盲目照搬关系营销的模式，要用权变思想对待营销活动。任何一种营销观念与策略都是建立在企业组织和企业外部环境的特定条件下的，合适才会有效，有效对企业才会有利。企业营销者要不断研究关系营销实施中存在的问题，推动关系营销的完善与发展。

第四节　汽车体验式营销

一、汽车体验式营销产生背景

由于汽车市场竞争的加剧和技术更新速度的加快，汽车行业的不同企业提供的产品/服务越来越趋同，致使汽车销售工作面临的挑战越来越大。

第一，低价竞争无法保证汽车服务质量。同质化的市场竞争，各汽车产品之间差异化越来越小，汽车服务的水平也越来越接近，这个时候竞争的焦点往往会集中到价格上——降低价格，最终陷入恶性循环，在价格降得很低的情况下，也就没法保证服务质量。

第二，汽车技术和需求变化越快，对速度和灵活性的要求越来越高。

第三，汽车用户更加注重"体验"。当汽车服务也陷入同质化的竞争后，竞争的趋势也就从重视产品、服务、方案等结果转变为重视结果加过程,实际上注重过程也就是注重体验。

二、汽车体验式营销的含义及特点

1. 体验式营销的含义

汽车体验式营销是指汽车企业采用让目标消费者观摩、聆听、尝试和试用等方式,使其亲身体验企业提供的汽车产品或服务,让消费者实际感知汽车产品或服务的品质或性能,从而促使消费者认知、喜好并购买汽车产品或服务的一种营销方式。这种方式以满足消费者的体验需求为目标,以服务产品为平台,以有形产品为载体,生产、经营高质量产品,拉近企业和消费者之间的距离。

2. 体验式营销的特点

(1) 从消费者角度来看,汽车企业在此营销方式下,改变一贯的思考方式,进行换位思考,了解消费者真正需要什么,喜欢什么样的服务和营销。总之,一切都从消费者的真实意图出发。

(2) 从整体角度来看,在汽车体验营销方式中,汽车企业产品的开发、生产、销售再也不是单独的模块,消费者的意图将它们串联成一个科学、高效的汽车企业生产运营链。

(3) 能使消费者将接收到的信息从间接感觉转为直接感觉,进而更深层次地认识汽车企业和产品。

(4) 营销目的更明确,能延长轰动效应,长时间锁住消费者的注意力,更有利于汽车企业与消费者之间的沟通交流。

三、体验式营销的类型及媒介

1. 体验式营销的类型

由于体验的复杂化和多样化,伯恩德·H·施密特将不同的体验形式称为战略体验模块,并将其分为以下五种类型。

1) 知觉体验

知觉体验即感官体验,将视觉、听觉、触觉、味觉与嗅觉等知觉器官应用在体验营销上。感官体验可区分为企业与产品(识别)、引发消费者购买动机和增加产品的附加价值等。

2) 思维体验

思维体验即以创意的方式引起消费者的兴趣,让消费者对问题进行集中或分散的思考,为消费者创造认知和解决问题的体验。

3) 行为体验

行为体验指通过增加消费者的身体体验,指出他们做事的替代方法、替代的生活形态与互动,丰富消费者的生活,从而使消费者被激发或自发地改变生活形态。

4) 情感体验

情感体验即体现消费者内在的感情与情绪,使消费者在消费中感受到各种情感,如亲情、友情和爱情等。

5）相关体验

相关体验即通过实践自我改进的个人渴望，使别人对自己产生好感。它使消费者和一个较广泛的社会系统产生关联，从而建立对某种品牌的偏好。互联网所形成的网络有很多可以让商家直接与消费者对接的体验接触点。这种对接主要体现为浏览体验、感官体验、交互体验和信任体验。这些体验活动给了消费者充分的想象空间，最大限度地提升了消费者参与和分享的兴趣，提高了消费者对品牌的认同。

（1）浏览体验是指消费者通过网络直接进行品牌信息接触并保障其顺畅。浏览体验主要表现在网络内容设计的方便性、排版的美观、网站与消费者沟通的互动程度等方面，让消费者通过自身对于网络的情感体验来对品牌产生感性认识。

（2）感官体验，即充分利用互联网传递多媒体信息的特点，让消费者通过视觉、听觉等来实现对品牌的感性认识，使其易于区分不同企业及产品，达到激发消费者兴趣和增加品牌价值的目的。

（3）交互体验就是网上互动。交互是网络的重要特点，能够促进消费者与品牌之间的双向传播，通常通过论坛、留言板等方式实现。消费者以网络这个媒介将自身对网络品牌体验的感受反馈给品牌，不仅提高了品牌对于消费者的适应性，更提高了消费者的积极性。

（4）信任体验，即借助网站的权威性、信息内容的准确性以及在搜索引擎中的排名等，构成消费者对于网络品牌信任的体验程度。

2. 体验式营销的媒介

体验营销的目的在于促进产品销售，通过研究消费者状况，利用传统文化、现代科技、艺术和大自然等资源来增加产品的体验内涵，在给消费者心灵带来强烈的震撼时促成销售。常见的媒介有以下七种。

1）感情

感情模式通过寻找消费活动中导致消费者情感变化的因素，掌握消费态度形成的规律以及有效的营销心理方法，激发消费者积极的情感，从而促进营销活动顺利进行。

2）服务

对企业来说，优质的服务可以征服广大消费者的心，取得他们的信任，同样也可以使产品的销售量大增。

3）文化

利用某种传统或现代文化因素，使企业的商品或服务与消费者的消费心理形成一种社会文化气氛，从而有效地影响消费者的消费观念，使消费者自觉地接近与文化相关的商品或服务，促进消费行为的发生，甚至形成一种消费习惯。

4）节日

每个民族都有自己的传统节日，传统的节日观念对人们的消费行为起着无形的影响。这些节日在丰富人们精神生活的同时，也影响着消费行为的变化。随着我国节假日的不断增多，出现了"假日消费"的新消费现象。企业如果能把握好这个商机就能大大地增加产品的销售量。

5）美化

由于每个消费者的生活环境与背景不同，对于美的需求也不同，这种不同的需求也反映在消费行为中。人们在消费行为中追求美的动机主要有两种表现：一是商品能为消费者带来美感；二是商品本身存在客观的美。这类商品能给消费者带来美的享受和愉悦，使消费者体验到美感，满足了消费者对美的需求。

6）环境

消费者在感觉良好的听、看、嗅的过程中，容易对商品产生喜欢的特殊感觉。因此，良好的购物环境，不但迎合了现代人文化消费的需求，也提高了商品与服务的外在质量和主观品质，使商品与服务的形象更加完美。

7）个性化与多元化

为了满足消费者个性化的需求，企业开辟出一条富有创意的双向沟通的销售渠道。在掌握消费者忠诚度之余，满足了消费大众参与的成就感，同时也增进了产品的销售；现代销售场所不仅装饰豪华、环境舒适典雅、拥有现代化设备，而且集购物、娱乐、休闲为一体，使消费者在购物过程中也可娱乐休息，从而创造更多的销售机会。

四、体验式营销的策略

体验营销的策略主要有以下五种：

1. 感官式营销策略

感官式营销是通过视觉、听觉、触觉与嗅觉建立感官上的体验。感官式营销可以区分公司和产品、引发消费者购买动机和增加产品的附加值等。以福特汽车为例，为让消费者感知前大灯智能照明系统在十字路口和环岛路口可自动扩大前大灯的照明角度，帮助驾驶者更及时地发现潜在危险，福特汽车营销团队利用图片的成像原理打造一个自适应的海报，好像就是一张图切大小不同的格子，按顺序叠加起来。这样，消费者无论从哪个角度看，都会延伸出来一条路，而这样的体验就像坐在车里，汽车转弯时车灯照明带给用户的感受。

2. 情感式营销策略

情感式营销是在营销过程中，触动消费者的内心情感，创造情感体验，其范围可以是一个温和、柔情的正面心情，如欢乐、自豪，也可以是强烈的激动情绪。情感式营销需要真正了解什么刺激可以引起某种情绪，能使消费者自然地受到感染，并融入这种情景。以雪铁龙爱丽舍为例：一辆全新的雪铁龙爱丽舍停靠在路边，在斜阳的映照下分外惹眼。一个人阳光帅气的土耳其男人把钓具和饵料从后备厢中卸下，跟着他奔向海边的还有两个孩子和一个身着阿拉伯传统服饰的女人。典型的四口之家，一番其乐融融的景象。

3. 思考式营销策略

思考式营销是启发人们的智力，创造性地让消费者获得认知和解决问题的体验。它运用惊奇、计谋和诱惑，引发消费者产生统一或各异的想法。以广告《遇上奥迪时》为例：广告以驾驶员看到奥迪轿车引出创意点，放弃正在开着的宝马，直接跳上托运奥迪的货车。无一句台词，风趣的音乐、幽默的动作表情和大胆的创意让人耳目一新。广告的创意足以让受众产生兴趣，并且理解其用意。

4. 行动式营销策略

行动式营销是通过偶像、角色（如影视歌星或著名运动明星）来激发消费者，引导其改变生活形态,从而实现产品的销售。以起亚汽车的千里马广告为例:奥运会冠军刘翔和"千里马"起亚对视,一起发出口号——心有多野,未来就有多远。该广告利用刘翔的名人影响力,提升了人们对起亚汽车的认可度。

5. 关联式营销策略

关联式营销包含感官、情感、思考和行动或营销的综合,适用于化妆品、日常用品、私人交通工具等领域。如美国市场上的"哈雷牌"摩托车,车主们经常把它的标志文在自己的胳膊上,乃至全身。他们每个周末去全国参加各种竞赛,可见该品牌的关联式营销影响力不凡。

五、体验式营销的实施步骤

1. 识别目标消费者

识别目标消费者就是要针对目标消费者提供购前体验,明确消费者范围,降低成本。同时还要对目标消费者进行细分,对不同类型的消费者提供不同方式、不同水平的体验。在运作方法上要注意信息由内向外传递的拓展性。

2. 认识目标消费者

认识目标消费者就是要深入了解目标消费者的特点、需求,知道他们担心什么、顾虑什么。企业必须通过市场调查来获取有关信息,并对信息进行筛选、分析,真正了解消费者的需求与顾虑,以便有针对性地提供相应的体验手段,满足消费者的需求,打消消费者的顾虑。

3. 确定体验内容

要清楚消费者的利益点和顾虑点在什么地方,根据其利益点和顾虑点确定在体验式销售过程中重点展示的内容。

4. 确定体验的具体参数

要确定产品或服务的卖点在哪里,以明确顾客体验的参数,这样在顾客体验后,就容易从这几个方面对产品或服务的好坏形成一个判断。

5. 让目标对象进行体验

在这个阶段,企业应该预先准备好让消费者体验的产品或设计好让消费者体验的服务,并确定好到达目标对象的渠道,以便目标对象进行体验活动。

6. 进行评价与控制

企业在实施体验式营销后,还要对前期的运作进行评价,包括效果如何、消费者是否满意、是否让消费者的风险得到了提前释放、风险释放后是否转移到了企业自身、转移了多少、企业能否承受等。通过这些方面的审查和判断,企业可以了解前期的执行情况,并可重新修正运作的方式与流程,以便进入下一轮的运作。

汽车服务与顾客满意战略

第一节 顾客满意战略概述

随着市场竞争的加剧,企业越来越注重竞争的效率,对顾客资源的争夺成为现代企业竞争的着力点,企业将其视为克敌制胜的重要法宝。围绕提高顾客满意,培植顾客的忠诚度,不断丰富顾客资源,实施一系列顾客管理方法,成为现代市场营销理论研究和付诸实践的热点。

一、顾客满意战略的内涵

顾客满意(Customer Satisfaction,CS)概念的提出,最早源于美国。1986年美国一家市场调查公司以顾客满意理念为指导,首次发表了顾客对汽车满意程度的排行榜。1991年5月,美国行销协会召开了第一届顾客满意会议,讨论如何以顾客满意战略来应付竞争日益激烈的市场变化,经过20世90年代的酝酿和发展,顾客满意战略已经在发达国家得到了广泛的认可和应用。1991年日本日立公司引入顾客满意战略,在日本电器行业产生了强大的冲击,很快在家电、机械制造等领域全面推广,并迅速扩展到银行、证券、流通、娱乐等服务性行业。目前,关于顾客满意的内涵基本形成了两类观点。

一种观点是从状态角度来定义顾客满意,认为顾客满意是顾客对购买行为的事后感受,是消费经历所产生的一种结果。例如,Howard 和 Sheth 认为,顾客满意是顾客对其所付出的代价是否获得足够补偿的一种认知状态;Oliver 和 Linda 认为,顾客满意是一种心理状态,顾客根据消费经验所形成的期望与消费经历一致时而产生的一种情感状态;Westbrook 和 Reilly 认为,顾客满意是一种情感反应,这种情感反应是伴随或者是在购买过程中产品陈列以及整体购物环境对消费者的心理影响而产生的;Kotler 则认为,顾客满意是指一个人通过对一个产品的可感知的效果(或结果)与他的期望值相比较后形成的感觉状态,是感知的效果和期望值之间的差异函数。

另一种观点是从过程的角度来定义顾客满意的,认为顾客满意是事后对消费行为的评价。例如,Hunt 认为,顾客满意是消费经历与期望至少相一致时而做出的评价;Engel 和 Blackwell 认为,顾客满意是顾客对所购买产品与以前产品信念一致时所做出的评价;Tse 和 Wilton 则认为,顾客满意是"顾客在购买行为发生前对产品所形成的期望质量与消费后所感知的质量之间存在的差异的评价"。这些学者认为,在顾客满意的内涵中,评价过程是其核心组成部分。从过程角度对顾客满意的定义囊括了完整的消费经历,指明了产生顾客满意的重要过程。这种定义方法引导人们去关注产生顾客满意的知觉、判断和心理过程,比从状态角度的定义更具实用价值,也更多地被其他研究人员采用。

由此可见,顾客满意是顾客在购买产品与服务的过程中或购买之后,对其所感知到的效用与购买前的预期之间差异的一种评价。如果感知效用达到或超过预期,那些顾客就会感到满意甚至惊喜(很满意);如果效用低于预期,则顾客就会感到不满意。

顾客满意战略是以顾客满意为核心,以信息技术为基础,以顾客满意指标为工具而发展起来的一种现代市场营销观念和手段,也称为"CS 战略",或称顾客满意战略。其基本指导思想是:企业的整个经营活动要以顾客满意为指向,从顾客的视点而非企业自身利益的观点去分析顾客的需求。顾客满意战略把顾客需求(包括潜在需求)作为企业设计和开发产品的源头,在产品功能、价格设定、分销促销、售后服务等方面以服务顾客为原则,最大限度地提升顾客的满意度;及时跟踪研究顾客购买的满意度,并依此设定改进目标;及时修正并完善企业的经营环节,以稳定和提高顾客满意度,成功留住老顾客,保证企业的顾客资源不断扩大。

二、顾客满意的形成机制

要进行有效的顾客满意管理,就必须了解影响顾客满意的因素及其作用机制。因素分类(结构维度)及其形成机制,是设计一切顾客满意管理模式和管理方法的出发点。营销和管理理论发展至今,不同的学者从不同的视角对这些问题进行了研究。

1. 顾客满意的结构维度

顾客满意的结构维度是指决定顾客满意因素的结构层次。目前,对这个结构的认识,理论和实践上主要有三种观点。

1)单维结构

传统观点认为,顾客满意与不满意是一个一维变量的两极,它们不能同时出现,一个必然的出现,就不会有另一个必然的出现,即所谓的单维结构理论。单维结构理论假设顾客满意是一个两极结构,满意和不满意处于坐标轴上的两端。在这两极之间,存在着强度不同的满意或不满意。该理论假设,满意和不满意的影响因素是相同的,当满意因素未被满足时就导致顾客的不满意。

2)二维结构

Herzberg 等人在研究公司员工对工作的满意评价时,提出了著名的"双因素理论",指出"满意的对立面不是不满意,而是没有满意";"不满意的对立面不是满意,而是没有不满意"。在此基础上,Czepiel、Rosenberg 和 Akerele 等营销学者,提出了顾客满意的双因素结构,他们认为任何影响顾客满意的因素,都可以归结为两大类:保健因素——避免产生不满意；激励因素——产生满意。满意与不满意是两个完全不同范畴的概念，导致满意的因素与导致不满意的因素是彼此独立而不同的。由于满意和不满意不存在任何内在的关系，满意的程度与不满意的程度也无任何对应关系。故一个顾客可能对同一产品同时存在着满意和不满意的两种感觉状态。

Swan 和 Combs 对双因素理论进行了修改，提出了工具性绩效（Instrumental Performance）和表达性绩效（Expressive Performance）来替代保健因素和激励因素。工具性绩效是指产品的物理绩效是否满足实际需要（也称物理绩效）；表达性绩效则是指产品所带来的心理上的满足感（也称心理绩效）。他们认为，只有表达性绩效才会产生满意，而不尽人意的工具性绩效则导致不满意，可接受的工具性绩效并不能带来满意。

显然，双因素理论比单维结构理论对顾客满意的描述考虑得更全面，相对于单维结构理论而言，在双因素理论的观点下，营销人员应追求的是顾客满意最大化和顾客不满意最小化这两个双重目标。

3）三维结构

在 20 世纪 70 年代末，日本的 Noriaki Kano 对双因素理论做了进一步的发展，他根据人的需求的三个层次，将影响顾客满意和不满意的因素分成三类：基本属性（Basic Feature）、绩效属性（Performance Feature）、激励属性（Excitement Feature）。其将产品或服务的属性绩效作为水平坐标，以顾客满意度当作垂直坐标。

基本属性是指顾客的一些需要，这些需要如果没有得到满足，将会导致顾客的高度不满意；而如果得到满足，也几乎不会产生满意。究其原因，是因为基本属性是顾客预期将要得到的。例如，当顾客来到汽车销售服务企业维修车辆时，他们都期望服务人员为其排除车辆的故障，如果企业不能顺利解决这一问题，顾客将会感到不满，甚至会抱怨。但如果汽车销售服务企业只是仅仅为顾客修好了车辆，顾客一般也不会给予特别的赞扬。

绩效属性使顾客满意度正比于产品或服务的属性绩效水平。一般来说，绩效属性能够产生线性的反应，提高绩效属性的表现水平将带来相应满意度的提高。例如，顾客来到汽车销售服务企业维修车辆时，一般都希望车辆能够尽快地得到修复，服务人员越是能够迅速而准确地排除故障，那么顾客就会越满意。

激励属性是指顾客得到的一些他们没有期望、没有要求甚至认为不可能的产品或服务属性，这些属性的获得使顾客感到兴奋、愉悦。激励属性在任何执行水平上，都可以产生积极的顾客满意。例如汽车销售服务企业在顾客没有要求和事先没有公告的情况下，在车辆故障排除后，免费为顾客提供车辆安全系统检测和清洗服务（特别是企业的竞争对手尚不提供类似服务时），顾客将会感到意外的惊喜和愉快。激励属性能使顾客产生指数级反应，它的小小改进将会产生相对较大的满意提升。然而，在对顾客进行调查时，他们往往不能清楚地表达出激励属性，因为他们不知道自己想得到什么。

值得注意的是，人的需要随着时间的推移而变化。一些属性在第一次被提供或介绍给顾客时，顾客会感到非常兴奋，但随着这类市场的不断熟悉和竞争对手的模仿，这些属性也就成了顾客所期望得到的属性了。因此，在 Noriaki Kano 模型里，随着时间的变化，激励属性将变成绩效属性，并很可能变成基本属性。

2. 顾客满意的形成机制

自从 1965 年 Cardoz 首先对顾客期望（Expectation）、努力（Effort）和满意（Satisfaction）进行研究开始，理论界和企业界对影响顾客满意的形成机制进行了大量的研究和争论，提出了许多理论模型，比较有代表性和操作性较强的主要有以下几种。

1）传统顾客满意模型

传统顾客满意模型是一个将感知价值（Perceived Value）与顾客满意联系起来的模型。在这个模型里，感知价值是顾客根据产品或服务的属性与其感知绩效或整体绩效标准相比较后而形成的，感知价值对满意有三种影响效果：积极的影响（一般产生令人满意的结果）、消极的影响（一般产生令人不满意的结果）和零影响。从效果上看，顾客的满意程度会影响到顾客的购买决策。

传统顾客满意模型在过去几十年里得到了广泛的研究，其理论要点有：

（1）感知绩效通常不同于产品本身的客观绩效或技术绩效（特别是当产品或服务非常复杂且顾客不熟悉时）。

（2）比较标准可以有不同的来源，这些来源因个人、情境和产品或服务类型的不同而不同。

（3）顾客满意是一种心理状态，是一种态度，可用复杂感情（Mixed Feeling）来描述，顾客对消费产品或服务的不同部分可能有不同的满意层次。

（4）满意感的结果包括产生重购意向、形成口碑和抱怨。这些结果是否发生也要受到其他变量的调节。例如，非常不满未必产生抱怨行为，尤其是当顾客相信抱怨将没有任何作用时。

2）期望一致/不一致模型

期望一致/不一致（Expectation Confirmation/Disconfirmation）模型是目前顾客满意模型研究中占主流地位的一种观点，其思想源于期望理论（Tolman，1932）。1980 年 Oliver 根据其研究成果正式提出了期望一致/不一致模型。这个模型认为，顾客在购买之前先根据过去经历、广告宣传等途径，形成对产品或服务绩效特征的期望，然后在购买和使用中去感受产品或服务的绩效水平，最后将感受到的绩效与顾客期望进行比较。比较的结果有三种可能情况：如果感受到的绩效低于期望，此时产生负的不一致，顾客就会产生不满；如果感受到的绩效超过期望，此时产生正的不一致，顾客就会满意；如果感受到的绩效与期望相同，此时这二者达到了协调一致，不一致为零，Oliver 和 Desarbo 称这种状态为简单一致（Simple Confirmation）。Oliver 还发现，期望和不一致对满意度都有独立的作用，期望为顾客将来做满意判断提供了一个依据，是继不一致、绩效之后第三个对满意最有影响的因素。不一致之所以比期望在顾客满意中作用力更强，主要是因为期望随着时间的推移可能减弱而不一致对满意的影响是由伴随着使用过程而产生的情绪经历造成的。与正的不一致相伴随的积极情绪将增加顾客做出满意判断的可能性；反之，与负的不一致相伴随的消极情绪则将减少顾客做出满意判断的可能性。

3）绩效模型

尽管期望一致/不一致模型为理论界和企业界大多数人所接受，一些研究者还是对其提出了质疑，指出达到或超过期望值一定导致满意的观点在逻辑上是不成立的。例如，一位顾客在购买产品时,预期产品性能很差,事实上产品性能也的确很差,虽然实现了期望一致,但此时不可能令顾客产生满意。于是人们发现,顾客实际感受到的产品绩效也是影响其满意与否的一个重要决定因素,由此产生了绩效模型。

在绩效模型里,顾客对产品(或服务)绩效的感知是顾客满意的主要预期变量,他们的期望对顾客满意度有积极的影响,这里的绩效是相对于他们支付的货币而言,顾客所感知的产品(或服务)的质量水平。

在这个模型中,期望对顾客满意度有直接的积极的影响。绩效和期望对满意度的作用大小取决于它们在该结构中的相对强弱。相对于期望而言,绩效信息越强越突出,所感受到的产品绩效对顾客满意度的积极影响就越大;绩效的信息、越弱越含糊,期望对满意度的效应就会越大。

三、顾客满意战略的内容

企业要实施顾客满意战略,首先必须具备将顾客需求转化为产品或服务的在进行产品或服务的设计和开发时,应充分考虑顾客的需求特点,发现顾客的满意因素,并尽可能将其包含于产品或服务中,为顾客提供更大的让渡价值。同时还应充分重视顾客的潜在需求,引导顾客将潜在需求表达出来。企业应建立顾客参与机制,让顾客参与到产品或服务的开发和决策中来,真正以顾客为中心,建立富有活力的企业组织,并保证企业信息沟通顺畅,对一线员工予以充分授权,使整个企业组织形成对顾客需求的快速反应机制。

其次,顾客满意战略要求企业重视顾客关系管理,用优质的服务手段和服务产品向因顾客提供价值。企业在向顾客提供产品或服务的过程中,应努力延长顾客保有期(顾客不流失),从而提高顾客对企业盈利的贡献,这就要求企业摒弃短期交易思想和行为,通过在与顾客的长期合作中,创建与顾客之间的友好局面。

最后,顾客满意战略是高度复杂的系统工程,需要企业内部各个部门及全体人员的积极配合,也需要全社会形成一个真正以"顾客导向"的市场运行机制。因此,企业应积极发挥能动性,调动一切可以支配的资源,创建企业的顾客满意战略系统,并不断地加以完善,从而最大限度地提供令顾客满意的服务。

第二节　顾客满意战略实施

一、实施顾客满意战略的意义

实施顾客满意战略,在宏观和微观两个层次上均具有积极的意义。

1. 宏观层次

顾客满意战略正被越来越多的国家重视,发达国家相继进行了顾客满意监测研究。

1)顾客满意战略有助于促进国民经济的持续增长

由于发达国家工业化的程度较高,其生产率的上升空间已经很有限。虽然普遍认为,生产率的提高是提高经济发展水平、增强国家竞争力的重要途径,但生产率反映的是一个国家的产出数量,而顾客满意可以反映产出的"质量"。如果数量上的缓慢增长可以被质量上的增长所带来的收益弥补，那么实施顾客满意战略可以说是对经济发展的一种强力补充。

2）顾客满意战略有利于企业开拓新市场

许多国家正面临着不断增加的国际竞争压力，本国的产品在外国市场上竞争，同时外国的产品也在本国市场上竞争。而在一些发达国家中，国内的大部分市场呈现出一种饱和状态，且市场的成长也比较缓慢，这也是为什么一些大的跨国集团纷纷看好中国及一些发展中国家市场的最根本原因。因为在这些国家中，存在大量尚未被满足的顾客（即商机）。但是，从长远来看，其总体趋势是供应者在不断增加，而有吸引力的新顾客的数量越来越少。而且，在竞争性的市场上，对于对本企业现有顾客基础的侵蚀，将直接导致企业的防御能力低下。为此，企业必须保持住已有的顾客基础。

3）顾客满意是体现人民生活质量的重要标准

顾客的不满意可能是所购买的产品或者服务本身质量的低劣导致的，也可能是由于顾客的特定需求没有得到满足。很难想象，在社会进步是以人民生活水平的提高为标准的前提下，一个市场上假冒伪劣产品泛滥、消费者的需求得不到满足的社会是运行正常的社会。因此，从这个意义上说，全国性的顾客满意度的提高是社会福利增加的一种表现。

2. 微观层次

1）顾客满意管理可以提高企业的市场份额，增加企业经营绩效

顾客满意将直接影响他们重复购买时的消费选择，影响企业的口碑效应，从而影响着企业市场份额的变化。1996 年 Sheila Kessler 对顾客满意度与企业市场占有率的变化关系进行了研究。他透过人们的消费行为发现，顾客更倾向于同那些能让他们更满意的企业打交道。当某个企业的顾客没有从交易中得到满意时，他们就会转向更能令自己满意的其他企业。因此，顾客满意度领先的企业将拥有越来越大的市场份额。

这个分析结果表明，处于竞争环境中的企业，顾客满意程度对其市场份额的变化有明显的影响。另一方面，满意的顾客通常更愿意为他们所获得的利益付出较高的价格，而且对价格上涨的容忍度也会增强。这意味着企业将能获得较高的回报，有利于企业改善长期收入能力和营利能力。

2）顾客满意能够降低企业的成本支出

顾客满意也包含了顾客对企业及产品或服务的了解。因此，在顾客对企业的产品或服务进行重复购买时，企业可以减少与顾客的交易成本（如减少促销成本）。同时，较高的顾客满意度将能为企业带来较高的顾客保持率和较低的顾客流失率。据介绍，开发一个新顾客的成本是维持一个老顾客成本的五倍。顾客满意度高的企业，可以大大降低开拓新产品市场成本，因为对产品或服务满意的顾客可能更频繁、更大量地购买他们认为满意的产品和企业的其他产品或服务。另外，高的顾客满意度可以降低失败成本（Failure Costs）。这里的失败成本是指企业处理顾客不满意的成本。如果顾客不满意，就会采取行动，如要求退货、公开投诉等，企业必须花费时间、金钱、人力等资源来处理，从而给企业带来失败成本。

3）顾客满意战略有助于形成顾客忠诚

顾客越是忠诚，他们越是倾向于向同一企业购买产品和服务。满意的顾客可能会变成忠诚的顾客，通过顾客满意保住顾客是一种最积极的方法。顾客满意有利于增加顾客的转换壁

垒。转换壁垒是购买者转向成为竞争对手的顾客所要付出的代价，由搜寻成本、交易成本、学习成本、可能获得的数量折扣、购买习惯、感情成本以及随之而来的财务、社会和心理风险共同构成的。每个企业留住顾客的方法在一定程度上都可以说是建立转换壁垒和建立顾客满意的不同程度的组合。

4）顾客满意战略可以减少顾客对价格的敏感程度，提高对质量事故的承受能力

满意的顾客通常愿意为他们所获得的利益付出更高的价格，而且对价格上涨的容忍度也会增强，即使产品或服务出现失败事故，以前满意的顾客也能予以更多的理解。因此实施顾客满意战略的企业在进攻过程中，能够获得更多的收益；在防守过程中，能够降低企业处理危机事件的交易费用。

此外，顾客满意战略有利于企业形成良好的企业文化，培育健康的价值观和积极向上的企业精神；有利于获得出资人更多的信任和支持，有利于企业与供应商和经销商建立长期稳定的合作关系，提升合理利用资源的能力。

二、顾客满意战略的导入与实施

顾客满意战略的核心思想是企业的全部经营活动都要从满足顾客的需要出发，以提供满足顾客需要的产品或服务为企业的责任和义务，以满足顾客的需要、使顾客满意为企业的经营目的。

1. 顾客满意战略的导入

企业推行顾客满意战略，关键是要提高服务过程中的顾客感知利得，同时减小顾客感知利失。从营销管理的角度推行顾客满意战略，一般包含五个步骤。

1）企业顾客满意现状调查与诊断

顾客满意现状的调查与诊断，是导入顾客满意战略的基础，其目的是深入了解企业的组织与管理现状，具体调查内容包括组织的架构、组织的效率与活力、组织的管理流程、员工的服务观念与意识、服务行为与服务心态、服务培训、服务传播与相互沟通等。企业只有基于调查，摸清企业顾客满意管理现状，才能制定针对性改进策略，适应顾客满意战略的需要。

2）基于顾客满意战略，优化企业组织架构

创造顾客满意，需要一个以顾客满意为目标，协调高效、应变能力强的服务组织到体系，传统的阶层式组织结构，往往不同程度地存在着上下级之间单向沟通（往往表现为由上而下的"下行沟通"）、部门与部门之间互动协调不力、监控支持系统与市场监控系统不完善、内部反馈系统流于形式等弊端。因此，要改善顾客满意，必须在组织结构上做出适当安排，通过扁平化、网络化和适当的组织弹性，提高对顾客需求的响应效率，进而改善企业的整体顾客满意水平。

3）建立与应用企业的顾客满意度动态测评模型

企业顾客满意度测评，为企业提供了对顾客满意服务状况的迅速、有益和客观的反馈。通过测评，企业决策人员可以清楚地了解目前工作做得如何，以及如何改善和提高。因此，企业应根据自己所开展业务的具体特点和竞争的实际状况，建立一套适合本企业的测评模型，这有助于建立、健全满意服务标准，并指导企业的满意服务。

4）建立与维护企业顾客满意的动态监控体系

企业建立企业顾客满意的动态监控体系，主要目的是通过专业的动态调查、监控手段，收集、监控企业自身顾客服务满意状况及竞争对手满意服务状况，提供企业顾客满意服务与竞争对手满意服务的动态分析报告，以为企业进行顾客满意度管理提供依据。在实施过程中，企业可设立专门机构对企业的顾客满意服务进行动态监控。如果企业没有相应的专业机构或人员，则可以委托第三方专业机构进行，但企业必须有专人对该监控体系的运作方案和实施情况进行审核和监督。

5）确立与执行企业顾客满意服务标准

威廉·B·马丁（William. B. Martin）在其研究中指出，高品质顾客服务包括服务程序和服务提供者两个方面。其中服务程序涵盖了满意服务工作的所有程序，这些程序提供了满足顾客需要、令顾客满意的各种机制和途径；服务提供者则是指服务人员在服务过程和与顾客接触的过程中所表现出的态度、行为、情感和语言技巧等。从管理的角度看，为了保证服务的可靠性、响应性等，对服务岗位制定和执行满意服务规范是十分必要的。特别要注意的是，满意服务标准是动态发展的，随着客户对服务要求的提高，满意服务标准必须进行修订，以提升工作要求。

2. 顾客满意管理的实施方法

从根本上说，提高顾客满意的水平需要提高顾客让渡价值，即提高服务过程中顾客感知利得与感知利失的差额。一般来说，可以通过以下五种途径展开。

1）进行顾客满意度调查，明确顾客的需求和愿望

企业实施顾客满意经营，必须把握顾客的期望、顾客服务感知模式、顾客的满意度以及竞争者的有关情况。了解顾客的期望和要求可通过顾客满意度调查来实现。顾客满意度调查和衡量的方法有投诉和建议制度、顾客满意度调查、佯装购物、顾客流失分析等。企业在进行顾客满意度调查时，应尽量做到公正、客观、科学，这样才能使企业了解自己提供产品或服务的质量标准与顾客期望的差距所在，认识目前在经营、管理、战略方面的薄弱环节以及主要优势，确定下一步的工作重点，明确今后的努力目标。顾客满意度调查要特别强调"连续性"，因为顾客的期望不是一成不变的，它会随着外变量及自变量的变化而变化。外变量指竞争对于、行业及营销环境的变化等；自变量指顾客收入、社会地位、价值观的变化等，其中任何一项因素的变化都会导致顾客的期望和需要发生变化。因此，对顾客的研究分析要持续进行，把握顾客的变化趋势并及时跟踪，才能使企业更好地掌握市场主动权。

2）为顾客提供个性化的产品或服务

不同顾客有不同的消费心理，顾客的个性需求是提高顾客感知价值进而提高顾客让渡价值的重要手段。企业可在进行顾客满意度调查的基础上，建立顾客信息数据库，开展顾客关系管理。利用顾客数据库探索满足顾客需求的途径，并按顾客满意的要求选择适当方式改造企业的经营理念、产品、服务等。同时企业可运用顾客数据，分析顾客的消费心理和个性需求，创造能满足顾客个性需求的产品或服务及接近顾客的渠道，利用明显的区别优势吸引未来的新顾客，而且要尽可能地保持老顾客。

3）提供优质产品和服务

感知服务质量是影响顾客满意的一个重要因素，当顾客预期被清楚地理解后，能否提供

符合顾客要求的高质量产品和服务对创造顾客满意具有决定性意义。因此，企业应从服务系统设计开始，系统地进行服务质量规划与控制，不断改善服务质量，向顾客提供优质产品和服务。

4）利用信息技术进行管理改造，快速实现顾客满意

企业要使顾客满意，必须善于利用新的技术手段，针对顾客需求，对企业传统的服务项目、服务流程不断创新，特别是当今在信息技术极大地改变了顾客消费习惯和决策模式的条件下，一方面要认清环境的变化适时地对服务系统进行改造，同时也要善于利用信息技术为顾客满意管理带来的便利，更加充分、系统地收集和分析各利益相关者的信息，构建顾客关系管理系统，提高供应链管理水平，通过更好的识别和满足顾客需求来创造顾客满意。

5）建立以顾客满意为核心的企业文化

企业运作过程中，不仅仅管理者和一线员工的行为影响顾客满意，企业中任何一个成员的行为都影响着整个服务系统的运行效率和顾客对服务的认知。因此在建立相应管理制度的同时必须构建以顾客为中心的企业文化，并通过"内部营销"的手段，将企业管理层的经营理念、经营思想和各种制度措施传播至每一个员工。让企业文化和管理制度相辅相成，规范和引导全体成员的行为，使顾客在享受企业服务的每一个环节都能切实感到企业的真诚关怀，从而使顾客满意。

参 考 文 献

［1］冯云廷，李怀斌．现代营销管理教程［M］．大连：东北财经大学出版社，1998．
［2］刘建伟．汽车销售实务［M］．北京：北京理工大学出版社，2012．
［3］顾燕庆，朱小燕．汽车销售顾问［M］．北京：机械工业出版社，2012．
［4］王梅．汽车营销实务［M］．北京：北京理工大学出版社，2010．
［5］顾燕庆，朱小燕．汽车销售顾问［M］．北京：机械工业出版社，2012．
［6］宋润生．汽车营销基础与实务［M］．广州：华南理工大学出版社，2006．
［7］李刚．汽车营销基础与实务［M］．北京：北京理工大学出版社，2008．
［8］孙凤英，袁俊奇．汽车及配件营销［M］．北京：高等教育出版社，2007．
［9］杜艳霞，李祥峰．汽车与配件营销实务［M］．北京：科学出版社，2007．
［10］卢国红，马斌．市场营销学［M］．昆明：云南科技出版社，2005．
［11］范明明．市场营销与策划（第2版）［M］．北京：化学工业出版社，2010．
［12］伍翼程，李倩兰，李乐群．汽车营销原理与实务［M］．长沙：中南大学出版社，2004．